하룻밤에 읽는
한국 고대사

하룻밤에 읽는
한국 고대사

이문영 지음

페이퍼로드
paperroad

흔히 사람들은 역사를 고정불변의 사건에 대한 것이라 여긴다. 물론 역사는 과거에 대한 것이고 시간은 앞으로만 흐르기 때문에 지나간 시간 속에 새겨진 과거가 변하는 일은 없다. 하지만 과거란 무엇일까?

과거는 그 자체로 존재하지만, 그 과거를 나타내는 것은 인간의 눈과 손이다. 인간이 본 것을 기록해놓은 것이 과거다. 과거라는 객관적 실체는 한 편의 영화처럼 완전무결하게 우리 앞에 놓여 있는 것이 아니다. 심지어 영화조차도 본 사람들마다 감상이 다른 법이다.

과거를 기록한 것도 사람이라는 사실을 보통 사람들은 종종 잊어버린다. 기록한 사람이 어떤 관점에서 과거를 보았는지를 생각해보아야 한다. 역사를 연구할수록 우리는 조금씩 더 많은 것을 알게 되고 그로부터 역사 속의 사건들을 다시 구성해보게 된다.

오늘날에도 어떤 사건이 벌어졌을 때, 목격자들의 증언이 서로 충돌하며, 어떤 부분은 과장되고 어떤 부분은 축소되는 것을 흔히 볼 수 있다. 과거에도 이런 일들이 일어났던 것이다. 그런데 문제는 오늘날의 사건에서는 CCTV를 비롯한 수많은 증거들이 그 흔적을 남기고 있지만 과거의 사건은 정말 얼마 안 되는 기록만이 증거로 남아 있다는 점이다. 그런 상황에서 이 증거는 아마도 이러저러한 편견으로 잘못 기록되었을 것이다라고 주장하며 자기 상상으로 그 빈자리를 메꾸려고 한다면 그것은 역사라고 부를 수 없는 다른 것이 되어버리고 만다.

바로 이 지점에서 역사에 객관적인 진실이라는 것이 존재하는가라는 현대 역사학의 큰 화두에 부딪치게 된다.

역사학자들은 '사료'라고 부르는 과거의 기록을 단단히 발밑에 두고 그 위에 사건을 재구성해나가는 작업을 해나간다. 이 책은 바로 그런 작업들의 이면에 있는 의문점과 궁금증을 따라가면서 써본 글들의 모음이다. 당연히 이 책은 수많은 역사학자들의 연구에 큰 도움을 받고 있는데 글의 성격상 참고한 서적과 논문을 일일이 각주로 달고 있지는 않다. 주요 참고 문헌은 말미에 참고도서로 정리해놓았다. 끊임없이 역사의 진리를 탐구하고 있는 역사학자들에게 이 자리를 빌려 깊은 감사를 드린다.

역사에는 하나의 진실, 하나의 진리만 있지 않다. 역사는 한 가지 색깔로 칠해진 단조로운 방이 아니라 그 안에 수많은 색깔이 존재하는 다채로움의 빌딩이다.

그런데 이 다채로움이라는 말을 방패로 삼아서 사이비 역사가 끼어들기도 한다. 유사역사가들이 꾸미는 유사역사학의 세계가 그것이다. 이들은 거짓말로 우리나라의 역사를 과장하고 부풀려 인종주의적이고 배타적인 세계를 구축하고 있다. 우리 민족이 세계에서 제일 잘났고 따라서 앞으로의 역사가 우리 민족을 중심으로 돌아가게 될 것이라는 마치 나치 같은 인종주의적 발상을 한다. 중국과 일본은 우리의 속국으로 이들을 굴복시키고 만주와 대마도를 되찾아야 한다는 주장을 쉽게 내뱉는다.

인류는 단일한 호모 사피엔스로 구성되어 있으며 각 인간의 권리는 국가와 인종을 넘어서서 평등하게 존재해야 한다. 전쟁은 벌어져서는 안 되는 일이고 평화를 유지하기 위해서 인류 모두가 노력해야 한다. 이런 당연한 이야기를 모르는 사람들이 너무나 많고, 한민족의 영광을 팔아서 돈벌이를 하는 사이비들도 너무나 많은 것이 현실이다.

이 책은 고조선에서 발해 건국까지를 다루고 있다. 일반적으로 우리 역사의 시작이라고 하는 단군으로부터 삼국시대라 일컫는 시대까지를 한 권 안에서 이야기하고 있는 셈이다.

하지만 이 책은 본격적인 역사책이라고 볼 수는 없다. 이 책은 삼국시대까지의 우리나라 고대사에 대해 역사를 차근차근 설명하고 있다기보다는 각 시대에서 오해하고 있거나 잘 모르는 일화들, 또는 잘 알고 있다 해도 그 의미에 대해 새로운 해석들을 찾아보는 데 목적이 있다. 주로 역사학계의 해석을 따라갔지만 때로 어떤 글에는 나만의 과감한 해석이 들어가기도 했다.

어떤 면에서는 역사에서 크게 주목 받지 못한 부분을 새로운 각도에서 보는 것이기도 하다.

여기 실린 글들은 신문이나 잡지에 연재하거나 기고했던 글들, 블로그에 올렸던 글들을 정리한 것들이 많다. 하지만 이 역시 시간이 지나면 또 다시 낡은 이야기가 될 것이다. 역사는 사람들의 이야기이고, 사람들의 이야기는 시간이 지날수록 새로워지기 때문이다.

이 책이 역사학의 다채로움을 전할 수 있다면 더할 나위 없이 즐거운 일이 될 것이다.

게으른 필자의 글을 기다려준 페이퍼로드에 감사드린다.

이문영

차례

제2장 고대사의 미스터리

제3장 　삼국시대

제4장 삼국통일전쟁

	기원전 3천 년	기원전 3000년경 ─── 상하이집트 통일, 수메르 도시국가 탄생
고조선 건국 ─── 기원전 2333년 ●		
	기원전 2천 년	기원전 2000년경 ─── 크레타 문명 발생
		기원전 1792년 ─── 바빌론 6대 왕 함무라비 즉위
		기원전 1600년경 ─── 중국 상나라 성립, 미케네 문명 발생
		기원전 1274년 ─── 카데시 전투 : 이집트 람세스 2세와 히타이트 전쟁
	기원전 1천 년	기원전 1046년경 ─── 상나라 멸망
		기원전 934년 ─── 신아시리아제국 건국
		기원전 922년 ─── 유대인 국가가 이스라엘왕국과 유다왕국으로 분열
	기원전 9백 년	
	기원전 8백 년	기원전 800년경 ─── 그리스 도시국가(폴리스) 발생
		기원전 770년 ─── 중국 춘추시대 시작됨
		기원전 753년 ─── 로마 건국
고조선이 중국 기록에 처음 등장 ─── 기원전 700년경 ●	**기원전 7백 년**	
		기원전 625년 ─── 신바빌로니아 건국
		기원전 612년 ─── 신아시리아제국 멸망
	기원전 6백 년	기원전 594년 ─── 그리스 도시국가 아테네, 솔론의 개혁
		기원전 563년 ─── 인도 샤카국에서 석가모니 탄생
		기원전 551년 ─── 중국 노나라에서 공자 탄생
		기원전 525년 ─── 페르시아가 오리엔트 지역 통일
	기원전 5백 년	기원전 500년 ─── 페르시아 전쟁 – 그리스 연합군과 페르시아 전쟁
		기원전 490년 ─── 마라톤 전투 마라톤의 유래가 된 전투로 페르시아와 아테네 전투
		기원전 470년 ─── 그리스 아테네에서 소크라테스 탄생
		기원전 431년 ─── 펠로폰네소스 전쟁 – 그리스 아테네와 스파르타 전쟁
	기원전 4백 년	기원전 403년 ─── 중국 전국시대 시작
		기원전 334년 ─── 알렉산드로스 동방 원정
		기원전 322년 ─── 인도, 마우리아 제국 건국
중국 연나라 장수 진개, 고조선 침략 이 무렵 부여와 삼한의 여러 국가들이 발생 ─── 기원전 300년 ●	**기원전 3백 년**	
		기원전 264년 ─── 포에니 전쟁 – 로마와 카르타고 전쟁
		기원전 221년 ─── 진시황 중국을 통일
위만, 고조선에 망명 ─── 기원전 195년경 ●		기원전 202년 ─── 진나라 멸망, 한나라 건국
위만조선 건국 ─── 기원전 194년경 ●	**기원전 2백 년**	
		기원전 139년 ─── 장건, 실크로드 탐사
예군 남려 한나라에 항복, 창해군 설치 ─── 기원전 128년 ●		기원전 129년 ─── 한나라, 흉노와 전쟁
한무제, 위만조선 침공 ─── 기원전 109년경 ●		
위만조선 멸망 ─── 기원전 108년 ●	**기원전 1백 년**	

제1장

고조선

고조선은 흔히 우리나라 최초의 국가라고 말해지는 나라다. 우리는 단군신화 말고 고조선에 대해서 얼마나 알고 있을까? 기원전 2333년 세워졌다는 것은 정치적 계산에 의한 허구일 뿐이다. 고조선은 중국 기록에는 기원전 700년경 처음 등장하는데 회의적인 역사학자들은 이것도 사실이 아닐 가능성이 있다고 말한다.

고조선은 한반도 북부와 만주 일대에 있었던 고대 국가다. 오늘날 대한민국이 위치한 곳에는 진辰이라 불린 나라가 있었다. 하지만 이 진국에 대해서는 알려진 기록이 거의 없다. 기록이 없으면 역사도 없다. 역사란 기록에 의해서 재구성되는 것이기 때문이다.

고조선의 경우에도 재구성을 위한 자료가 충분하다고 보기는 어렵다. 우선 고조선이 어디에서 어디까지를 통치한 나라였는지가 불분명하다. 몇 가지 단서로 유추할 수는 있지만 많은 부분이 부정확하다. 사료와 고조선을 대표할 수 있는 유물을 가지고 고조선의 영토를 가늠해볼 수 있을 뿐이다. 또한 고조선의 수도는 왕검성으로 알려져 있지만 정확히 어디 있었는지는 알 수가 없다. 왕성을 증명할 고고학적인 증거가 나오질 않았기 때문이다.

이 때문에 많은 역사학자들이 고조선에 대해서 여러 가지 추정을 하고 있다. 그리고 이런 불명확한 틈을 타고 허무맹랑하고 터무니없는 주장도 독버섯처럼 피어오른다.

고조선을 건국한 단군에 대한 관심은 대한제국기 열강의 침략과 더불어 민족주의와 함께 크게 일어났다. 외세에 대항하기 위한 구심점으로 조선 사람들을 하나로 묶을 기제로 단군이 대두되었던 것이다. 단군을 신으로 섬기는 대종교가 발생했고, 대종교인들은 독립운동에 앞장서서 맹렬히 싸움을 전개했다. 오늘날 우리가 고조선이 세워진 날을 기념하는 개천절이라는 국경일을 가진 것도 사실 대종교인의 독립을 위한 희생을 기리는 측면이 크다.

고조선은 단군이 세운 고조선, 기자가 이어받은 기자조선, 위만이 찬탈한 위만조선의 셋으로 나뉘어져 있는데, 기자가 우리나라에서 와서 세웠다는 전설은 사실이 아니라고 해서 오늘날에는 배우지 않고 있다. 다만 조선 시대에는 기자라는 성인이 우리나라의 왕이 되었다는 사실을 자랑스러워했기 때문에 이를 내세웠었다. 민족주의적 관점에서 보면 '외국 사람'인 기자가 우리나라 왕이 되었다는 것이 기분 나쁠 수 있겠지만, 오늘날처럼 나라를 선택할 수 있는 세상에서 다른 나라 출신이라 해서 배척하는 것은 올바른 일이라 할 수 없을 것이다. 기자가 실제로 고조선에 왔을 가능성이 없기 때문에 기자조선은 옛날 사람들이 역사에 금칠을 하기 위해 가져다 쓴 것이라고 말하는 것과, 다른 나라 사람이 왕이 되었으니 그 나라의 식민지가 되었을 것이라고 생각하고 부끄럽다며 역사에서 삭제하는 것은 전혀 다른 행위라 할 수 있다.

역사란 있는 그대로의 사실을 바라보는 것이 중요하다. 옛날 중국의 북부지방을 다 점령했던 금나라는 시조가 신라에서 왔다고 이야기했는데, 이런 이야기에는 으쓱해하면서 기자가 우리나라에 왔다는 이야기는 쉬쉬하면서 지워버리는 것은 앞뒤가 맞지 않는 일이다.

있는 그대로의 고조선에 대해서 알아보도록 하자.

고조선이라는 나라 이름

고조선이라는 이름 앞에 붙은 '고'는 '옛날'이라는 뜻이다. 고조선이라는 명칭은 『삼국유사』에 처음 나오는데 이때 태조 이성계가 세운 조선은 아직 존재하지 않았다.

고조선古朝鮮은 우리나라에서 가장 오래된 나라다. 그런데 원래 이름은 '고조선'이 아니고 '조선'이다.

고조선의 '고古'는 '오래 된', 혹은 '옛날'이라는 뜻이니 고조선은 '오래 된 조선', '옛날 조선'이라는 말이다. 조선이라는 이름을 가진 나라가 더 있기 때문에 구분해서 부르기 위해 '고'라는 글자가 붙은 것이다. 그러니까 '조선'이라는 나라가 또 있다는 말이 된다.

누구나 다 아는 것처럼 1392년에 이성계1335~1408가 세운 조선이라는 나라가 있다. 이성계는 나라를 세워서 조선의 태조재위 1392~1398가 되었다. 왕조를 만든 첫 임금은 보통 태조나 고조라는 칭호를 받는다. 이성계가 세운 조선이라는 나라 이름은 옛날에 있던 조선, 즉 고조선에서 이름을 가져온 것이다.

그런데 고조선은 조선이 세워지기 전에도 고조선이라고 불렀다. 이성계가 조선이라는 나라를 세웠기 때문에 구분을 위해 고조선이라 부르기 시작한 것이 아니고, 그 이전 고려 시대에도 고조선은 고조선이라고 불렀다. 단군의 조선과 이성계의 조선말고도 다른 조선이 있었기 때문이다.

단군이 고조선을 일으킨 뒤, 중국 땅 상나라에서 온 기자箕子라는 사람이 왕이 되었다. 이 나라는 '기자조선'이라고 부른다. 기자조선 다음에는 중국 땅 연나라에서 온 위만衛滿이 고조선의 왕이 되었다. 이때의 조선은 '위만조선'이다. 이성계의 조선 이전에도 조선은 단군의 조선, 기자의 조선, 위만의 조선까지 세 개나 있었던 것이다. 이 중 가장 오래된 단군의 조선을 '오래 된 조선'이라는 뜻으로 '고조선'이라고 불렀다. 세 개의 조선을 한꺼번에 이야기할 때도 고조선으로 묶어서 이야기한다.

이렇게 조선이라는 이름은 여러 번 되풀이되었다. 그럼 '조선'이라는 말은 무슨 뜻이었을까?

나라 이름에는 뜻이 있게 마련이다. 고대 중국의 경우를 보면 땅 이름에서 나라 이름을 가져왔다. 한나라, 당나라, 송나라 등 중국의 옛 나라 이름은 나라를 세운 세력의 땅 이름에서 가져온 이름이다.

그럼 고조선이라는 이름도 땅 이름에서 유래했을까?

3세기의 중국 학자 장안張晏은 이렇게 말했다.

조선이라는 이름은 열수에서 나온 것이다. 조선에는 습수濕水, 열수洌水, 산수汕水라는 3개의 강이 있다. 이 강들이 합쳐져 열수洌水가 되었다. 조선의 명칭은 아마도 여기서 나왔을 것이다.

습수, 열수, 산수는 발음이 조선과 그리 비슷해 보이지도 않는데

『삼국유사』

단군신화를 제일 처음 소개한 책으로,
고려 후기의 선승 일연一然(1206-1289)이 1281~83년 즈음에 썼다.

여기서 조선이라는 이름이 나왔다고 하니 신기하게 느껴진다.

물을 뜻하는 한자 중에는 조潮처럼 조선의 '조朝'와 비슷한 것이 있다. 그리고 산수의 '산汕'은 한자의 '선仙'과 모양이 비슷하다. 이런 점에 착안해서 조선이라는 이름이 만들어졌다고 생각한 모양이다.

그런데 전혀 다른 의견도 있다.

한자로 쓰인 거라 한자대로 뜻을 풀 수도 있다. 조朝는 아침을 뜻하고, 선鮮은 곱다는 뜻이 있다. 합하면 '고운 아침'이라는 말이 된다. 서양 사람들은 조선을 '조용한 아침의 나라'라고 풀어서 부르기도 했다. 아침 햇빛이 처음 비추는 곳이라는 뜻으로 보는 사람들도 있다. 아침 해가 밝고 선명해서 조선이라는 이름을 썼다고 말하기도 한다.

조선시대 실학자 안정복1712~1791이 쓴 역사책 『동사강목東史綱目』

에서 조선은 선비산鮮卑山, 요동의 대흥 안령산맥에 있는 산. 유목민인 선비족의 발원지다의 동쪽에 있어 동쪽을 뜻하는 '조'를 쓰고 선비산의 '선'을 써서 조선이라는 이름을 지은 거라고 말하고 있다.

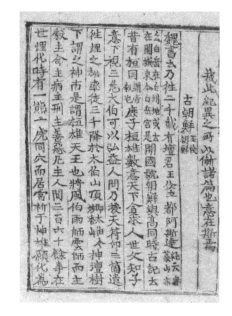

고조선 부분이 수록된 『삼국유사』 1권 「기이제1」 중 고조선 부분

"『위서魏書』에 이르기를, 지금부터 2000년 전에 단군왕검檀君王儉이 있어 아사달阿斯達에 도읍을 정하고 나라를 열어 조선朝鮮이라 불렀다"라는 말로 시작한다.

단군왕검이 서울로 삼았던 '아사달'이 조선의 원래 이름이라고 말하기도 한다. '아사'는 아침의 옛말이라고 한다. 여기서 조선이라는 말이 나왔다고 보는 것이다. 아사달의 '달'은 땅을 뜻한다. 지금도 '양달', '응달'이라는 말을 보면 달이 땅을 뜻하는 것을 알 수 있다.

아사달이 조선보다 먼저 있었던 나라 이름이었다고 주장하는 사람도 있다. 신라도 원래 신라의 서울이었던 서라벌 혹은 사로라는 이름에서 나라 이름을 만들었다. 마찬가지로 고조선도 원래는 아사달이라고 부르다가 조선이라는 나라 이름을 만들었다고 생각하기도 하는 것이다. 처음 나라를 만들어 적은 나라였을 때는 아사달이라고 부르다가 국가가 커진 다음에 조선이라는 이름을 가진 걸로 보는 것이다.

또 한편으로는 아사달을 '구월'이라는 뜻으로 보기도 한다. 황해도에 있는 구월산이 아사달이 있었던 곳이라는 주장이다. '아사'는 '아홉'을 가리키는 말이라서 한자로 쓰면 구九가 되는 것이고 달은 한 달, 두 달이라고 하는 그 달이어서 한자로 쓰면 월月이 된다. 합하면 구월이 되는 것이다. 구월산의 지명 유래가 바로 아사달에서 온 것이라는 주장이다.

이렇게 조선이라는 나라 이름에는 많은 설명이 따라 붙어 있다. 이 중 어느 것이 맞는 말인지는 아직까지 알 수 없다. 고조선은 너무 오래된 옛날에 만들어진 나라라 오늘날에는 그때 사람들의 생각을 정확히 알 수 없는 것이다.

그럼 고조선은 얼마나 옛날에 만들어진 나라였을까?

우리나라를 가리키는 말에는 청구(푸른 언덕이라는 뜻으로 오행 사상에서 동쪽은 청색이라서 붙은 이름이다), 근역(무궁화가 피는 땅), 군자국(『산해경』에 나온다), 해동(동쪽에 있는 나라라는 뜻), 삼한(마한, 진한, 변한을 한꺼번에 가리키는 말), 제잠(『한서』에 나오는 '제학'이라는 바다 이름에서 유래) 등이 있다.

만들어진 연대, 기원전 2333년

기원전 2333년은 『삼국유사』에 나오는 연대가 아니다. 조선시대에 『동국통감』에서 확정한 연대로 정치적인 의미가 있다.

올해 2021년은 단기, 즉 단군기원 4354년이다. 이것은 예수의 탄생년을 원년으로 하는 서기로 따져 서기전 2333년에 단군이 나라를 세운 해를 기준으로 잡아서 계산한 결과다.

많은 사람들이 기원전 2333년에 고조선이 건국되었으며, 그 연대가 『삼국유사三國遺事』에 나온다고 여긴다. 단군신화를 전하는 가장 오래된 책이 『삼국유사』이기 때문이다.

그러나 그렇진 않다.

고려 충렬왕재위 1274~1308 때 보각국사 일연1206~1289이 저술한 『삼국유사』에서는 고조선 건국연대에 대해 두 가지 견해를 소개하고 있다. 첫 번째로는 지금은 전해지지 않는 사서인 『위서魏書』를 인용하여 중국 고대의 요임금과 동시에 나라를 세웠다고 말하고 있다. 그리고 두 번째로는 『고기古記』에 의거해서 요임금 즉위 50년인 경인년庚寅年에 나라를 세웠다고 말한다.

'경인'은 천간 열 개와 지간 열두 개를 조합해서 육십 개의 연도

요 임금 초상
타이베이 국립고궁박물관. 요 임금은 중국 신화 속
삼황오제 중 하나다.

를 만들어 세는 방식인 육십갑자에 의해 세는 연도를 가리킨다. 2021년은 육십갑자로 따지면 '신축년辛丑年'이 된다. '신'이 천간 중 하나고, '축'은 지간 중 하나다. 우리가 띠라고 부르는 열두 동물이 지간을 가리키는 것이다.

그런데 일연은 '경인년'에 고조선이 세워졌다는 것에 의문을 품고 주석을 붙여놓았다. 요임금 즉위 원년은 무진년戊辰年이고 50년은 정사년丁巳年이므로 경인년에 나라를 세웠다는 것은 이상하다는 의견을 피력하고 있다.

요임금은 우리가 태평성대를 이야기할 때 요순시대라고 말하는 그 '요'를 가리킨다. '순'은 요임금 뒤를 이은 순임금을 가리킨다. 『삼국유사』만 보면 고조선이 중국 전설상의 임금인 요임금 때 세워졌다는 점은 알 수 있지만 그때가 요임금과 동시대인지 그 50년 후인지는 알 수가 없다.

『고기』에 나오는 요임금 즉위 50년설, 즉 경인년설이 맞다 가정하면 요임금 즉위 원년은 무진년이 아니라 신축년이 되어버린다. 이것은『삼국유사』기록에 의해서만 추산되는 연도다. 북송 때 유서劉恕, 1032~1078가 지은『자치통감외기資治通鑑外紀』의 기록에 따르면 요임금 즉위 원년은 무진년이다. 그렇기 때문에 일연도 의문을 품었던 것이다.

고조선 건국에 대해서는 또 하나의 사서가 전하는 기록이 있다. 고려 충렬왕 13년1287년 때 나온『제왕운기帝王韻紀』다.『제왕운기』는 이승휴1224~1300가 지은 책으로 중국과 우리나라의 역사를 시로 풀어놓았다. 고조선이 건국한 때를 요임금과 '같은 때'인 무진년이라고 적고 있다. 이승휴도『위서』의 설에 따라 요임금이 무진년에 나라를 세웠고 단군도 같은 때 나라를 세운 것으로 이해한 것 같다.

어쨌거나 고조선이 개국한 해는 요임금이 나라를 세운 때로 기준을 잡고 있는 셈이다. 요임금이 세운 나라의 이름은 당唐이다. 그래서 요임금을 가리켜 흔히 '당요'라 부르기도 한다.

무진년 개국에 대한 내용은 고려 말 대학자 목은 이색의『목은집』에서도 볼 수 있다. 여기서는 "우리 동방이 당요 무진년에 나라를 세웠다"라고 적고 있다. 조선 초에 편찬한『고려사』에도 "우리나라는 요임금 때 같이 세워졌다"라는 기록이 나온다. 조신 초 권근1352~1409이 지은『양촌집』이나 조선 왕실의 역사를 적은『용비어천가』에서도 "당요 원년 무진년에 같이 나라를 세웠다"고 적혀 있다.

그런데 요임금이 나라를 세운 때가 무진년이라는 설은 그 후 바뀌고 만다. 서진西晉 때 황보밀215~282이라는 학자는 요임금이 즉위한 때를 갑진년甲辰年이라 주장했고, 북송 때 학자인 소옹1011~1077도 갑진년설을 지지했다. 사실 요임금 원년에 대한 주장은 이외에도 병자년, 정미년, 신묘년 등으로 무척 다양하다. 그런데 주장이 다양하다는 것은 잘 모른다는 이야기나 마찬가지다. 요임금은 전설상의 임금이니 언제 즉위했는지 모르는 것도 당연하다.

조선 성종재위 1469~1494 때 고조선 건국년도에 대한 새로운 설이 제기되었다. 서거정1420~1488이 편찬한 『동국통감』은 이때까지 따라오던 요임금 개국 무진년설을 버리고 소옹 등이 주장한 갑진년설을 따르기로 한다.

그런데, 이렇게 되자 문제가 생겼다. 우리나라 기록에는 요임금과 같은 때 나라를 세웠다는 기록과 무진년에 나라를 세웠다는 기록은 많았지만, 갑진년에 나라를 세웠다는 기록은 하나도 없었던 것이다. 그래서 서거정은 『동국통감』에 이렇게 썼다.

지금 살피건대, 요가 일어난 것은 상원 갑자 '갑진'의 일이며 단군이 일어난 것은 그 후 25년 무진의 일이니, 즉 요와 동시에 세워졌다는 것은 그릇된 것이다.

서거정은 『동국통감』에 앞서 1476년에 『삼국사절요三國史節要』를 편찬했는데 이때는 요임금과 동시에 나라를 세웠고 그때가 무진년이라고 써놓았었다. 그랬던 것이 8년 만에 자아비판 하듯이 과거 자신의 주장을 잘못이라고 한 것이다.

『동국통감』은 성종 때 출간되었지만 세조재위 1455~1468의 왕명으로 편찬을 시작했다. 중국의 『자치통감資治通鑑』에 비견되는 정통 사서를 만들고자 하는 노력의 일환으로 만들어진 책이었다. 세조는 자주적인 사서를 만들고자 했으나 성종 때로 편찬이 넘어가자 사림들이 편찬에 대거 참여하자 성리학적 사고가 많이 반영되었다. 요임금과 동시에 고조선이 건국되었다는 것을 잘못이라고 말한 데는 이런 성리학적 사고가 반영된 것일지도 모른다.

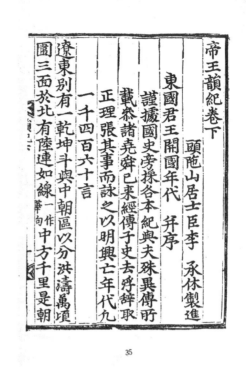

제왕운기

고려 후기 문신 이승휴(李承休, 1224~1300)가 쓴 책으로 상권은 중국사를, 하권은 한국사를 다루고 있다. 단군에 관해 『삼국유사』와는 다른 전승을 수록했다.

　명나라는 조선보다 건국이 24년 빠르다. 요임금의 나라와 단군의 나라 차이도 24년이다. 서거정은 중국과 조선이 같은 변화의 주기를 가진 대등한 나라라고 주장하고 싶었던 것이다. 즉 이 연대는 굉장히 정치적으로 결정된 것이다. 이렇게 해서 고조선 건국은 요임금 25년인 무진년으로 결정되었는데, 바로 이 해가 우리가 알고 있는 기원전 2333년이다.

　중국은 최근 '하상주 단대공정'을 통해 춘추전국시대 이전의 연대를 재조정했다. 기원전 1122년에 멸망했던 걸로 알려진 상나라는 이제 기원전 1046년에 멸망한 것으로 바뀌었다. 언제 요임금의 즉위년도 변할지 모른다. 그러면 우리도 그때 단기를 고쳐야 할까?

물론 그럴 리는 없다. 예수도 기원전 4년에 태어났다고 보는 것이 대세이나 이 때문에 서기 연도를 모두 뜯어고치지는 않는다. 단기 역시 『동국통감』에서 확정된 이후 오랜 세월 우리 역사에 기록되어온 연대인지라 당연히 기원전 2333년으로 여겨지고 있는 것이다. 오래도록 사용해온 연대는 그 자체로 중요하기 때문에 새삼 다른 변화가 있다고 해도 단기를 고칠 필요는 없다.

다만 일의 전말은 정확히 알아두는 것이 좋겠다. 왜냐하면 이 연대를 가지고 엉터리 역사서를 꾸미는 일이 종종 있기 때문이다. 단기의 연대는 사실상 중요하지 않다. 그것은 신화상의 연대이기 때문이다.

기원전 2333년은 문명의 발전 단계로 보면 신석기 시대가 된다. 고대 국가가 형성되기에는 부족한 시기이다. 이 때문에 만주와 한반도의 청동기 개시 연대를 위로 올리고 싶어 하는 경향이 있는데, 여러 증거로 인해 기원전 1500년경까지 청동기 시대의 상한이 올라간 상태지만 여전히 기원전 2333년을 청동기 시대로 보는 것은 무리다.

개천절이
두 가지 의미를 갖는 이유

웅雄이 무리 삼천을 거느리고 태백산太伯山 정상 ─ 즉 태백太伯은 지금의
묘향산妙香山이다 ─ 신단수神壇樹; 神檀樹 밑에 내려와 신시神市라 하고
이에 환웅천왕桓雄天王이라 하였다. ─『삼국유사』중에서

　　멀고 먼 옛날, 하늘나라를 다스리는 신이 있었다. 신의 이름은 '환인桓因'이었다. 환인에게는 여러 명의 아들이 있었는데 그 중에서도 '환웅桓雄'이라는 아들이 문젯거리였다. 환웅은 평화롭고 아름답고 완벽한 곳인 하늘나라에는 관심이 없고, 어지럽고 살기 힘들고 부족한 것투성이인 곳에 흥미를 가지고 있었다. 바로 하늘 밑에 있는 지상세계였다.

　　그곳에는 '사람'들이 살고 있었다. 이들은 아직 문명이라고 말할 만한 걸 가지고 있지 못했기 때문에 그냥 무리지어 살고 있는 불쌍한 족속들이었다. 그런데 환웅이 그곳에 꽂혀버리고 말았다.

　　환인은 환웅을 불러들였다.

　　"아들아, 너는 요즘 하늘나라가 아닌 곳에 관심을 두고 있는 것 같다. 맞느냐?"

　　"네, 인간들은 너무 비참하게 살아가고 있습니다. 소자는 그들을 도와

주고 싶습니다."

"인간 세상은 하늘나라와 다르다. 그곳에서는 농사를 지어 곡식을 길러야 먹고 살 수 있고, 죽음이 세상을 지배한다. 또한 질병이 있어 앓아누울 수 있으며, 재물과 목숨을 빼앗아가는 나쁜 사람들도 있는 곳이다. 그런 곳에 꼭 가고 싶으냐?"

"그렇기 때문에 더욱 가고 싶습니다. 인간들에게 농사를 짓는 법을 가르치고 그들의 수명대로 살 수 있게 해주고 병을 고치는 의술을 전해주고 잘못된 일을 해서는 안 된다는 점도 깨우쳐 주고 싶습니다. 그렇게 해서 널리 사람을 이롭게 하겠습니다."

환웅의 결심에 환인도 더는 말리지 않았다. 환인은 신의 눈으로 세계를 두루 살펴보았다. 그리고 그 중에서도 아시아의 동쪽 끝에 주목했다.

"저곳으로 가라. 저기서 네 뜻을 펼쳐라."

환인은 아들 환웅에게 신비로운 힘을 가진 '천부인' 세 개를 주었다. 이 신비한 물건이 무엇인지는 아무도 모른다. 학자들은 하늘의 힘을 가진 도장이거나 신분을 증명하는 표식이라고 생각한다. 일제강점기 때 최남선1890~1957이 방울, 거울, 칼이라는 주장을 했는데 그냥 자기 생각일 뿐이다. 최남선은 매우 유명한 학자였기 때문에 지금도 이렇게 생각하는 사람을 가끔 볼 수 있다.

천부인은 하늘을 대신해 하늘의 명령을 수행하는 관리가 받는 증표라고 생각할 수 있다. 인간 세상을 다스리는 권리가 천부인을 통해 환웅에게 주어진 셈이다. 환인은 환웅에게 신비한 힘을 지닌 신하도 세 명 붙여 주었다. 바람을 다스리는 풍백, 비를 다스리는 우사, 구름을 다스리는 운사라는 신하였다. 3천 명이나 되는 부하가 그들과 함께했다.

환웅이 내려온 곳은 태백이라 이름 붙은 산의 정상이었다. 그곳에 커다란 나무가 하나 있었는데 그 나무를 '신단수'라고 불렀다. 그 뜻은 '신에게 제사 지내는 나무'이다. 이때 제사는 하늘과 인간 세상을 연결하는 통로가 된다.

그런데 이 신단수의 '단'이라는 한자가 두 가지로 나타난다. 제단을 뜻하는 단壇을 쓰기도 하고, 박달나무를 뜻하는 단檀을 쓰기도 한다. 단군檀君이라고 할 때 '박달나무 단'을 사용하기 때문에 박달나무라는 한자에 익숙한 사람들이 많다.

그런데 박달나무는 수명도 짧고 생긴 것도 못난 나무다. 하필 이런 나무에 하늘의 신이 내려왔을까? 어쩌면 제사를 지내는 나무는 위풍당당한 떡갈나무나 느티나무였는데 실수로 박달나무를 뜻하는 한자를 적었을지도 모른다. 서낭당에 있는 나무가 떡갈나무나 느티나무인 경우가 많은 것을 보아도 그렇다. 우리나라에는 지금도 마을을 지키는 커다란 나무를 숭배하는 풍습이 있다. 그런 나무를 서낭당 나무라고 부르고 있다. 나무를 숭배하는 풍습은 아주 오래된 것이다.

환웅이 하늘에서 내려온 산이 어딘지는 정확하게 알려지지 않았다. 사람들은 그곳을 묘향산, 구월산, 백두산 등등으로 생각하는데,

이 산들은 모두 한반도 북부에 있으며, 아주 크고 웅장한 산이라는 공통점을 지녔다. 일연은 『삼국유사』에서 묘향산이라고 적어놓았다.

환웅은 산 아래에 신의 도시라는 뜻의 '신시神市'라는 도시를 세웠다. 자기 자신은 하늘의 왕이라는 뜻으로 환웅천왕이라고 불렀다. 그리고 사람들에게 농사짓는 법, 병을 치료하는 법, 죄를 다스리는 법 등을 가르쳤다. 이 때문에 사람들은 행복한 생활을 누릴 수 있게 되었다.

이런 사람들을 부럽게 바라본 동물들이 있었다. 동물들은 자기들도 사람처럼 행복해졌으면 하고 바랐다. 그 중 호랑이와 곰이 늘 환웅천왕에게 사람이 되게 해달라는 기도를 올렸다. 환웅천왕은 두 동물이 진심인 것을 알아보고 명을 내렸다.

"이것은 신령스러운 쑥과 마늘이다. 이것만 먹으면서 백 일 동안 햇빛을 보지 않는다면 사람이 될 수 있다."

하지만 호랑이는 삼 주를 못 버티고 동굴을 뛰쳐나가고 말았다. 경쟁자가 탈락하자 더는 시험을 볼 필요가 없었던지 환웅천왕은 21일 만에 곰을 여자로 변신시켜 주었다. 우리나라에서는 아기가 태어나면 집 앞에 금줄을 치고 3주 즉 21일간 이웃의 왕래를 막는데, 이런 신화 속의 풍습이 남은 것일지도 모른다.

곰에서 사람이 된 웅녀는 결혼을 하고 싶었지만 남자가 도통 나타나지 않았다. 이 때문에 신단수 아래에서 아기를 가지게 해달라

한국전쟁 당시 단군신화를 이용해서 만든 삐라

뒷면에는 "한 아버지, 한 피, 한민족"으로 끝나는 귀순 독려 문구가 적혀 있다.

고 빌었고 그에 감동한 환웅천왕은 잠시 사람 형상을 갖추고 웅녀
와 결혼하여 아기를 갖게 했다. 환웅천왕은 사람이 아니라 신이라
는 것을 이 대목에서도 분명히 알 수 있다.

웅녀는 반인반신의 아들을 낳았는데 그가 바로 고조선을 세운
'단군왕검壇君王儉'이다. 우리는 10월 3일을 '개천절'이라고 부르고
이 날이 단군왕검이 고조선을 세운 날이라고 기념한다. 그런데 개
천이라는 이름은 하늘天이 열린다開는 뜻이라서 이 날이 마치 환웅
천왕이 지상에 강림한 날을 기리는 것처럼 보이기도 한다. 이렇듯
같은 날이 두 가지 의미를 지니게 된 것은 원래 이 날짜가 역사가
아닌 종교에서 나온 것이기 때문이다.

10월 3일을 개천절로 잡은 것은 단군을 신으로 섬기는 대종교의

영향이다. 일제강점기 독립운동가 중에는 대종교인이 많았고 이들의 영향으로 광복 후에 국회에서 개천절을 국경일로 정했다. 그런데 대종교에서는 환인, 환웅, 환검단군을 하나의 신으로 본다. 그래서 하늘에서 내려온 신이 환검이고 나라를 세운 이도 환검이 되어도 상관이 없다.

그런 의미에서 10월 3일에 실제로 단군이 나라를 세운 것이 아니어도 상관이 없다. 그 사건을 기념하기 위해 만들어진 것뿐이다. 과거에는 음력을 셌는데 10월 3일은 양력으로 결정되어 있는 것도 그런 이유이다. 12월 25일에 예수가 태어났다는 것은 사실이 아니지만 이 날을 예수의 탄생일로 기념하는 것과 마찬가지다. 환웅과 웅녀, 단군의 이야기는 역사가 아닌 신화이기 때문이다.

신화를 역사에 바로 활용하는 것은 매우 위험하다. 곰과 호랑이가 사람이 되기를 원했다든가 하는 표현은 문학적인 비유에 해당되므로 당시의 어떤 상황을 반영한 것인지 직접적으로 나타내기는 어렵다. 상상된 것에 상상을 보태서는 곤란하고 신화에 대한 깊은 이해를 한 뒤에 재구성을 해볼 수 있다.

환웅의 손녀가
단군의 어머니라고?

『삼국유사』 이외에도 단군에 대한 이야기는 여러 책에 전해오고 있다.
『제왕운기』(1287년)는 『삼국유사』(1281년)와 불과 6년 차이밖에 안 나는 책인데
단군에 대한 이야기는 완전히 다르다.

단군신화는 우리나라 사람이라면 잘 아는 이야기일 것이다. 하지만 단군에 대해 전해지는 이야기는 이것 말고도 많다. 단군신화는 아주 오래 된 이야기고 따라서 전해 내려오는 동안 조금씩 달라지게 마련이다. 그 중 제일 유명한 이야기가 『삼국유사』에 전해오는 것이지만, 『삼국유사』가 나오고 얼마 안 되어서 나온 『제왕운기』에는 좀 다른 단군신화가 실려 있다.

환웅이 천부인 세 개를 가지고 부하 3천 명과 함께 태백산 신단수 아래 내려온 건 『삼국유사』와 같다. 그런데 부하들 정체가 좀 다르다. 『제왕운기』에는 귀신鬼 3천을 데리고 왔다고 되어 있다. 처음부터 사람이 아니라는 걸 분명히 한 셈이다. 환웅은 지상에 내려온 뒤에 '단웅천왕檀雄天王'이라고 불렀다.

단웅천왕에게는 손녀가 있었다. 손녀가 있으려면 아들이나 딸도 있어야 할텐데 그 아들이나 딸에 대한 이야기는 나오지 않는다. 아무튼 환웅은 이 손녀를 지상의 단수신檀樹神에게 시집보내려고 했다.

단수신은 박달나무의 신이라는 뜻인데, 같은 신이라 해도 단웅천왕과는 격이 달랐던 모양이다.

단웅천왕은 손녀에게 어떤 약을 먹여서 손녀를 사람으로 변하게 한 뒤에 단수신에게 시집을 보냈다. 단웅천왕의 손녀와 단수신 사이에서 남자아이가 태어났다. 그가 바로 단군檀君이다. 이 뒤의 이야기는 『삼국유사』와 비슷하다. 단군은 오랫동안 나라를 다스린 뒤 산에 들어가 산신이 되었다.

그런데 『삼국유사』와 『제왕운기』 두 역사책에는 사실 단군에 대한 이야기가 그리 풍성히 들어 있지 않다. 조선 숙종재위 1674~1720 때 홍만종1643~1725이라는 사람이 있었는데, 이 홍만종이 단군에 대한 이런저런 이야기를 남겼다. 홍만종은 단군의 '단檀'을 성으로 생각해서 환인, 환웅도 단인, 단웅이라 불렀다. 단군이 백성들에게 처음 머리를 땋는 법을 가르치고 모자를 쓰게 했다고 전하고 있다. 홍만종이 무엇을 근거로 이 내용을 적었는지는 알 수가 없다. 하지만 아마도 이 때문인지 단군의 초상은 늘 모자를 쓰고 있는 모습으로 그려지게 되었다.

이밖에도 단군에 대한 이야기는 전설로 여기저기 전해지고 있다. 그 중에서 태백산이라고 전해진 묘향산에 특히 많은 전설이 전해진다.

묘향산은 북한 지역에 있다. 단군굴이 있어 이곳에서 단군이 나라를 다스렸다고 한다. 동굴 안에는 맑은 샘물이 솟아오른다고 하는데 묘향산이 북한에 있으니 확인할 길이 없다. 단군굴은 웅녀가 곰일 때 호랑이와 같이 살던 굴이었다는 전설도 있다. 단군굴에서

평안북도 영변 묘향산에 있는 단군굴의 모습
단군에 대한 전설은 묘향산에 많이 있다.

위로 올라가면 단군대가 있는데, 단군이 하늘에서 내려온 곳이라고 한다. 하늘에서 내려온 건 환웅이지 단군이 아닌데, 이게 뭔 소리일까? 그런데 환웅 이야기 없이 단군이 하늘에서 내려왔다는 전설도 있다.

단군굴에서 왼편으로 가면 강무대라는 곳이 있다. 이곳에서 단군이 무술을 익혔다. 단군이 활을 쏘면 하인이 화살을 주워왔다고 하는데, 그 화살을 줍던 곳을 돈오동이라고 부른다. 단군의 하인 이름이 돈오여서 그렇게 부른다. 단군이 활쏘기 과녁으로 삼았다는 바위들도 이곳에 있다. 단군이 화살을 하나만 가지고 있었다는 이야기도 있다. 그랬다면 화살을 줍는 하인은 필요가 없었을 것이다. 단군이 쏜 화살은 바위에 맞고 튕겨 나와서 다시 단군에게 돌

황해도 신천 패엽사에서 바라본 단군대의 모습
근처에는 단군이 활쏘기 연습을 했다는 사궁석射弓石이 있다.

아와서 화살 하나만 가지고도 활쏘기 연습을 할 수 있었다. 그리고 곰과 같이 있다가 도망친 호랑이가 누웠다고 하는 호대라는 곳도 있다.

단군이 주로 활쏘기를 했다는 걸 이 전설에서 알 수 있다. 한국 사람들은 여러 무기 중에 활을 가장 중요하게 생각했다. 조선의 선비들은 모두 활쏘기를 할 줄 알아야만 했다. 이렇게 활쏘기를 중요하게 생각했기 때문에 단군 전설에도 활이 중요한 역할을 하는 것 같이 보인다.

단군은 하늘 신의 후손이고 신화에 따라서는 곰이 어머니이기도 하고, 땅의 신이 아버지이기도 하다. 하백의 딸과 결혼했는데, 서하西河 하백河伯의 딸과 결혼했다고도 하고, 비서갑非西岬 하백의 딸과 결혼했다고도 한다. 하백은 물의 신을 가리키는 말이니 아내는 물의 신의 딸이었다. 하늘과 땅과 물이 모두 단군과 관련이 있는 셈이다.

단군과 하백의 딸 사이에서 낳은 아들을 부루夫婁라고 한다. 중국의 홍수를 다스렸다는 전설 속의 왕 우왕에게 사신으로 가기도 했다고 한다. 그런데 부여의 왕 이름도 '부루'라고 해서 똑같다. 부여 부루왕의 아들이 금와왕인데, 고구려를 세운 주몽의 어머니 유화부인을 구해준 사람이다. 그런데 유화부인은 단군의 왕비와 마찬가지로 하백의 딸이다. 이런 연관성 때문에 일연과 이승휴는 부여 역시 단군과 관련이 있을 것이라고 보았다.

단군에게는 큰아들 부루말고 다른 아들도 있었다. 불을 사용해 맹수를 쫓아낸 부소, 의술을 익혀 사람들을 구하는 일을 한 부우가 있었고 어떤 이야기에서는 막내아들 부여가 있었다고도 한다. 이 아들들이 강화도에 성을 쌓았는데, 세 명의 아들이 쌓은 성이라고 해서 삼랑성이라고 불렀다. 강화도에는 단군이 하늘에 제사를 지냈다는 전설이 있는 참성단도 있다. 고려와 조선 때도 이곳에서 하늘에 제사를 지냈다.

아버지 환웅은 어떻게 되었을까? 웅녀와 결혼한 뒤 환웅이 어떻게 되었는지는 어디에도 나오지 않는다. 단군이 나라를 다스리게 되니까 하늘나라로 돌아갔다고 볼 수 있을 것이다. 이때 환웅의 신하들, 부하귀신들도 모두 하늘나라로 돌아갔을 것이다. 그러니 단군은 자기 신하들을 데리고 나라를 다스려야 했다.

단군의 신하에는 어떤 사람들이 있었을까?

강화도 참성단을 그려 넣어
1976년에 발행한 기념우표

고려와 조선 시대에 걸쳐 여러 번 보수되었기 때문에
원래 첨성단의 모양이 어떠했는지는 알 수 없다.

신지라는 신하는 글을 만들고 『신지비사神誌秘詞』라는 예언서를 썼다. 조선 건국까지 예언했다고 하는데 이런 말은 당연히 후대에 덧붙여진 걸로 봐야 한다. 고시라는 신하는 농업을 담당했다. 농촌에서는 밥을 먹을 때 밥 한 술을 떠서 '고시레'라고 하면서 내던지는데 이건 고시를 기리는 거라는 이야기도 있다. 그런데 고시레는 평생 일만 하다 죽은 고시라는 농부를 기려서 만들어진 풍습이라는 전설도 있다.

단군은 이렇게 가족과 신하들과 천 년이 넘는 기간 동안 나라를 다스리다가 나중에 아사달 산에 들어가 신선이 되었다. 아사달 산은 지금의 황해도 구월산이라고들 한다.

구월산에도 단군에 대한 전설이 많이 남아 있다. 구월산이 구월산이라고 불린 건 단군이 9월 9일에 승천했기 때문이라는 전설도 있다. 구월산 꼭대기에는 백운대가 있는데 여기서 단군이 승천했다고 한다. 또 단군대라고 불리는 곳이 있는데, 여기에는 단군의 발자국이 남아 있다. 이곳에서 단군은 고조선의 서울을 삼을 만한 땅을 살펴보았다고 한다. 구월산에도 단군이 활쏘기를 연습했다는 사궁석이라는 바위가 있다. 바위에는 화살이 꽂혔던 자국과 단군이 화살을 뽑기 위해 무릎을 꿇어서 생긴 자국이 남아 있다고 전한다.

이외에도 황해도 일대에는 단군에 대한 여러 가지 전설이 남아 있다. 또 평양에는 단군이 묻혔다는 단군릉도 있다. 그러니까 단군은 승천했다는 이야기도 전해지지만 죽어서 무덤이 있다는 이야기도 전해지는 것이다.

신화와 전설이란 이렇게 모호하고 서로 충돌하는 이야기로 만들어질 때가 많다. 그러다 보니 하나의 잘 정리된 이야기, 한 걸음 더 나아가 완벽한 역사로 이 이야기를 꾸미고 싶은 충동을 느끼는 사람들도 나타나게 된다. 그렇게 해서 엉터리 역사책인 『환단고기』, 『단기고사』, 『부도지』 같은 책들이 나타났다.

『동아일보』 사회부장 현진건은 1932년 7월에 묘향산을 찾아갔다. 단군의 사적을 찾기 위한 여행이었다. 이때의 기행은 51회에 걸쳐 『동아일보』에 연재되었다. 단군에 대한 전설뿐 아니라 고구려에 대한 전설도 함께 수록되어 있다.

역병을 내리는 조선시대의 단군

때는 조선 세종 19년1437년 겨울, 황해도에 전염병이 돌기 시작했다. 황해도 감사는 문제의 심각성을 깨닫고 조정에 도움을 요청했다. 이미 전염병의 조짐은 5년 전부터 나타나기 시작했고 병이 걸리면 온몸이 쑤시고 심한 기침을 하는 증세를 보인 것으로 보아 독감이 돌고 있었던 것이 아닐까 싶다. 실록에 나타난 병명은, 노채·골증·전광·해수·건습 등이었는데, 노채, 해수는 기침폐렴 등 호흡기와 관련된 병증이고 골증, 건습은 관절염 등에 해당하며 전광은 미쳐버리는 것을 가리킨다.

조정에서는 전의부정 김여생을 내려 보냈다. 황해도의 의원 다섯 명과 함께 치료에 나서지만 전염병이 잡히질 않았다. 해를 넘겨 3월이 되자, 조정은 새로운 방법을 시도했다. 제사를 지낸 것이다. 무당이 굿을 하는 것이나, 유생들이 제사를 지내는 것이나 그 근본정신은 똑같다. 귀신을 달래는 것이 목적이다. 이 시대만 해도 전염병, 즉 역병이 도는 것은 귀신들이 노하기 때문이라 생각했다. 유교에서는 제삿밥을 먹지 못하게 된 귀신들이 성을 내서 역병을 일으킨다고 보기 때문에 이런 귀신들에게 제사를 올려서 제삿밥을 먹게 해주었다. 그 제사를 '여제'라고 부른다.

이 질병은 황해도 황주·봉산에서 시작하여 재령·신천·문화·장연 등지로 퍼져나갔다. 조정에서는 제문을 지어서 내려 보냈다. 제문과 풍성한 제물도 받았으니 귀신들이 감동하여 역병이 그쳤을까? 천만에. 이 역병은 계속

기승을 부려 다음 해에도 잡히지 않았다. 조정에서는 황해도로 약을 지어 보내기까지 했다. 이때 기록을 보면 병이 시작된 황주가 제일 환자가 많아서 171인, 봉산에 14인, 장연에 29인, 재령에 24인으로 총 238인이 병자로 나타났다. 또한 이 해1439년에는 큰 흉년이 들어 구호도 시급했다.

일이 이 모양이니 뭔가 책임을 덮어씌울 존재가 필요했다. 여제 정도로는 양을 채울 수 없는 더 높고 힘 센 존재가 필요했던 것이다. 그 대상으로 떠오른 이가 바로 단군이었다.

당시 집현전 학사였던 이선제가 당직을 서고 있을 때, 마침 황해도 봉산군 서리 오성우도 그 자리에 있었다. 이선제는 황해도에 발발한 역병의 원인이 무엇이냐고 물었는데 뜻밖의 대답을 듣게 되었다.

"문화현에 있던 단군 사당을 평양으로 옮긴 후에 역병이 발발하였습니다."

"그게 무슨 말이오? 자세히 말해보시오."

"단군의 사당을 평양에 옮긴 뒤에, 괴이한 기운이 뭉치어 마치 귀신 모양 같은 것이 있어 밤에 다니며 검은 기운이 진을 이루고 행동하는 소리가 있었습니다. 한 사람이 바라보고 놀라자 그것은 몸을 감추었습니다."

"그것이 참말이오?"

"마을 사람들이 일컫기를, 이 병이 구월산 산간에서 발생하여 점차 문화, 장연, 재령, 신천으로 퍼져나갔다고 합니다."

"구월산에서?"

"구월산 중턱에 신당이 하나 있는데 언제 창건하였는지는 알 수 없으나

단군영정

북쪽 벽에 단웅천왕이 있고, 동쪽 벽에는 단인천왕이 있으며 서쪽 벽에는 단군천왕이 있는데, 고을 사람들이 삼성당이라고 칭하고 그 산 아래에 사람이 사는 곳도 또한 성당리라 칭합니다. 당의 안팎에는 까막까치가 깃들이지 않고 고라니와 사슴도 들어오지 않습니다."

(중략)

"단군이 아사달 산에 들어가 신이 되었는데 이 산 아래에 삼성당이 지금도 남아 있으니, 그 자취를 볼 수 있는 것입니다. 고을의 동쪽에 장당경이라는 땅이 있는데, 부로들이 전하기를 단군이 도읍하였던 곳이라 합니다."

"하지만 단군은 처음에 왕검성에 도읍해서 기자 사당과 합쳐야 마땅하다고 하지 않소?"

"단군이 요堯 임금과 더불어 아울러 섰는데 기자에 이르기까지 천여 년이니, 어찌 아래로 기자 사당에 합하겠습니까?"

이선재는 이 이야기를 마음에 품고 발설하지는 않았다. 그러나 단종 1년 1452년에 또 다시 황해도에 괴상한 역병이 일어나자, 이선제는 그것을 15년 전 역병과 동일한 것이라 여겨 그 대책을 세우라고 상소했다.

"지난번에 단군 사당을 평양으로 옮기었는데 두 성인(환인과 환웅)은 어느 땅에 두었겠습니까? 이것은 단군이 이 땅의 사람들에게 원망을 일으킬 뿐 아니라 두 성인도 반드시 괴이한 것을 마음대로 하고 역병을 지어 백성에게 해를 끼칠 것입니다."

이선제의 역병 대책은 이와 같았다.

"신의 어리석은 생각으로는 예전 신당을 수리하고 새로 신상을 만들어 배치하고 예전처럼 존경을 바치고 조관을 명하여 보내어 성당에 고해서 가만히 돕도록 빌면 복을 받을 것입니다. (중략) 대신에게 고루 물어서 천제가 아들을 신단수에 내린 근원과, 신주를 옮겼기 때문에 괴이한 것을 일으키는 연유를 연구하여 의논하고 문화·장연·신천·재령의 늙은 사람과 원평·교하의 전염병 증세를 널리 물어 권도에 따라 의논을 정하여 다시 성당의 신주를 세워 '전시병'의 뿌리를 끊으면 온 나라가 심히 다행하겠습니다."

전시병이라고 하는 것은 피로하면 발병하여 얼굴에 열이 나고 음식을 먹어도 살로 가지 못하여 결국 죽는 병인데, 전염이 되어서 일가가 멸문하게 되는 병이다. 당시의 빈약한 의학 지식으로는 고칠 수 없는 병들이 많이 있었을 것이고, 그런 병은 귀신이 노하여 일으킨 것이라는 핑계를 대면 빠져나갈 수 있었다.

조정이 이선제의 상소를 받아들여 신상을 다시 만들었는지 어쨌는지 알 수는 없지만, 조선 시대에 오면 단군은 완전히 신격화해서 역병을 내릴 수 있는 무서운 존재가 되었다는 점은 알 수 있다.

사실은 아무도 모르는 고조선의 위치

고조선은 한반도와 요동에 걸쳐서 있던 나라였다. 그런데 그 중심지가 요동에 있다가 한반도로 넘어왔는지, 한반도에서 출발해서 요동으로 확대된 것인지는 확실하지 않다. 다만 최근에는 요동(또는 요서까지도 생각한다)에서 한반도로 이동해온 것으로 보는 견해가 많다.

누구나 알 것 같지만 사실은 아무도 모르는 곳이 바로 고조선의 위치다. 고조선은 어디 있었을까? 고조선의 수도는 왕검성 王儉, 왕험성王險城이라고도 한다이다. 이 왕검성이 고조선이 멸망할 때 지금의 평양에 있었다고 추정하지만 처음부터 그곳에 있었는지는 정확하지 않다. 아직 고고학적인 증거가 나와 주지 않아서 그렇다. 우리나라 역사학자들이 북한에 가서 조사할 수 없는 한계도 있다. 그렇다고 고조선의 영토와 수도에 대해 아주 알 수 없다는 것은 아니다.

단군신화를 처음 소개한 『삼국유사』에는 평안북도 묘향산에서 환웅천왕이 신시를 열었고, 평양에서 단군왕검이 고조선을 세웠다고 적었다. 앞서 단군에 대한 전설을 살펴보았을 때도 평안북도 묘향산, 황해도 구월산, 경기도 강화도가 등장했다. 고조선은 한반도 북부에 여러 흔적을 남겨놓았다.

조선의 개국공신인 권근이 명나라에 사신을 간 적이 있었다. 그

때 명나라 황제가 시를 지어보라고 했는데, 단군에 대한 시를 지어서 바쳤다. 명나라 황제가 내준 과제에 응해서 지은 시라고 해서 이 시를 「응제시」라고 부른다. 권근의 손자인 권람이 이 시에 주석을 달았는데 그것이 『응제시주』다. 시는 짧고 함축적이라서 그것을 풀어서 설명한 것이다. 『제왕운기』도 시에다 설명을 붙인 형식으로 쓴 책이다. 권람은 『응제시주』에서 고조선이 한반도에 있던 것으로 설명했다.

그런데, 『제왕운기』에는 고조선의 위치가 이렇게 나온다.

요하의 동쪽에 별천지가 있으니
우뚝 솟아 중국과 다르게 나뉘었네.
큰 파도 넓은 바다 삼면을 둘렀고
북쪽에 있는 대륙과 끈처럼 이어져 있네.

'큰 파도 넓은 바다 삼면을 둘렀'다는 것은 한반도 지형을 설명한다. '북쪽에 있는 대륙과 끈처럼 이어'졌다는 말도 한반도를 나타내는 것이 분명하다. 하지만 '요하의 동쪽'이라는 말이 나온다. 요하의 동쪽은 요동이라 불렀으며 지금 중국의 동북 삼성, 우리가 만주라고 부르는 지역을 포괄한다. 이래서 조선 후기 실학자 중에는 고조선이 요동에 있었다고 주장한 사람들도 여럿 있었다.

실학의 대가인 이익1681~1763은 환웅이 신시를 연 태백산도 요동에 있는 산이라고 주장하고 고조선의 중심지 역시 요동이었다고 주장했다. 그렇지만 이익의 제자인 실학자 안정복은 스승의 견해를 따르지 않았다. 존경하는 스승이라 할지라도 자신의 연구와 다르면 무조건 따를 수는 없는 법이다. 실학자 중 가장 유명한 정약용1762~1836도 고조선의 중심은 한반도에 있었다고 보았다. 엄밀한 연구를 통해 고대의 지명들을 살펴보았기 때문에 정약용의 연구는 지금도 인정받을 만큼 뛰어나다.

안정복이나 정약용은 고조선의 중심지가 한반도에 있었지만 나중에는 세력을 확장해서 요동을 넘어서서 요서 지방까지 차지한 것으로 생각했다. 오늘날 학자들은 대개 고조선이 요동에서 한반도 북부에 걸쳐서 있던 나라라고 생각한다. 물론 단군이 나라를 세운 때부터 그렇게 큰 국가였다고 보는 것은 아니다. 당연히 처음에는 작은 나라로 시작해서 점점 영토를 넓혀나갔을 것이다.

그러면 기록이 별로 남아 있지 않은 고조선의 영토를 어떻게 알 수 있을까?

고조선 사람들이 사용하던 칼, 거울, 토기와 같은 것들과 그 사람들이 묻힌 무덤과 같은 유적을 통해서 고조선의 위치를 대충이나마 알 수 있다. 고조선 사람들이 사용한 칼로 유명한 것은 비파형 동검, 세형 동검이 있고, 거울에는 다뉴경, 토기에는 미송리식 토기, 팽이형 토기, 무덤에는 고인돌과 돌무지 무덤, 돌널무덤 등이 있어서 고조선의 영토를 추정할 수 있다.

물론 유물이 나온다고 해서 그곳이 반드시 그 유물을 사용한 나라의 땅이었다고는 볼 수 없다. 오늘날 우리가 외국 제품을 많이 사용하는 것처럼 그 시절에도 다른 나라의 물건들이 들어올 수 있었기 때문이다. 때문에 유물을 보고 판단하는 일은 전문적인 교육을 받고 연구해온 학자들의 견해를 따라야 한다.

고대 국가는 수도를 중심으로 발전하게 마련인데, 고조선이 멸망할 때의 수도는 왕검성으로 알려져 있다. 이 왕검성은 어디에 있었는지 알 수 있다면 고조선의 영토에 대한 비밀도 풀릴 수 있다. 왕검성은 과연 어디에 있었을까?

왕검성의 위치는 한반도 북부의 평양이라고 생각하고 있다. 평양에서는 고조선이 멸망한 후에

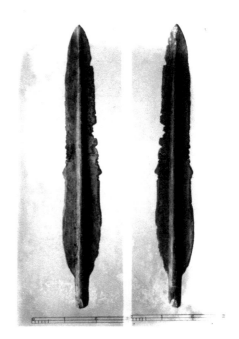

일제강점기 때 평안남도에서 출토된 비파형 동검
검신의 형태가 비파를 닮았다고 해서 붙여진 이름이다.

만들어진 한나라가 설치했던 군현 중 하나인 낙랑군의 비석점제현 신사비이 발견되고 평양 지방의 고조선 시대 무덤에서는 낙랑군을 가리키는 봉니와 호구부 목독이 발견되었다.

봉니는 도장을 찍은 점토를 가리키는 말이다. 고대 편지는 봉할 때 점토를 이용했는데 점토를 이용해 봉투를 봉한 뒤에 도장을 찍어서 보인을 지키게 했다. 중간에 누가 손을 댄다면 짐토가 떨어지거나 깨지게 되기 때문이다. 고대에는 대나무판에 글을 쓰는 죽간이나 나무판에 글을 쓰는 목독이 주로 이용되었는데 이런 것들은 칼로 표면을 긁어내고 새로 글을 써넣을 수 있었기 때문에 편지 내용이 중간에 바뀔 가능성이 높았다. 이것을 방지하기 위해서 봉인을 했던 것이고, 이 봉인된 점토를 가리켜 봉니라고 부른다.

그런데 왕김성은 고조선 멸망 때의 수도다. 그러니 이 시기 왕검성의 위치만으로 고조선의 영토를 추정하기는 쉽지 않다. 고대 왕국들은 수도를 옮기는 일이 적지 않았다. 고구려는 국내성에서 평양으로 옮겼고, 백제는 한성에서 웅진, 사비로 이동했다. 고조선도 이처럼 수도가 옮겨갔을 가능성이 있다.

처음엔 요서지방에 왕검성이 있다가 나중에 요동을 거쳐 평양으로 옮겨왔다는 학설도 있다. 비파형 동검은 고조선의 위치를 알아내는 데 아주 중요한 유물인데, 기원전 9세기부터 요서지방에서 나타나고 있다. 비파형 동검은 세형 동검으로 발전하는데 변화하는 과정의 칼이 요서와 요동 지방에서 나타나고 있다. 그러다가 점차 한반도 쪽에서 더 많이 발견되고 있다. 이 때문에 왕검성이 처음에는 요서 지방에 있다가 요동을 거쳐 마지막으로 평양 지방으로 이동했다고도 생각할 수 있다. 평양 지방에서 요동 지방까지는 꽤 먼 거리라서 처음부터 평양에 왕검성이 있었던 것은 아니라는 것이다.

현재까지는 고조선과 초기 왕검성의 정확한 위치는 알지 못하고 있다. 추측은 가능하지만 확실한 이야기는 할 수 없는 단계에 있는 것이다.

왕검성의 위치는 미스터리에 속한다. 최근 고고학 쪽에서는 위만조선이 멸망할 때의 왕검성은 평양이 아닐 수 있다는 주장도 나왔다. 그래도 위만조선 이전 고조선 후기의 왕검성은 평양에 있었을 가능성이 높다. 낙랑군의 치소가 조선현에 있었고, 낙랑군이 평양에 있었던 것은 분명한 사실이기 때문이다.

기자는 과연
고조선에 왔을까?

옛날 우리나라 사람들은 상나라의 현인인 기자가 조선에 왔다고 굳게 믿었다.
불의에 대항하여 싸우고 절개와 충성을 지킨 성인이 우리나라에 와서 왕이
되었다는 것은 영광스러운 일이었기 때문이다.

기자는 중국 상나라(흔히 은나라라고 부르지만 상나라가 정확한 이름이다)의 신하였던 사람이다. 상나라 28대왕 문정의 아들이고 29대왕 제을의 아우이며 상나라 마지막 왕인 주왕의 숙부다. 기자는 상나라의 3현인 중 하나였다. 기자라 불리는 이유는 기箕라는 지방의 땅을 받은 자작이기 때문이다. 그의 성은 '자子', 이름은 수유須臾, 또는 서여胥餘다. 주왕이 폭정을 일삼자 3현인 모두 주왕에게 충언을 올렸으나 받아들여지지 않았다. 결국 비간은 살해되고 미자는 도망치고 기자는 감금되었다.

그러다 서쪽에 있던 주나라기 엉망이 된 상나라에 쳐들어와 상나라를 멸망시켰고, 기자는 옥에서 풀려나 주나라 무왕에게 정치의 도리에 대해 가르침을 주었다. 하지만 주나라에서 벼슬하는 것은 사양하고 자신을 따르는 사람들과 함께 북쪽으로 옮겨갔다.

그런데 이때 기자가 조선에 왔다는 이야기가 있다. 중국 쪽 기록에만 있는 것이 아니라 우리나라의 『삼국유사』와 『제왕운기』 등에

도 그렇게 나온다. 『삼국유사』에서는 주나라 무왕이 기자를 조선에 봉하자 단군이 장당경이라는 곳으로 옮겨갔다가 나중에 아사달에 돌아온 뒤 숨어서 산신이 되었다고 전한다. 『제왕운기』에서는 기자가 '후조선'의 시조로 상나라가 멸망한 뒤에 조선으로 도망쳐 와서 나라를 세웠다고 말하고 있다.

삼국시대부터 고려, 조선에 이르기까지 기자가 조선의 왕이 된 것은 자랑거리였다. 중국을 중화라고 부르는데, 그에 빗대어 고려나 조선은 스스로를 소중화라고 불렀다. 기자의 사당을 세우고 제사를 지냈고, 조선의 대학자이자 관리였던 율곡 이이1537~1584는 『기자실기箕子實記』라는 기자조선의 역사를 쓰기도 했다.

하지만 근대로 들어오며 민족주의를 받아들이게 되자 기자는 한국사에서 배척되기 시작했다. 신채호는 『독사신론』1908년, 『조선상고사』1948년에서 기자가 상나라에서 건너와 단군의 신하가 되었다고 적고 있다. 정인보1893~1950도 기본적으로 신채호의 입장을 받아들였다. 그런데 민족주의 역사가들이 기자조선의 실체를 인정하지 않거나 고유 토착 세력인데 약간의 착오가 있어서 상나라의 기자와 혼동을 일으켰다는 주장을 했던 것과 달리 일본의 식민사학자들은 기자조선을 중국의 식민지라고 설명했다. '만선사만주와 한국사를 묶어서 표현한 것'로 유명한 이케우치 히로시1878~1952나 시라토리 구라키치1865~1942 등은 단군조선을 신화의 영역이라며 한국사에서 제외하고, 기자조선과 위만조선은 한족의 식민지로 설명했다. 이마니시 류 같은 경우에는 아예 언급도 하지 않았다. 한국사의 영역이 아니라고 본 것이다. 이런 식민사학자들의 견해는 해방 후에 전혀 이어지지 않았다.

일본 식민사학자들은 기자조선이나 위만조선이나 모두 한족으로 구성된 국가라고 보았다. 그렇게 보면 한민족과는 전혀 관련이 없는 것이다. 그런데 이것은 매우 이상한 주장이다. 기자에서 위만으로 지배층이 바뀌었는데도 나라 이름은 그대로 '조선'이라는 것은 일반적인 중국의 왕조 교체와 관련해서 보면 성립할 수 없는 이야기다. 가령 한나라의 왕위를 찬탈했던 왕망은 나라 이름을 '신'으로 바꾸었고 후한을 멸망시킨 조비는 나라 이름을 '위'로 바꾸었다. 위나라는 사마염에 의해서 멸망하는데 사마염은 나라 이름을 '진'으로 바꾸었다. 이처럼 중국에서는 왕조가 바뀌면 나라 이름도 바뀌었다. 또한 고고학적 성과에 따라서 살펴봐도 기자 일행이 한반도나 요동까지 왔을 것으로 볼 증거가 없다. 역사학자들은 기자 일행이 대개 요서 지방에도 미치지 못했거나 요서 지방에 도달한 정도였을 것으로 보고 있다. 요서 지방인 대릉하 부근에서 기족의 제후라고 새겨진 청동기가 발굴이 되면서 기자가 실제로 동쪽으로 갔다는 증거로 활용되기 시작했다. 그러나 이것이 기자가 실재했다는 증거가 되지는 않는다. 도성이나 고분군 같은 국가 증거가 없는 상대에서 유물 하나가 모든 것을 증명할 수는 없다.

기자가 조선에 봉해졌다는 내용은 중국의 춘추전국시대 문헌에는 보이지 않는다. 기자조선에 대한 이야기는 한나라 때 처음 나타나는 것이다. 흥미로운 점은 위만조선의 역사와 멸망에 대해 상세히 다룬 사마천기원전 145?~86?의 『사기史記』에도 고조선과 기자를 연결시키는 내용은 전혀 나오지 않는다는 것이다. 사마천은 「흉노전」

같은 경우 흉노의 조상이 중국에서 기원했다는 내용 등을 자세히 썼기 때문에 기자에 대해 알았다면 「조선전」에 그 이야기를 안 적었을 리가 없을 것이다.

그런데 『구당서舊唐書』를 보면 고구려에서 섬기는 신의 이름이 나오는데, 영성신·일신·가한신과 함께 기자신이 등장한다. 기자를 신으로 섬겼다는 것을 보면 고구려 시대에는 기자가 조선의 왕이 되었다는 전설이 확실히 남아 있었을 가능성이 높다.

『삼국사기』에 단군의 이름은 나오지 않지만 기자는 등장한다. 「연표」에 "해동에 국가가 있은 지 오래되었다. 기자가 주 왕실로부터 책봉 받았고, 위만이 한나라 초에 잠칭했다"라고 명시했으며, 「고구려 본기 보장왕편」에서도 "현도와 낙랑은 본래 조선의 땅으로 기자가 책봉되었던 곳이다"라고 기자 조선을 인정하고 있다.

그럼 과연 언제 기자가 조선에 왔다는 이야기가 만들어진 것일까? 이와 관련해서 역사학자 김남중의 견해를 소개해본다.

전국칠웅 중 하나였던 연나라가 '왕'을 칭하자 조선후도 '왕'을 칭하고 연나라를 쳐서 주나라를 받들고자 했다. 원래 왕이라는 칭호는 주나라의 지배자만 사용할 수 있었던 것인데, 전국시대에 들어가면서 각 나라의 지배자들이 각자 왕을 칭하기 시작했었다. 연나라는 다른 나라보다 다소 늦게 왕을 칭했는데, 이때 고조선의 지배자도 왕을 자칭했던 것이다.

이때 고조선의 대부 예禮는 양국 간 일어날 전쟁을 막고자 고조선 왕을 설득한 뒤 연나라에 사신으로 갔다. 그러면서 고조선이 왕을 칭할 수 있는 근거로 고조선 왕실은 기자의 후손이라는 말을 덧

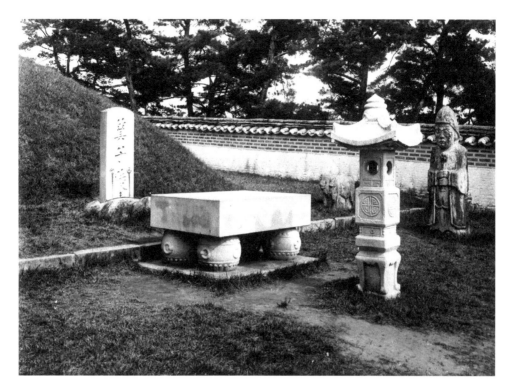

평양에 있는 기자릉의 모습
기자릉은 중국에도 여러 곳에 존재한다.

붙였을 수가 있다. 기자는 상나라의 3현인이고, 상이 멸망했을 때 주 무왕에게 '홍범구주洪範九疇'를 가르친 스승이기도 했다. 그런 사람의 후예라면 왕을 칭할 자격이 있다고 볼 수 있다. 이후 기자를 조상으로 생각한 고조선인들이 많이 늘어났다고 볼 수 있다. 위만 조선 멸망 후 고조선의 본거지에는 낙랑군이 설치되었는데, 이 낙랑군 출신의 묘지명이 중국 낙양에서 발견된 바 있다. 여기에서 낙랑 왕씨의 조상을 기자라고 이야기하고 있다.

유명한 사람을 조상으로 끌어들이는 것은 매우 자주 일어나는 일이다. 신라의 김씨 왕들은 자신들의 조상을 한나라 때 흉노의 왕자였던 김일제에 가져다 대고 있으며, 로마인들은 자신들의 조상을 트로이에서 유래한 것으로 말하기도 했다.

전설은 시간을 지나면서 변화를 일으킨다. 중층적으로 이야기가 쌓이면서 언제 어떻게 시작되고 어떤 이유로 변화가 벌어졌는지 추적하기가 힘들어질 때가 많다. 기자에 대한 전설도 그런 면이 있다. 후대에는 신으로까지 여겨진 존재지만 『삼국유사』, 『제왕운기』에 등장하는 기자에게는 신령스런 모습이 전혀 보이지 않는다. 단군처럼 다양한 전승이 붙어 있는 것도 아니다. 특히 일제강점기에 식민사학자들에 의해 한국사를 훼손시키는데 이용되었기 때문에 기자에 대해서는 이야기하는 것 자체를 꺼리는 분위기도 있다. 그러나 고려와 조선 시대를 거치면서 한국사에 깊은 영향을 주었으므로 그 시대를 이해하기 위해서는 기자에 대한 내용도 알아둘 필요가 있다.

우리나라를 가리키는 말 중 '동방예의지국' 즉 동쪽에 있는 예의가 바른 나라라는 말은 기자가 와서 교화를 펼쳤다고 생각했기 때문에 생겨난 말이다. 고려 숙종은 "우리나라의 교화와 예의는 기자로부터 시작되었다"라고 말했고, 조선 영조도 "우리 동방이 오랑캐의 풍속을 면한 것은 기자의 팔조가 있는 데 힘입은 것이다"라고 말했다.

단군 이후
고조선의 모습

단군이 세운 고조선은 어떻게 커져 전국칠웅 중 하나인 연나라와 대적하는 데
이를 수가 있었을까? 사료로 보면 『관자』에 고조선으로부터 모피를 수입한
이야기가 보이는데, 이로 미루어 여러 가지 사실을 짐작할 수 있다.

　　사람이 아기로 태어나 크고 힘센 어른이 되듯이 나라도
성장을 한다. 오래 살아남은 나라들만이 기록에 남아 후대에 알려
지게 된다. 세상에는 이름만 나오는 나라도 많고 그런 나라들에 대
해서는 결국 아무것도 모르게 된다.

　　고조선의 기록도 고조선 사람들이 남긴 것은 남아 있지 않다. 당
연히 고조선의 역사를 알아보는 데 어려운 점이 많을 수밖에 없다.
후대의 기록이나 다른 나라의 기록에 의지해야 하지만 고조선에
대해서는 아주 기록이 없는 것보다는 많이 낫다고 할 수 있다.

　　단군신화에서 단군은 하늘에서 온 신의 후예로 이야기하고 있다.
백성들과는 완전히 다른 존재로, 반신반인의 신성한 존재다. 이렇
게 지배층과 지배를 받는 백성들이 분리되어 있는 것은 고조선이
일정한 단계 이상의 국가였다는 것을 나타낸다.

　　더구나 단군은 환인, 환웅, 단군으로 이어지는 아버지로부터 아
들로 이어지는 계보를 가지고 있다. 고대왕국은 권력이 왕실에서

혈연으로 이어졌는데 왕권이 수립되어야 아들로 왕위가 이어지게 된다. 단군신화에는 이런 생각이 반영되어 있다.

환인과 환웅은 하늘에서 내려왔다고 하는데 이것은 이들이 다른 지역에서 온 사람들이라는 것을 나타낸다. 반면 곰과 호랑이는 원래부터 그 땅에 살던 사람들이었을 것이다. 즉 환웅은 자기 부족을 이끌고 곰과 호랑이 부족이 사는 땅으로 찾아왔던 것이다.

자기 부족을 상징하는 동물이나 식물을 가지는 것을 토테미즘이라고 부른다. 부족의 상징인 동물이나 식물을 토템이라고 부른다. 곰과 호랑이 역시 어떤 부족의 토템이었을 것이다. 그리고 어느 날 이들이 부락을 이룬 곳에 뛰어난 능력을 지닌 환웅 부족이 찾아온 것이다.

환웅 부족은 하늘의 후예라는 천손 의식을 가지고 있었다. 이런 생각이 매우 독특한 것은 아니다. 어떤 민족이건 자기들이 특수한 신의 후예로 특별하다는 생각을 한다. 하지만 뛰어난 능력을 지니고 있다고 해서 그 땅에 원래 살던 사람들을 무시하고 바로 나라를 세울 수는 없다. 환웅 부족의 우두머리는 그 땅에 자신들이 거주할 촌락을 세우고 그 곳을 신시라고 불렀을 것이다.

신시의 뛰어난 문명을 보고 감탄한 곰 토템 부족과 호랑이 토템 부족은 환웅 부족과 손을 잡기를 원했다. 이때 환웅 부족과 손을 잡게 된 부족이 곰 부족이었고 두 부족의 결합으로 이들은 다른 부족을 능가하는 큰 집단이 되었으리라 생각할 수 있다. 그 큰 집단은 국가로 발전하게 되었는데 그 국가가 바로 고조선이었다. 이들은 환웅과 곰이라는 상징을 버리고 단군을 중심으로 뭉치게 되었다. 단군의 통치를 정당화하기 위해서 단군신화도 생겨났을 것이다. 신화는 단순히 과거의 사실을 설명하는 게 아니라 지배자들의 권위를 유지해주는 목적도 가지고 있기 때문이다.

고조선 시대 제사장의 모습
비파형 동검과 팔주령, 청동거울을
목에 걸고 있다.

단군왕검이 다스리는 고조선은 곧 강력한 왕국으로 성장했다. 그리고 주변의 나라들을 정복하면서 점점 더 큰 나라로 발전했다고 생각하고 있다. 물론 고조선에게 정복당한 나라들이 어떤 나라였는지 지금은 알 수 없다. 아무 기록도 남지 않았기 때문이다. 고조선이 처음에 요동 지방에서 나라를 세웠는지 평양에서 나라를 시작했는지도 지금은 잘 알 수가 없다.

그래도 우리는 고조선이 점점 더 세력을 키워서 다른 나라들을 정복하고 사방으로 커지기 시작했다고 이야기한다. 무슨 근거로 그런 이야기를 할 수 있을까?

기원전 7세기경이 되면 중국에서도 고조선이라는 나라의 이름을 알게 된다. 고조선에는 아름다운 무늬가 있는 가죽이 특산품으로 유명하다는 기록이 『관자』라는 책에 나오는 것이다. 아마 표범이나 호랑이 같은 맹수의 가죽이었을 것이다. 『관자』는 관중기원전 ?~645이라는 제나라의 재상이 쓴 책이다. 깊은 우정을 이야기하는

다뉴세문경

청동기와 초기 철기 시대에 만들어진 청동거울로
정문경 또는 잔무늬 거울이라고도 부른다.

고사성어 '관포지교'의 주인공이기도 하다.

하지만 이후 오랫동안 고조선에 대한 기록은 중국 쪽에서도 보이지 않는다. 그것은 중국이 외국에 대한 관심이 그리 높지 않았기 때문이다. 두 나라가 서로 싸우지 않았기 때문이기도 하다.

고조선에는 나라를 다스리는 법이 있었다고 한다. 8조법금이라고 부르는 이 법은 지금은 세 가지만 전해지고 있다.

— 사람을 죽인 자는 즉시 사형에 처한다.

— 사람을 다치게 한 자는 곡식을 내놓는다.

— 도둑질을 한 자는 노비로 삼는다. 만일 배상하고자 하면 50만 전을 내놓는다.

『한서 지리지』에는 8조법금 뒤에 "백성들은 도둑질하지 않게 되어 문을 닫지 않았다. 부인은 정조를 지키고 음란하지 않았다"는 말이 나온다. 이로 볼 때 8조법금 중에 간음과 같은 것을 금하는 내용이 있었을 것이다.

8조법금과 같은 것은 기자가 만들었다고 전해지는데, 이미 살펴본 바와 같이 이것은 기자에게 이런 훌륭한 일을 했다는 포장을 씌우고자 했던 것에 불과하다. 이 기록을 보면 고조선 사회에는 주인과 노비라는 신분질서가 있었다는 것을 알 수 있다.

고조선에 대한 중국 쪽 기록은 기원전 4세기에 다시 나타난다. 이때 중국은 여러 개의 나라로 갈라져서 한참 다투고 있었다. 이 시기를 전국시대라고 부른다. 전국시대는 중국의 각국이 서로 왕을 칭하며 전쟁을 벌이던 시기로 기원전 403년에 시작되어서 진시황이 통일한 기원전 221년에 끝난다. 이 기간 동안 혼란과 전쟁이 계속되었다.

전국시대의 국가 중에 지금 중국의 수도인 베이징을 중심으로 하는 나라가 있었는데 연나라라고 했다. 연나라는 요동 · 요서 지방과 닿아 있었다. 즉 고조선하고 제일 가까운 곳에 있던 나라였다.

진국시대 국가 중에는 제일 서쪽에 있던 진나라가 가장 강했다. 그래서 다른 나라들은 진나라를 어떻게 막을 수 있을까 고민을 했다. 이때 소진이라는 사람이 등장했다. 이 사람은 진나라를 막기 위해 아주 독특한 방법을 제안했다. 진나라 이외의 모든 나라가 동맹을 맺어서 진나라를 막자는 주장이었다. 소진은 각 나라를 돌아다니면서 이 동맹을 실제로 성공시켰다. 진나라는 다른 나라들에 둘

러싸어서 당장은 옴짝달싹할 수 없게 되고 말았다.

이 뛰어난 책략가 소진이 연나라를 다스리던 문후를 만나서 연나라의 주변 상황을 이야기했는데 그때 고조선이 등장한다.

소진은 연나라의 동쪽에는 조선·요동이 있다는 말을 했다. 조선·요동이라는 말은 요동에 조선이 있다는 뜻일 수도 있고 그냥 연나라 동쪽에 있는 두 지방을 언급한 것일 수도 있다. 어쨌거나 조선은 연나라에서 그리 멀지 않은 곳에 있었을 것이 분명했다. 그런데, 연나라 입장에서 신경을 써야 하는 국가로 고조선이 등장한 것은 그들이 그만큼 큰 나라를 이룩했다는 증거가 된다. 그리고 이로부터 멀지 않은 때, 고조선과 연나라 사이에는 중대한 사건이 벌어진다.

경희대 사학과의 강인욱 교수는 전국시대 무렵 널리 사용된 연나라의 화폐 명도전이 고조선 영역에서도 많이 발견되는 것으로 보아서 모피를 판매한 대금이 명도전으로 지급되었을 가능성이 있다고 보았다.

왕들의
전쟁

고조선은 성장의 결과 필연적으로 중국에 있는 나라와 만날 수밖에 없었다. 그 만남은 전쟁으로 이어졌다. 전쟁의 결과 고조선의 영역은 크게 후퇴했다.

지금은 왕이라는 말을 모르는 사람이 없고 왕 위에는 황제가 있다는 것을 다들 알고 있지만, 춘추전국시대까지는 아직 황제라는 말이 없었다. 황제라는 말은 춘추전국시대를 통일한 진나라의 통치자 진왕 영정기원전 259~210이 만든 말로 스스로를 첫 번째 황제라는 뜻의 시황제라 불렀다.

그 전에는 왕이 최고의 칭호였고 원래는 주나라의 왕만 쓸 수 있는 말이었다. 다른 나라들은 주나라에서 임명한 신하들이 다스리는 땅이어서 '공'이나 '후'로 불렀다. 하지만 오랜 세월이 지나면서 주나라는 권위를 잃어버렸고 다른 나라의 지배자들도 왕을 자저하기 시작했다.

전국시대에 들어오면서 주나라는 힘이 약해졌다가 아예 멸망해 버리고 말았다. 주나라가 약해졌을 때부터 다른 나라의 지도자들도 자기를 부르는 호칭을 슬그머니 왕으로 바꾸고 있었다.

고조선의 지배자도 왕이라는 말을 쓰지 않았다. 단군의 칭호는 왕검이었다. 신라의 경우에도 이사금, 마립간 같은 호칭으로 지배자를 불렀다. 고조선 부근의 나라들도 천군이라든가, 거수와 같은 호칭을 사용했다. 고조선의 지배자는 '조선후'로 알려져 있었다. '공' 다음 지위가 '후'다.

그런데 옆나라인 연나라에서 왕을 칭하기 시작했다. 연나라 역**공재위 기원전 332~321**은 재위 10년이 된 해에 왕으로 자신의 지위를 높였다. '역공'이 '역왕'이 된 것이다. 이때가 기원전 323년이었다. 그러니까 고조선이 왕으로 자신을 높인 것도 이 이후라고 생각할 수 있다.

왕을 칭한 것은 나라의 힘에 그만큼 자신감이 있었기 때문이었다. 연나라는 고조선을 침공할 계획을 세웠다. 고조선도 앉아서 당할 상황은 아니었다. 고조선도 연나라를 침공할 계획을 세우기 시작했다. 연나라 침공 계획을 세운 고조선의 왕 이름은 안타깝게도 전해지지 않지만, 고조선은 이때에 이르러 중국의 국가와 맞설 수 있을 만큼 성장한 셈이다.

그런데 고조선이 연나라를 침공할 때 내건 명분이 재미있다. 지금도 마찬가지지만 전쟁에서는 명분이 굉장히 중요하다. 내가 옳고 네가 나빠야만 전쟁을 할 수 있다. 상대가 착하고 올바르니까 쳐들어가겠다는 말은 절대 하지 않는다. 연나라가 쳐들어올 테니까 우리가 먼저 쳐들어가겠다는 건 있을 수는 있는 일이지만 그게 명분이 되지는 않는다.

고조선은 연나라가 나쁘기 때문에 쳐들어갈 거라고 주장했다. 고조선은 연나라가 받들던 주나라를 무시하고 왕이라고 칭했기 때문에 주나라를 위해서 연나라를 공격하겠다고 말했다. 고조선도 왕이라고 칭한 마당에 왕이라고 칭했기 때문에 쳐들어간다고 하는 것은 좀 이상한 이야기다. 그러니 당연히 명분일 뿐이고 실제 목적은 연나라 정복이었다. 그것은 고조선이 그만한 자신감을 가지고 있었다는 뜻이기도 하다. 하지만 자신감을 가지는 것하고 진짜 전쟁을 치르는 것하고는 완전히 다른 이야기다. 고조선 안에는 전쟁에 반대하는 사람들이 있었다. 대부라는 관직에 있던 '예'라는 사람이 전쟁에 반대했다. '대부'는 중국에서 귀족의 지위를 가리키는 단어였다. 이 말은 점차 임금을 가까이 모시는 관직을 가리키는 말로 바뀌었다. 그러니까 고조선에도 중국과 비슷한 관직 체계가 있었던 것을 알 수 있다.

대부 예가 전쟁을 반대하자 고조선 왕은 예를 사신으로 삼아 연나라로 보냈다. 예는 연나라에 가서 양국이 전쟁을 하는 것은 서로 손해라는 점을 잘 설명해냈다. 연나라는 고조선이 전쟁을 대비하고 있다는 사실에 많이 놀랐을 것이다. 상대가 대비하고 있는데 싸우는 건 좋은 선택이 아니므로 연나라는 전쟁을 포기했다. 대부 예는 이름이 알려진 우리나라 최초의 외교관인 셈이다.

하지만 평화는 오래 가지 못했다. 고조선의 사정 때문이 아니라 연나라의 사정 때문이었다. 연나라에서는 처음으로 왕을 칭한 역왕이 왕위에 오른 지 2년 만에 죽고 그 아들쾌왕이 왕위에 올랐는데 나라를 잘 다스리지 못해서 큰 내란이 일어나고 말았다. 난리통에 이웃나라였던 제나라가 쳐들어와서 연나라는 거의 망할 뻔했다. 이 난리를 수습하고 왕이 된 사람이 소왕재위 기원전 312~279이다. 소왕은 나라를 부강하게 만들기 위해서는 인재가 필요하다는 점을 잘 알고 있었기에 널리 인재들을 구했고, 그 결과 연나라는 과거의 원수인 제나라를 공격하여 거의 멸망시킬 수 있게 되었다. 소왕은 제나라와의 전쟁을 위해 28년이나 노력했다. 소왕이 인재를 구하기 위해 신하에게 어떻게 하면 좋으냐고 물어보자 신하는 이런 이야기를 들려주었다.

옛날에 어떤 임금님이 있었습니다. 천 냥을 신하에게 주고 천리마를 사오라고 했습니다. 신하가 천리마가 있다는 곳에 도착했는데 천리마는 이미 죽고 없었습니다. 신하는 죽은 천리마를 500냥을 주고 사왔습니다. 임금님은 아무 쓸모도 없는 죽은 말을 500냥이나 주고 사왔다고 마구 화를 냈습니다. 신하는 태연하게 말했습니다.
"죽은 말도 500냥에 산다고 소문이 났습니다. 천리마는 스스로 찾아올 것입니다."
신하의 말처럼 1년도 가기 전에 천리마를 팔겠다고 온 사람이 셋이나 되었습니다.

소왕은 큰 깨달음을 얻고 이야기를 한 신하를 스승으로 삼아 큰 집을 내려주는 등 극진한 대접을 했다. 그러자 소왕을 찾아오는 인재들이 줄을 서게 되었다.

소왕은 국력을 키우기 위해 아무도 눈을 돌리지 않고 있던 중국 바깥의 영토에 주목했다. 이때 소왕의 부하 장군 중에 진개라는 사람이 그 일을 맡아서 해냈다. 진개는 어려서 연나라 부근에 있는

'동호'(춘추전국시대에서 한나라 초기까지 몽골 고원 동쪽에 있던 유목종족. 요서 지방까지 세력을 떨쳤다)에 인질로 잡혀간 적이 있는 사람이었다. 그는 동호 사람들과 친해져서 유목종족에 대해서 잘 이해하게 되었다. 연나라로 돌아온 뒤에는 장군이 되어서 동호를 공격했다. 진개는 동호에 대해서 잘 알고 있었기 때문에 그들을 무찌르는 건 일도 아니었다. 진개는 대승을 거두었고 동호는 천 리를 후퇴해야 했다. 연나라의 영토가 그만큼 넓어졌다. 하지만 그걸로 만족할 연나라가 아니었다. 진개는 고조선도 공격을 했다.

연나라는 소왕의 영도 아래 국력이 날로 세지고 있었다. 연과 오랫동안 평화롭게 지냈던 고조선은 진개의 군대를 당해낼 수가 없었다. 결국 고조선은 2천 리를 후퇴하고 말았다. 이때 연나라가 '진번'도 공격했던 것 같다. 진번은 고조선과 마찬가지로 우리나라의 옛 나라 중 하나다. 하지만 진번에 대해서도 별로 기록이 없다. 연나라가 공격한 것으로 보아 고조선과 연나라 근처에 있었을 것이다. 이런 작은 나라로는 임둔도 있었다.

연나라는 새로 넓힌 땅에 자기들의 통치기구를 설치했다. 요서에서 요동에 이르는 곳에 여러 군을 설치했다. 그뿐만 아니라 장성을 쌓아서 자기들 영토를 확실히 굳혔다. 유목민을 방어하기 위해서 만든 장성은 중국 북방 곳곳에 있었는데, 진시황이 쌓은 만리장성이 제일 유명해졌다. 장성을 중국 쪽에서만 쌓은 것은 아니다. 고구려와 고려도 장성을 쌓았다.

고조선은 연나라와 전쟁에서 지고 동쪽으로 이동했다. 고조선과 연나라의 경계는 만번한이라는 곳으로 정해졌다. 만번한이 어디인

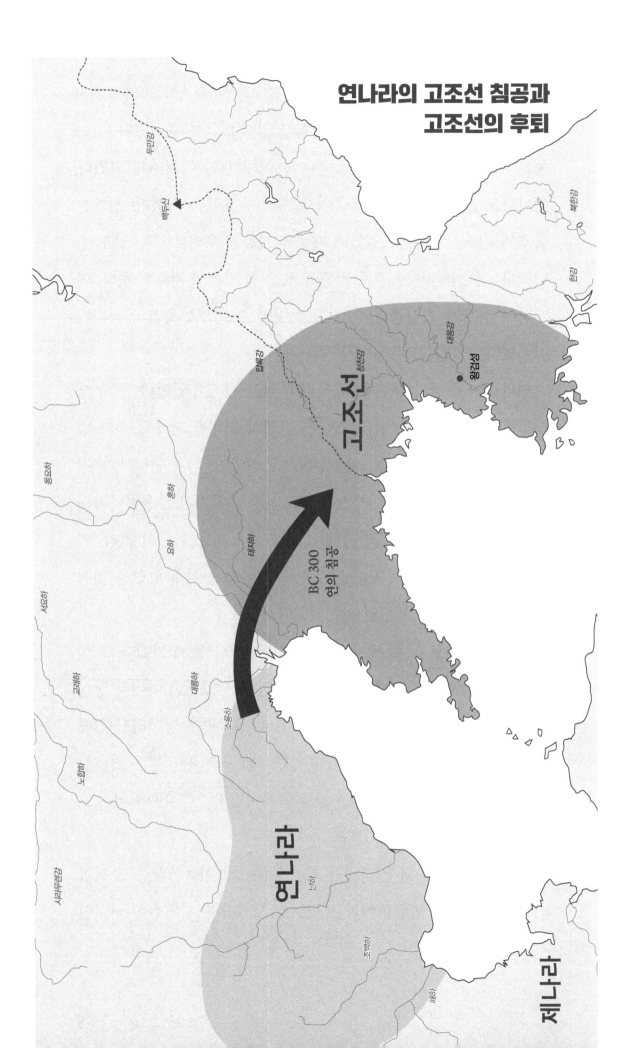

연나라의 고조선 침공과
고조선의 후퇴

지는 불분명하다. 요동의 천산산맥 근처로 보기도 하고, 평안북도의 청천강 부근으로 보기도 한다. 이렇게 확실하지 않은 것은 고고학 자료가 나오지 않기 때문이다. 어쨌거나, 고조선의 왕검성이 북한 평양에 자리 잡은 시기가 이 때부터였을 것이다.

고대의 요동은 어떤 경우에는 요하 동쪽 또는 먼 동쪽을 가리키는 지명으로, 어떤 경우에는 전국시대 연나라가 설치한 요동군을 가리킨다. 압록강을 경계로 하지 않았을 수도 있다. 고구려나 발해도 자신들의 나라를 요동이라 일컬을 만큼 광의의 개념으로 사용되기도 했다.

명도전은 고조선의 화폐가 아니다

고조선은 연나라와 제일 가까운 곳에 있었기 때문에 연나라의 영향을 많이 받았을 것이다. 그 대표적인 것이 바로 명도전이라는 돈이라고 할 수 있다.

명도전은 연나라가 만든 돈이다. 생긴 모양이 마치 칼처럼 보이게 생겨서 칼 도刀를 쓰고 있고 몸통에 명明의 옛 한자 모양이 새겨져 있어서 명도전明刀錢이라고 한다. 그런데 처음에 명明자로 알았던 한자 모양은 사실은 연나라의 '연' 자였다는 것이 최근에 밝혀졌다. 하지만 이미 이 돈의 명칭을 '명도전'이라 부른지 오래 되어서 지금도 명도전이라고 부르고 있다.

그런데 인터넷을 보면 명도전이 고조선의 화폐라는 주장이 흔하게 나타난다. 근거는 명도전이 고조선 영토였을 요서-요동-서북한 쪽에서 많이 나오고 중국 쪽에는 별로 안 나오기 때문이라고 한다. 거짓말이다. 명도전은 중국 하북성 일대에서 엄청 나오고 특히 연나라의 중심지인 베이징 일대에서 많이 발굴되었다. 그냥 대놓고 거짓말을 하고 있는 것이다.

어떤 사람은 명도전이 만들어진 모양이 고조선의 것은 특이하다고 주장하기도 한다. 명도전의 형식에는 원절식과 방절식이 있는데 원절식이 고조선의 것이라고 말하는 것이다. 그런데 이 원절식과 방절식이라는 것은 손잡이와 칼 부분의 꺾임 정도를 가리키는 것으로 이 부분이 부드럽게 꺾이면 둥근 형태라고 해서 원절식, 날카롭게 꺾이면 모가 났다고 방절식(방

方은 모가 났다는 뜻이다)이라고 부르는 것이다. 그런데 이런 주장을 한 사람은 명도전 손잡이 부분의 구멍이 동그라면 원절식, 네모나면 방절식이라는 기상천외의 이야기를 하고 있다. 기본적인 조사도 하지 않고 그냥 머릿속에서 상상한 것으로 역사 주장을 펼치고 있는 것이다.

고조선은 중국과 무역을 했다. 이미 기원전 7세기에 고조선의 특산물이 중국에 알려졌다는 것은 고조선도 중국에서 물건들을 사왔다는 뜻이 된다. 고조선 지역에서는 연나라의 돈인 명도전이 많이 발견되는 이유는 연나라와 무역을 활발히 했다는 증거인 것이다. 오늘날 대한민국에 달러가 많이 돌아다닌다고 해서 달러가 대한민국이 만든 화폐가 될 수 없는 것과 마찬가지 이야기다. 고조선에서는 연나라 화폐 명도전도 많이 발견되고 한나라 시절이 되면 한나라 화폐인 화천이나 오수전과 같은 것들도 발견된다.

고조선은 중국과 여러 가지 무역을 했을 것이다. 기원전 7세기에 이미 『관자』에 고조선의 특산품인 문피 이야기가 나온다는 것을 앞에서 말했다. 문피라는 것은 무늬가 있는 가죽이라는 뜻으로 호랑이나 표범의 가죽을 말한다. 고조선의 문피는 천금이나 나가는, 그러니까 아주아주 비싼 물건이었다. 『관자』에는 "이렇게 비싼 문피를 바치라고 하니까 고조선이 조공을 드리러 오지 않는다. 그 가죽의 값을 치러주면 고조선도 올 것"이라는 이야기가 적혀 있다.

문피는 해상을 통해 중국으로 수출되었던 것 같다. 산둥반도에 문피가 모인다는 이야기가 있기 때문이다. 고조선의 특산품인 문피가 산둥반도에 모인다는 것은 그곳이 문피를 사들이는 시장이었다는 뜻이 된다. 이 산둥

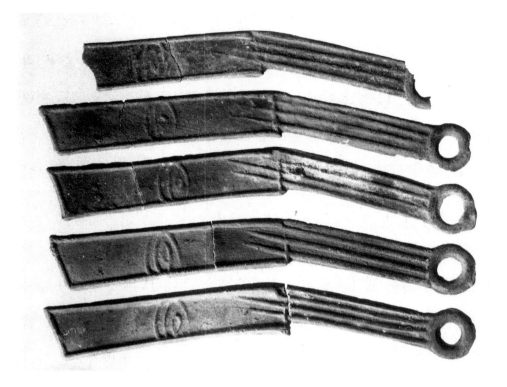

평안북도 강계 전천면에서 발굴된 명도전

반도에 있던 나라가 바로 제나라고 고조선에서 제나라에 물건을 보내려면 바닷길로 가야 한다. 오늘날의 요동반도 끄트머리에 있었던 것으로 짐작되는 척산이 문피로 유명했다. 이곳에서 문피가 모여 바닷길로 산둥반도로 들어갔을 것이다.

　제나라의 승상 관중이 모신 군주가 제환공이다. 제환공은 호랑이와 표범의 가죽을 제후들에게 선물하고 사슴 가죽을 예물로 받았다. 사슴 가죽이 문피보다 가치가 떨어지기 때문이다. 제환공이 선물한 문피는 고조선이 판 것이다. 그렇다면 고조선은 제나라로부터 무엇을 사갔을까?

　기록은 없지만 제나라의 특산품을 사갔을 가능성이 많다. 제나라 특산품 중에는 보배조개라는 것이 있다. 아주 아름다운 조개다. 보배조개는 고조선의 무덤으로 추정되는 강상무덤에서 발굴된 바 있다. 강상무덤은 요동반도 남단에 있다. 이곳에서 배를 타고 산동반도로 가는 바닷길은 조선시대에도 이용하던 대표적인 항로에 속한다.

보배조개는 제나라에서는 돈으로 사용된 것인데, 고조선에서는 저승 노자로 사용되었던 모양이다. 죽은 사람의 입이나 손에서 발견되는 경우가 있기 때문이다. 고대 사람들은 저승길에 노잣돈이 필요하다고 생각해서 죽은 사람이 잃어버리지 않게 돈을 챙겨 주었던 것이다. 제나라에서는 문피의 가격으로 준 화폐가 고조선에서는 장례의식에 사용되는 의례용품이 되었을 수도 있다.

이와 같은 의례용품은 당연히 권력층이 사용할 수 있는 귀중한 물건이었다. 고대에는 이런 물건들을 가질 수 있는 것 자체가 권력이었다. 그리고 권력은 이런 물건을 통해서 더 권위를 가지게 된다. 고대 사회에서는 권력이 집중될수록 사회가 더 고도화되고 발전하게 된다. 즉 고대사회에서의 교역 역시 지금이나 마찬가지로 생필품의 교환뿐 아니라 사치품의 교환도 중요했다.

고조선,
진시황의 진나라와 만나다

중국을 통일한 진시황은 중국만의 안전을 위해 만리장성을 만들기 시작했다.
만리장성의 동쪽 끝에는 고조선이 있었다. 고조선의 부왕은 위협을 느끼고
진나라와 화친하기로 했다.

전국시대가 끝나가고 있었다. 중국은 진나라에 의해 통일
의 길로 가기 시작했다. 이 전쟁은 매우 잔인하고 힘들게 진행되었
고, 많은 중국 사람들이 난리를 피해 고향을 떠났다. 그들 중 많은
사람들이 고조선으로도 도망쳐왔다.

중국을 통일한 뒤에 진나라 왕은 자신의 호칭을 황제라 하며 자
신은 첫 번째로 시작한 황제라는 뜻으로 시황이라고 부르게 했다.
바로 진시황이 등장한 것이다. 중국을 통일한 진시황은 북방의 위
협에 대비하기로 했다. 중국 북방에는 유목민들이 살고 있었는데,
이 시기에는 흉노라고 불렀다. 흉노족은 양과 소를 기르면서 초원
을 따라 이동하며 살았다. 거친 자연환경 속에서 가축을 지켜야 하
는 흉노족은 말을 잘 탔고 활도 잘 쏘았다. 양치기이면서 동시에
무시무시한 전사였다. 이들은 초원을 따라 이동하기 때문에 딱히
자기네 영토라는 것을 가지고 있지는 않았지만 활동 범위는 아주
넓었다. 필요한 물건은 교역을 통해 얻었는데, 말이 잘 통하고 협상

병마용

전국시대를 끝내고 중국을 통일한 진시황의 무덤에서 발굴되었다.

이 잘 되면 평화롭게 교역을 했지만 그렇지 않으면 약탈도 서슴지 않았다. 말을 타고 빠르게 이동하기 때문에 중국 사람들에게는 큰 골칫거리였던 셈이다.

진시황은 흉노가 중국 땅에 들어오지 못하도록 장성을 만들었다. 그 유명한 만리장성이 이렇게 탄생한다. 장성, 즉 길게 세워진 성벽이 흉노를 막는 데 효과적이라는 것은 이미 전국시대의 다른 나라들이 증명한 바 있었다. 진시황은 기존에 만들어진 장벽을 활용하여 추가로 더 많은 증축을 통해 중국의 북방 전체를 봉쇄하고자 했다.

만리장성을 쌓는 일을 맡은 사람은 진시황의 장군인 몽염기원전 ?~209이었다. 몽염은 진시황이 중국을 통일할 때 큰 공을 세웠고 그 후 흉노와 싸워서도 승리를 거둔 바 있었다. 몽염이 만리장성을 맡아서 요동까지 공사를 이끌고 왔다. 고조선의 코앞까지 진나라가 들어온 것이다.

요동에 몽염이 나타났을 때는 기원전 215년이었다. 이때 고조선에서 '부'라는 왕이 즉위했다. 부왕은 몽염이 왜 요동에 나타났는지 의심했다. 정말 장성 공사 때문에 왔을까? 사실은 진개처럼 고조선을 침공하기 위해서 나타난 것은 아닐까? 부왕은 걱정이 태산이었다. 몽염은 전국시대 때 막강했던 제나라를 멸망시킨 장군이고 30만 대군을 이끌고 흉노를 물리친 장군이었다. 단지 장성을 쌓는 일 때문에 중국에서 그 먼 요동까지 왔다는 것이 믿어지지 않았다. 부왕은 신하들을 불러서 대책을 논의했다.

결론은 이미 정해져 있는 셈이었다. 중국을 통일한 진나라와 전쟁을 할 수는 없었다. 진나라가 쳐들어오지 않게 조심하는 게 제일 좋은 방법이었다. 부왕이 말했다.

"진나라의 몽염이 요동에 와 있다. 그자가 불시에 우리나라를 습격하지 않을까 걱정이 되는구나."

신하들도 같은 의견이었다.

"과거에 연나라와 화친을 맺었다가 불시에 진개가 쳐들어와서 많은 영토를 잃은 바 있습니다. 대비를 해야 합니다."
"그럼 어떻게 하는 게 좋겠느냐?"

부왕의 질문에 답변은 없었다. 부왕은 스스로 답을 구했다.

"진나라에 사신을 보내 먼저 몸을 굽히도록 하자."
"안 됩니다."

신하들이 반대했다.

"진나라는 그러면 임금님이 직접 들어와서 인사를 하라고 할 겁니다.
어찌 그런 일을 당하겠습니까?"
"안 가면 되는 거 아니냐. 꼭 내가 직접 가서 인사를 올릴 필요는 없다."
"하지만 인사를 가지 않으면 진나라가 화를 낼 것입니다."
"화를 내면 어쩌겠느냐? 그것이 죽을죄는 아니다. 그런 명분으로 전쟁
을 일으키지는 못할 것이다."

부왕은 이렇게 먼저 손을 써서 진나라를 섬기겠다고 말했다. 하
지만 부왕 자신이 직접 들어가 신하의 나라가 되었다고 말하지는
않았다. 진나라는 속았다는 것을 알았을 것 같지만 그때는 진나라
내부 사정 때문에 고조선에는 신경을 쓸 수가 없었다. 진나라는 고
조선을 요동 바깥에 세운 요새에서 감시하게 하고 신경을 끊었다.
그런데 진나라에서는 무슨 일이 생겨서 고조선에 대해서 신경을
쓸 수 없었던 것일까?
진나라에서는 지나치게 가혹한 통치 때문에 많은 사람들이 달아
나고 있었다. 영원히 살 것처럼 권세를 떨치던 진시황도 사람이었

기 때문에 결국은 죽고 말았고, 그동안 진시황의 위세에 눌려 살던 사람들도 이제 꿈틀거리기 시작했다. 더구나 진시황의 뒤를 이어 제위에 오른 2세 황제는 바보로 유명했다. 진시황에게는 똑똑한 첫째 아들이 있었는데 간신들이 음모를 꾸며서 첫째 아들은 죽게 만들고 바보인 둘째 아들을 황제로 삼았다. 이때 진나라의 명장이었던 몽염도 모함에 걸려 죽고 말았다.

이렇게 훌륭한 장군들도 죽이고 나라를 이끌 똑똑한 지도자도 없는 나라가 된 진나라는 금방 반란에 휩싸이고 말았다. 이때부터 한동안 중국은 큰 전쟁에 휩싸이게 된다. 오래 싸우던 중국은 유방 **기원전 247?~195**의 한나라와 항우**기원전 232~202**의 초나라로 정리가 되고 두 세력의 싸움에서 최종적으로 한나라가 승리하게 되는데 이때가 기원전 202년이었다.

이런 난리통에 백성들은 죽을 맛이었다. 진시황의 중국 통일 전쟁으로부터 한나라의 중국 통일 전쟁까지 70년 동안 중국은 조용할 일이 없었다. 그리고 이런 난리를 피해서 또 한 번 많은 사람들이 고조선으로 달아났다. 갈 수 있는 곳은 흉노와 고조선이었는데 원래 농업 국가인 한나라 사람들은 유목민들로 이루어진 흉노보다는 똑같이 농사를 짓는 고조선이 더 편했을 것이다.

고조선에서는 부왕의 뒤를 이어 그 아들 준왕이 등극했다.

새로 황제가 된 한고조 유방**재위 기원전 202~195**은 강력한 동지였던 옛 장군들이 반란을 일으킬까 봐 걱정을 했다. 같이 싸울 때는 전우였지만 이제는 제각기 큰 나라를 하나씩 맡았으니 황제가 되고 싶은 욕심이 들면 어떻게 할까 걱정이 된 것이다. 유방은 결국 참지 못하고 자기 가족이 아닌 왕들은 하나하나 잡아 죽이기 시작했다. 전쟁에서 엄청난 공을 세운 장군이 그 공으로 왕이 되었다가 잡혀죽은 것이다. '토사구팽'이라는 고사성어가 이때 만들어졌다. 토끼 사냥이 끝난 사냥개는 잡아먹힌다는 뜻으로 쓸모가 없어지면 버림받는다는 것이다.

중국의 혼란을 고조선이 가만히 지켜보고 있지는 않았다. 고조선은 한나라의 혼란기를 틈타 잃어버린 땅을 되찾으려고 했다. 고조선은 요동 지방

진시황 동상
진시황릉과 병마용의 입구에 세워져 있다.

으로 쳐들어갔는데 한나라는 고조선과 싸울 정신이 없었다. 너무 먼 곳이라 군대를 보내 지키기 어려워 거의 내버려둔 상태였다. 고조선은 요동 지방의 땅을 일부 되찾는 데 성공했다.

한나라가 관리하기를 포기한 이곳에는 원래부터 난리를 피해 도망쳐온 중국 사람들이 많이 살고 있었다. 그런데 전국시대 때 연나라는 고조선의 영토를 많이 빼앗았었고 그 땅에는 당연히 고조선 사람들이 살고 있었을 것이다. 그리고 그 사람들의 후손들도 살고 있었을 것이다. 이 사람들은 모두 다시 영토를 넓힌 고조선에 속하

세 되었다. 고조선의 변경 지역에는 중국에서부터 온 사람들이 수만 명이나 모여 살게 되었다. 그리고 이 사람들에 의해 고조선은 멸망에 이르게 되고 만다.

고조선의 부왕은 한자로 否라고 쓰는데, 이 글자에는 '비'라는 독음도 있어서 비왕이라고 읽는 경우도 있다. 한자로 비조라고 쓴 경우도 있다.

위만,
고조선에 오다

연나라에서 온 망명객 위만은 난민들을 규합해서 자기 세력을 키웠다.

　　한나라가 세워졌을 때 한고조 유방 밑으로는 왕들이 있었고 왕은 각 지방을 다스렸다. 이때 연나라를 다스리던 사람은 유방의 고향친구인 노관기원전 265~193이었다. 오랫동안 유방을 따라다니며 여러 차례 공을 세우고 연나라 공격 때 큰 공을 세워서 그 덕분에 연나라의 왕이라는 지위에 오를 수 있었다.

　　어려서부터 유방과 친하게 지냈던 노관이지만 그 역시 언제 한나라에서 자기를 잡아 죽일지 몰라 불안했다. 그나마 유방과는 절친한 친구였으니까 조금 안심을 할 수 있었는데, 기원전 195년 4월에 한고조 유방이 죽고 말았다. 징권은 가혹하기 짝이 없는 유방의 아내 여후에게 돌아갔다. 이제 더는 믿을 것이 없다고 판단한 노관은 결국 달아나기로 결정했다. 노관은 한나라에 대항할 수 있는 세력인 흉노로 달아났다. 자기를 잡기 위해 흉노를 공격할 수는 없을 거라 생각한 것이다. 흉노는 노관을 잘 대접해주었다. 노관을 왕의 지위에 올려주었고 동호노왕이라고 불렀다. 하지만 도망친 보

위만조선 세력지도

읍루

선비

부여

2환

예맥(구려)

옥저

위만조선

임둔

진번

동예

한나라

진

하룻밤에 읽는 한국 고대사

람도 없이 흉노 땅에서 얼마 살지 못하고 죽고 말았다.

노관이 흉노로 달아날 때, 북쪽의 흉노 쪽이 아니라 동쪽의 고조선 쪽으로 도망친 사람들도 있었다. 그 중에 위만이라는 사람이 있었다. 고조선과 한나라의 경계가 된 강이 어디인지도 여러 의견이 있는데, 지금은 보통 요동의 혼하로 보고 있다. 압록강이나 청천강이라고 보는 역사학자도 있다. 정말 옛날의 일들이고 기록이 적기 때문에 역사학자들 사이에서도 여러 가지 의견이 있다.

위만은 천여 명의 부하를 데리고 고조선으로 넘어왔다. 여기서 보듯, 위만은 만만한 인물이 아니었다. 이 시대에 천여 명의 부하를 거느린다는 것은 쉬운 일이 아니기 때문이다. 원래 살던 곳을 떠나 도망자 신세가 되는데도 따라 나선 사람들이 천여 명이나 되었다는 것은 그만큼 위만이 지도력이 출중한 사람이라는 것을 증명하는 것이다.

위만의 부하들은 어떤 사람들이었을까? 연나라 태자 단은 진나라 왕 영정진시황을 암살하려고 했었다. 하지만 이 시도는 실패하고 태자 단도 잡혀죽고 말았다. 태자 단의 부하 병사들이 진나라 군사들에게 쫓겨서 요동 일대에 뿔뿔이 흩어지게 되었다. 이 흩어진 병사들은 어떻게 되었을까? 위만의 부하들 중에는 이렇게 과거 연나라의 병사처럼 전쟁 경험이 풍부한 사람들도 많았을 것으로 생각할 수 있다.

위만은 고조선에 대해서도 잘 알고 있었다. 그래서 위만은 고조선 사람들의 복장을 하고 고조선 사람들의 머리 모양인 상투를 틀고 강을 건넜다. 완전히 고조선 사람이 되겠다는 결심을 보여준 셈이다. 이런 머리 모양을 했기 때문에 위만이 고조선 사람일 것이라고 말하는 경우가 있다. 하지만 남의 나라를 찾아가면서 그 나라 복색을 하는 것은 드문 일이 아니다. 근본적으로 위만이 본래 고조선 출신으로 자기 땅으로 돌아간 것이라면 그렇게 쓰는 것이 간단한 일이고, 머리 모양을 어쨌느니 무슨 옷을 입었느니 하고 구구절절이 이야기를 할 필요가 없는 일이다.

그런데 위만이 중국에서 온 사람이기 때문에 위만이 고조선을 멸망시키고 위만조선을 세운 것을 창피하게 여기는 사람들이 있다. 잘못된 생각이다. 환웅은 하늘나라에서 와서 고조선 땅에 살던 사람들을 정복한 것일까? 그럼 그걸 창피하게 생각해야 할까? 심지어 환웅의 이야기는 신화니까 괜찮지만 중국은 지금도 있는 나라니까 문제가 다르다고 주장하는 사람들도 있다. 이런 주장이 먹히는 이유는 근대에 일본제국이 대한제국을 멸망시키고 식민지로 만들었기 때문이다. 현대에 와서 일제가 저지른 일에 대한 감정이 저 먼 고대의 일까지 영향을 미치고 있는 것이다.

그러나 이때는 고대라는 것을 명심해야 한다. 고대는 많은 사람들이 움직이고, 역사가 새롭게 창조되던 시대였다. 위만은 이 땅에 와서 왕이 된 것이지, 한나라의 신하로 와서 식민지를 건설한 것이 아니다. 영국은 로마의 점령지였고 러시아는 몽골의 점령지였다. 이런 사실이 오늘날에 무슨 영향을 주는 것은 아니다. 저 먼 옛날 일을 가지고 오늘날의 일처럼 여기고 부끄러워하는 것은 불필요한 열등감의 발로다.

그런데도 위만이라는 사람의 정체성을 '중국인'으로 놓고 그가 고조선을 정복했다고 생각하며 도저히 이것을 용납할 수 없다는 '민족적인 감정'에 휩싸인 사람들이 있었다. 명백하게 역사에 기록된 위만의 행적을 무시할 수는 없었기 때문에 위만이 고조선의 한 귀퉁이를 차지했다는 식으로 역사 왜곡을 자행하는 사람들도 있다. 민족의 자부심을 찾겠다고 하는 행동인데, 사실은 뿌리 깊은 열등감을 보상 받으려는 행위에 불과하다. 중국의 역대 왕조에서 수-당-요-금-원-청 등 대부분의 시기가 이민족 출신의 제왕들에 의해서 이루어졌는데 이런 것을 중국이 딱히 열등감의 뿌리로 삼지는 않는다는 점도 참고할 만하겠다.

위만은 이미 중국 쪽에서 도망쳐 온 사람들과 합류했다. 옛 조나라, 제나라, 연나라 지방에서 온 사람들이다. 이 난민들은 연나라와 고조선의 경계를 나누는 강을 건너 빈 땅에 거처를 잡았다. 빈 땅이란 사람이 살지 않는 땅이 아니라 나라의 힘이 미치지 않는 땅이라는 뜻이다. 이런 사람들이 수 만 명이나 되었다.

고대에는 나라와 나라 사이의 경계를 정하고 그 주변에는 사람들이 살지 않게 하는 경우가 종종 있었다. 가까이 붙어 있으면 다툼이 벌어지고 그러다 보면 전쟁이 일어날 수도 있으니까 이런 방법을 택한 것이다. 그런데 난민들이 자리를 잡은 곳은 좀 독특한 곳이었다. 그곳은 옛날에 연나라가 빼앗았다가 진나라가 너무 멀어서 관리하기 힘들다고 포기한 땅이었다. 한나라가 들어선 뒤에 노관과 고조선 사이에 협약이 이루어져서 고조선의 땅으로 돌아오긴 했지만 명목상으로는 빈 땅으로 남았던 것 같다. 그러니까 당연히 고조선 사람들도 이미 그곳에 살고 있었다고 보아야 하겠다.

고조선에서는 중국 사람들이라고 해서 특별히 차별을 가하거나 하지는 않았다. 특히 중국에서 온 사람들은 뛰어난 기술을 가지고 있는 경우가 많았을 터라 고조선 입장에서는 반가운 사람들이었다고 볼 수 있었다. 오늘날과 비교하면 기술이민을 가는 것과 비슷할 수도 있다.

남월을 세운 조타는 중국 하북 출신이었다. 진나라 말기 혼란기에 광서성 일대에 백월 사람들의 독립국을 만들었다. 『자치통감』을 보면 이때 조타는 백월의 머리 모양을 하고 있었다는 것을 알 수 있다. 머리 모양이나 복식을 가지고 출신을 따지는 것은 섣부른 판단이 된다는 것을 조타를 보면 알 수 있다.

쫓겨난 준왕이 만든
'한'이라는 이름

위만은 중국 망명객들의 세력을 등에 업고 고조선을 압박해서 무너뜨리는 데 성공했다. 고조선의 마지막 왕 준왕은 남쪽으로 달아나서 한왕이 되었다고 한다.

중국 나라들과 고조선은 서로 긴장하고 있는 사이였다. 연나라 때는 서로 공격하려고 하던 사이였고, 실제로 연나라가 고조선을 침략해서 땅을 빼앗아가기도 했다. 진나라 때는 몽염 장군이 와서 위협을 했고 고조선은 꾀를 부려 복종하는 척해야 했다. 그리고 한나라 때가 되어서는 고조선이 중국을 공격했고 연나라왕 노관과 국경을 정하는 협상을 해야 했다.

따라서 중국 복식을 하고 고조선의 왕을 만나는 것은 좋은 생각이 아닐 게 분명했다. 위만은 고조선 복장을 하고 와서 준왕에게 항복했다. 국경을 넘어와 번경지대에 사는 난민으로서가 아니라 공식적으로 투항을 했다. 준왕이 항복을 받아들이자 위만이 말했다.

"전하, 소신은 고조선과 한나라 사이의 변경에 머물고 싶습니다."

"무슨 이유로 그러는 게요?"

"그곳에는 지금 한나라에서 넘어온 난민들이 수만 명이나 모여 있습니다. 이 사람들을 잘 모아서 고조선을 지키는 울타리 역할을 하겠습니다."

준왕은 위만의 말에 크게 기뻐했다. 그렇지 않아도 엄청난 수의 그 난민들을 어떻게 해야할지 고민이었기 때문이었다. 위만은 연나라에서 관리를 지낸 사람이니 그가 난민들을 잘 통솔해 고조선의 힘이 되어준다면 더 바랄 것이 없었다.

"좋다. 그대에게 1백 리의 땅을 주고 박사의 지위를 내리마."

박사는 오늘날의 박사와는 다른 것으로 당시의 관직 이름이다. 중국 진나라 때 처음 나타난 것으로 황제의 자문 역할이었다. 위만의 학식이 만만치 않았다는 이야기가 되겠다.

위만에게 내려진 1백 리의 땅은 얼마나 되는 크기였을까? 아주 오래 전 일이라 잘 알 수는 없지만 보통 작은 나라가 이 정도의 크기였다. 위만은 나중에 '소읍'들을 쳐서 점령했다고 하는데 그런 소읍의 크기도 이 정도였을 것이다.

준왕은 위만에게 신하를 증명하는 '규'라는 물건을 하사했다. 규는 홀의 일종인데 홀을 옥으로 만들면 규라고 부른다.

위만은 준왕의 신임을 받아 난민들의 지도자로 떠오르게 되었다. 고조선에서 벼슬을 받은 것뿐 아니라 연나라에서 벼슬을 한 것도 큰 역할을 했을 것이다. 이미 그를 따르는 천여 명의 부하도 있었으니까 누구도 위만의 권위에 도전하지 못했을 것이다.

위만은 준왕에게 충성을 맹세했지만 사실은 준왕의 부하가 될 생각이 없었다. 위만은 고조선의 새로운 왕이 될 계획을 세웠다. 위만은 난민들을 자기 수하에 끌어들여 군사로 훈련시켰다. 중국에서 넘어온 사람들뿐 아니라 그곳에 살고 있는 고조선 사람들도 받아들였다. 모두 위만 밑에서 새로운 병사로 다시 태어났다. 이렇게 위만의 세력이 착착 불어났지만 준왕은 위만이 약속대로 고조선의 울타리가 될 군대를 만들고 있다고 생각하고 아무런 의심도 하지 않았다.

기원전 194년, 위만은 준왕에게 항복한 지 1년 만에 반란을 일으켰다. 먼저 위만은 준왕에게 사람을 보냈다.

"전하, 한나라가 열 갈래로 나뉘어 일제히 쳐들어왔습니다! 위만 박사는 전하를 지키고자 왕검성으로 오기를 희망하고 있습니다. 윤허하여 주십시오."

준왕은 어떻게 된 영문인지 알 수가 없었다.

"그, 그래. 하지만 한나라가 쳐들어오면 맞아 싸워야 하지 않느냐?"

위만은 고조선의 울타리가 되어줄 거라고 말했으니 그곳에서 싸워야 하는 것이지, 왕검성으로 올 이유가 없었다.

청동기 시대를 대표하는 유물, 한국식 동검
날이 가늘고 길어서 '세형 동검'이라고도 부른다. 전라남도 화순에서 발견되었다.

"만일의 경우에 대비해야 하므로 위만 박사만 올 것입니다."

위만의 부하는 계속 준왕을 설득했지만 준왕은 허락하지 않았다.
위만은 이제 준왕과 싸울 수밖에 없다는 것을 알았다. 위만은 자신이 있었다. 위만은 전쟁에 대비해서 병사들을 훈련해왔지만 준왕은 안심하고 있었기 때문에 별 다른 준비가 없었다. 준왕이 군대를 이끌고 나가 위만과 싸웠지만 철저히 준비가 된 위만을 이길 수 없었다. 위만은 왕검성을 장악했다. 준왕은 급히 달아났다. 준왕은 배를 타고 남쪽으로 달아났다. 육로는 시간도 걸리고 위험 요소도 많지만 배는 많은 인원이 신속하게 도망칠 수 있게 도와줄 수 있다.
준왕은 함께 달아난 신하들과 함께 새로운 나라를 만들었다고 한다. 마한을 공격해서 무찔렀다고도 한다. 준왕은 자신을 한왕이라고 불렀다. 고조선을 잃어버렸지만 새로운 땅에서 새로운 나라를 만든 것이다. 준왕이 만든 '한'이라는 이름은 지금도 우리나라 국호인 '대한민국'에 남아 있다.

준왕이 그 후에 어떻게 되었는지는 알 수 없다. 『삼국지』에서는 그 후 준의 후손은 끊어졌지만 한인 중에서 제사를 받드는 사람이 있다고 적고 있다.

준왕이 떠난 후 고조선에 남은 준왕의 아들들과 친척들은 준왕이 한왕이 된 후 자신들도 성을 한이라고 고쳤다. 하지만 준왕이 세운 마한과 고조선 사이에 왕래가 있거나 하진 않았다. 과연 준왕이 진짜로 마한에 갔는지에 대해서는 의문이 있다. 역사학자 중에는 준왕이 마한으로 갔다는 것은 기자가 조선에 왔다는 것과 마찬가지로 후대에 만들어진 전설로 보는 경우도 있다. 고조선이 멸망 후에 도망쳤다는 말은 후한 말의 학자 왕부가 쓴 『잠부론』에 처음 나오는데 바다 가운데海中로 옮겨갔다고 되어있다. 그러다가 백여 년이 지난 후에 『삼국지』에 처음 한의 땅韓地으로 갔다는 말이 나왔다.

확실한 것은 위만이 준왕을 몰아내고 고조선의 왕이 되었다는 사실이다. 하지만 위만은 나라 이름은 그대로 '조선'을 유지했다. 그는 새로운 나라를 만든 것이 아니라 조선의 왕이 되었던 것이다. 우리는 편의에 따라 이 나라를 위만조선이리고 불러 그 전의 소선 즉 고조선과 구분하고 있다.

고려대 박대재 교수는 위만조선 멸망 후에 남쪽으로 도망친 고조선의 한씨 일족이 고조선 왕실과의 연관성을 내세웠을 가능성이 있다고 본다. 이 여파로 고조선 지역에 남아있던 한씨들도 준왕의 후손이라고 주장했을 것이다. 낙랑 지역에는 조선계 큰 가문으로 한씨와 왕씨가 있었다는 점이 알려져 있다.

위만조선이라는
나라

위만은 조선의 왕이 된 뒤에 한나라 요동 태수와 협상하여 나라를 빨리
안정시키고 주변 소국들을 정복해 나갔다. 위만조선이 성장하면서 한나라도
신경을 쓰게 된다.

위만은 고조선의 새로운 왕이 되었다.

위만이 데리고 온 사람들로 인해서 고조선은 완벽한 철기 문화로 진입하게 되었다. 나라가 한 단계 더 발전하게 된 것이다. 그런데 고조선이 철기 문화로 진입한 때가 이 때인가에 대해서는 학자들마다 의견이 좀 다르다는 점도 알아두는 게 좋겠다.

위만은 한나라의 요동 태수와 외교를 펼쳤다. 요동 태수는 이런 요청을 했다.

"오랑캐들을 돌보고 변경을 침범하지 마십시오. 오랑캐들이 황제를 뵙고자 청하면 그들이 오가는 것을 막지 마십시오."

요동 태수는 위만을 고조선의 왕으로 인정해주고 대신 한나라에 대해서는 신하의 자세를 가지길 원했다. 중국은 위만조선 건너편에도 나라들이 있다는 것을 알고 있었다. 그런 나라들도 중국의 신

하가 되기를 바라는 생각에서 그 나라에서 사신을 보내면 위만조선이 중간에서 막지 말라는 이야기를 한 것이다.

위만은 요동 태수의 요청을 들어주었다. 한나라와 전쟁을 할 생각은 전혀 없었고 한나라의 요청은 위만조선에게 어떤 나쁜 일도 벌어지지 않는 거였으니까. 오히려 이 요청을 들어줌으로써 위만은 큰 성과를 거둘 수 있었다.

첫 번째 성과는 한나라와 평화를 유지할 수 있게 된 것이다. 이때 한나라는 한고조 유방의 아내였던 여후에 의해서 통치가 되고 있었는데 여후는 정치를 잘해서 한나라는 날로 부강해지고 있었다. 오랜 전란이 끝나고 드디어 치유의 시간이 돌아온 것이었다.

두 번째 성과는 한나라와 무역이 시작된 점이었다. 위만은 한나라의 발전된 무기와 각종 도구들을 수입할 수 있었다. 이런 선진문물을 바탕으로 위만은 주변의 작은 나라들을 점령해 나가기 시작했다.

한나라의 제후국인 연나라는 고조선과 붙어 있었기 때문에 고조선과 무역을 해서 많은 이익을 남겼다. 연나라는 오환, 고조선, 부여, 진번의 특산물을 중국의 다른 나라에 내다파는 일을 해서 많은 이익을 남겼다. 오환은 연나라와 싸웠던 동호 종족 중 하나다. 부여는 고조선과 마찬가지로 우리의 옛 나라다. 부여는 고조선보다 더 북쪽에 있었다. 연나라에 간 부여나 진번의 특산물은 고조선을 통해서 전달되었을 것이다.

한나라는 북쪽에 있는 흉노 때문에 골치가 아픈 상황이었다. 이런 때 고조선하고 사이가 나빠지는 것은 아주 안 좋은 일이었다.

고조선하고 흉노가 손을 잡으면 한나라는 더 힘들어질 터였다.

옛날 연나라가 고조선에 쳐들어왔을 때 고조선의 땅과 진번의 땅을 빼앗아 그곳에 군을 설치했다고 했다. 진번은 원래 고조선에게 굽히고 있던 나라였던 것 같은데, 고조선이 허약해지자 더는 고조선 눈치를 보지 않게 되었다. 위만은 진번을 다시 고조선에 복종하게 만들었고 임둔도 정복했다. 이들 말고도 이름이 전해지지 않는 여러 나라들을 정복한 것 같다. 이때 지금의 함경도 지방에 있던 '옥저'와 '예'도 위만조선에 복종하게 되었다. 『후한서』에는 구려, 그러니까 고구려도 고조선의 옛 땅이라고 나오는데 이건 이때 고구려가 있었다는 것은 아니고 고구려가 나중에 고조선의 땅을 차지한 것을 가리키는 것 같다. 옥저 사람들은 용맹했고, 창을 잘 썼다. 하지만 새로운 무기로 무장한 위만조선을 당해낼 수가 없었다.

예라는 나라는 어디에 있었는지 알 수가 없다. 훗날 예는 동쪽으로 옮겨가 동예라는 나라가 된다. 동예는 지금의 강원도쯤에 있었다. 그러니까 그 전에는 더 서쪽에 있었다는 것만 알 수 있는데 압록강 위 어딘가에 있었을 수도 있다. 위만은 소읍들도 쳐서 점령했다. 옥저, 진번, 예와 같은 큰 나라는 복종하는 것으로 끝났지만 소읍들은 모두 위만조선 안에 흡수되었다.

위만조선의 영토는 크게 늘어났고 나라는 번성하기 시작했다. 이 소문이 나자 한나라에서 도망쳐 오는 사람들이 또 생겨났다. 위만은 한나라 사람들이 넘어오는 것을 금하지 않았다.

위만이 죽고 왕위는 아들에게 넘어갔다. 그리고 왕위는 또 그 아들에게 넘어갔다. 왕이 왕자에게 왕위를 물려주는 것이 고대에는

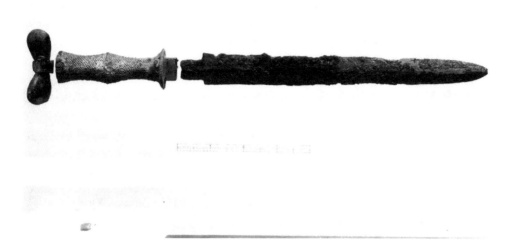

위만조선 철제 검
일제강점기 때 평안남도 대동군 대동강면 정백리에서 발굴된 철제 검이다.
위만조선은 철기를 사용한 것으로 생각하고 있다.

당연한 일이 아니었다. 왕자가 어리거나 똑똑하지 못하면 주변의 힘센 친척들도 얼마든지 왕이 될 수 있었다. 형제로 왕위가 이어지거나 먼 친척이 왕이 되는 일도 드물지 않았다. 그러니 아버지와 아들 사이로 순조롭게 왕위가 물려지는 것은 왕권이 강력했다는 증거가 된다. 고조선의 경우에도 부왕과 준왕만 이름이 알려져 있어 그렇지 10여 대를 왕위가 이이져 왔다고 한다. 기록에는 40여 대라는 숫자만 나오는데 이걸 빌미로 왕 이름을 지어내는 일이 근대에 와서 생기기도 했다. 가짜 역사책들이 만들어진 것이다.

위만조선이 강력해지자 한나라에서도 주목하게 된다. 한나라 문제재위 기원전 180~157 때 진무라는 신하가 남월과 조선은 역적들이라고 주장하며 토벌해야 한다고 상소를 하는 일이 있었다. 문제는 그

상소를 받아들이지 않았지만 한나라에서 이런 이야기가 나온 것은 위만조선이 강력한 힘을 가지게 된 것을 꺼리고 있었다는 증거라 할 수 있다. 남월도 위만처럼 원래 한나라 관리 출신이 넘어가서 왕이 된 나라다. 그런데 위만의 손자 우거왕에게 이르렀을 때 한나라는 고조선 문제를 더는 방관해서는 안 된다고 생각하게 되었다.

위만이 요동 태수와 맺은 조약을 따르면 고조선 주변의 나라가 한나라에 사신을 보내고자 하면 막아서는 안 되었다. 하지만 고조선은 주변의 나라들을 모두 복종하게 만들었고, 그곳의 특산물들을 한나라에 팔아서 큰 이득을 남기고 있었다. 당연히 그 나라들이 독자적으로 한나라와 관계를 맺는 것을 방해할 수밖에 없었다. 한나라는 이런 방해를 그만두라고 위만조선에게 항의를 했다.

기회는 이때라고 생각한 사람이 있었다. 고조선에 복종하게 되었던 예나라가 그 주인공이다. 예의 군주 남려는 기원전 128년에 요동으로 가서 한나라에 속하게 해달라고 청했다. 한나라는 이를 크게 반기며 예나라에 창해군이라는 군을 설치했는데, 너무 멀어서 제대로 다스릴 수가 없다는 이유로 몇 년 만에 없애고 말았다. 이걸 보면 예나라는 고조선을 거치지 않고도 한나라에서 갈 수 있는 곳에 있었다고 볼 수도 있겠다. 예나라에는 28만 명이나 되는 사람들이 살고 있었다. 위만조선은 이처럼 강력한 나라도 복종시켰던 것이다. 중국 기록밖에 없기 때문에 창해군을 멀다는 이유로 폐지했다고 했을 뿐이지, 사실은 우거왕이 공격해서 다시 위만조선에 속하게 했을 가능성이 높다.

한나라가 압박을 가해서 주변에서 동요가 일어난 것은 예군 남려만이 아니었다. 위만조선의 신하였던 역계경은 자기의 상소가 받아들여지지 않자 위만조선을 떠나 진국으로 가버렸다. 이때 역계경을 따라서 2천여 가구도 떠났다. 위만이 천여 명을 거느렸던 것을 생각해보면 역계경은 그보다 다섯 배는 많은 사람들을 거느리고 떠났던 것이다. 역계경이 어떤 상소를 올렸는지는 정확히 알려져 있지 않지만 당시 상황을 보면 한나라와 다투지 말라는 상소였을 거라고 짐작할 수 있다.

역계경이 간 진국은 한반도 남쪽에 있던 나라인데 정확한 모습은 알 수가 없다. 준왕이 세운 나라가 이 진국이라는 이야기도 있고 여러 작은 나라들을 다 뭉뚱그려서 진국이라고 불렀다는 이야기도 있다. 진국도 한나라와 무역을 하고 싶어 했지만 위만조선이 못하게 해서 위만조선과는 사이가 좋지 않았다는 이야기도 있다. 삼한 중 하나인 진한이 진국이라는 이야기도 있는 등 아직 밝혀야 할 것이 많다. 역계경은 준왕과 마찬가지로 위만조선을 떠난 이후에는 위만조선과는 전혀 왕래를 하지 않았다.

우거왕이 몇 년에 왕위에 올랐는지 정확히 알 수는 없는데 예군 남려가 배반했을 때는 우거왕의 치세였던 때였다. 그러니까 기원진 128년 전에 우거가 왕이 되었다는 걸 알 수 있다.

위만은 조선이라는 이름을 버리지 않고 그대로 사용했다. 고조선, 기자조선 등 '조선' 앞에 붙은 이름은 그 나라들을 구분하기 위해 붙인 것이다. '위만조선'이라 부르는 것 역시 그저 우리가 여러 조선들을 구분하기 위해 붙인 것일 뿐이다.

위만조선과 한나라 사이의 전쟁은 왜 일어났을까?

한나라는 위만조선이 흉노와 가까운 것이 불안했고, 위만조선을 견제할 세력을 찾고 싶었다. 위만조선은 한나라의 그런 행동을 믿을 수 없었고 자체적으로 군사력을 강화해 나갈 필요성을 느끼고 있었다. 두 나라의 불신은 전쟁으로 이어질 수밖에 없었다.

위만조선의 성장에 한나라는 불안한 눈길을 보내고 있었다. 한나라는 위만조선이 동쪽 지방의 여러 나라들을 아울러 동방의 강국이 된 것도 좋아하지 않았다. 그렇게 한나라에서 위만조선을 우려하고 있었던 것은 꼭 위만조선만의 문제는 아니었다. 북방의 강국인 흉노도 그 이유 중 하나였다.

위만조선도 한나라에 감정이 좋지 않았다. 한나라와의 무역 덕분에 주변 국가들을 제압하고 성장할 수 있었지만, 이제 한나라는 자꾸만 고조선에 간섭을 하려고 들었다. 거기에, 예군 남려가 한나라로 항복하러 가는 일 같은 것도 그냥 지켜만 보고 있을 수는 없었다.

그런데 이런 한나라와 비슷한 힘을 가진 나라가 하나 있었다. 바로 흉노다.

한나라는 중국을 통일한 뒤에 북방의 골칫거리인 흉노도 자기들 밑에 넣으려고 했다. 한고조 유방이 직접 대군을 이끌고 흉노를 정벌하러 갔지만 오히려 처참하게 패하고 말았다. 한고조는 흉노의 부인에게 뇌물을 쓰고서야 간신히 도망쳐 올 수 있었다. 이후에는 흉노 쪽으로는 고개도 돌리지 않게 되었다. 한나라는 흉노가 자꾸 쳐들어오지 못하게 흉노에게 화친을 요청했고 그 대가로 많은 보물을 흉노에 바쳐야 했다. 이처럼 흉노는 한나라에게는 참으로 어려운 강적이었다. 위만조선은 흉노와 친하게 지내면서 한나라를 견제했다.

한나라는 여후 이후에 문제, 경제 등 훌륭한 황제들이 집권하면서 나라가 부강해졌다. 그리고 한무제가 등극했다. 한무제는 사방으로 정복 전쟁을 벌인 걸로 유명하다.

한무제는 흉노와 일전을 벼르고 있었다. 흉노와의 전쟁은 한나라의 운명을 걸고 싸워야 하는 전쟁이었다. 그렇기 때문에 철저한 준비가 필요했다. 그 철저한 준비 중에는 흉노의 동맹을 없애고 협공을 가하는 것도 들어 있었다. 이를 위해서 한무제는 흉노 서쪽의 나라들과 연합하려고 사신을 파견하기도 했다. 장건이라는 이 사신의 활약으로 실크로드가 열리게 된다.

이 무렵 고조선은 흉노의 왼팔이라고 불렀다. 왜 하필이면 왼팔일까? 그것은 왕이 북쪽에 앉아서 남쪽을 바라본다는 관념 때문이다. 그러면 동쪽은 왼편에 있게 된다. 그래서 동쪽에 있는 고조선을 흉노의 왼팔이라고 부른 것이다. 위만조선은 흉노에도 모피를 수출했다. 차고 건조한 땅에 있는 흉노 입장에서 모피는 활동을 보장해주는 전략적 물자였으므로 이 부분을 한나라에서는 위협적으로 보았을 가능성이 있다.

기원전 109년, 진번과 진국이 사신을 한나라에 보내려고 했지만 우거왕이 허락하지 않았다. 이 사실을 알게 된 한나라는 섭하를 사신으로 보내 우거왕에게 위만의 약조를 지키라고 말했다. 하지만 우거왕은 섭하의 말을 듣지 않았다. 성과 없이 한나라로 돌아가야 하는 섭하는 화가 났다.

섭하는 한나라와 위만조선의 경계가 되는 강인 패수에 도착해 자신을 배웅 나왔던 비왕 장長을 마부를 시켜서 칼로 찔러 죽이고 말았다. 그리고 한나라로 돌아가서 한무제에게 우거왕이 말을 듣지 않아서 위만조선의 장수를 죽였다고 보고했다. 이때 등장한 패수라는 강이 지금의 어느 강인지는 학자들 사이에 논란이 많다. 조선 시대에도 이 강이 어디 있는지 논란이 있었다. 청천강으로 본 사람도 있고 압록강으로 본 사람도 있었고 요하라고 본 사람도 있었다. 이것은 위만조선의 수도가 어디 있었는가라는 문제와도 관련이 있다. 한편, 비왕을 죽였는데 장수를 죽였다고 보고한 것에서 비왕은 군사를 이끄는 장수 역할도 했다는 것을 알 수 있다.

한무제는 섭하에게 잘했다고 칭찬을 하고 어떻게 된 일인지는 묻지도 않았다. 섭하가 위엄을 떨쳤으니 이제 위만조선이 공포에 떨고 있을 거라 생각하고 섭하를 요동의 동쪽을 다스리는 요동 동부도위라는 관직에 앉혔다. 위만조선을 관리하는 자리를 섭하에게 내준 것이다. 아무 이유도 없이 배웅을 나간 비왕을 죽이고 공을 세웠다고 하는 섭하가 위만조선을 담당하는 자리에 온 것은 위만조선을 모욕하는 행위였다. 위만조선은 그런 모욕을 가만히 지켜보지 않았다. 우거왕은 불시에 군사를 일으켜 강을 넘어 요동 동부도위를 습격했다. 섭하는 그 자리에서 처형되었다.

　우거왕은 비왕 장의 복수를 한 것이었지만 한나라 입장에서는 한나라가 침략을 당한 거였다. 한무제는 즉각 군사를 모으기 시작했다. 기원전 109년 가을, 육군과 해군이 동시에 위만조선을 치기 위해 출정했다.

한무제는 전쟁광이었다고 할 만큼 숱하게 전쟁을 치렀다. 그 덕분에 선대의 문제와 경제(이 두 황제의 통치를 문경지치라고 일컫는다)가 이루어놓은 국고를 전쟁에 털어 넣고 말았다. 한나라의 공격으로 흉노는 일시 물러나게 되지만 이 지역의 분립은 5호 16국의 혼란기를 가져오는 밑거름이 되고 말았다.

한나라의 수륙 양면
고조선 침공

두만강

백두산

북한강

한강

혼강

압록강

청천강

대동강

고조선

왕검성

순제 육군

요하

태자하

대릉하

소릉하

양복 수군

연나라

난하

한나라

동주

내주

조백하

하하

화친의 기회를 놓치게 한
불신의 벽

한나라와 위만조선의 첫 대결은 자만했던 한나라의 패배였다. 위만조선은
기세를 올리고 화친을 청했지만 화친의 길은 멀고도 멀었다.

한나라의 해군은 누선장군 양복楊僕이, 육군은 좌장군 순체荀彘가 이끌었다. 누선장군 양복은 한나라가 동월과 남월을 정벌할 때도 출정했던 장군이었다. 누선이라는 배를 가지고 있었는데, 누선은 갑판 위에 다락처럼 만들어진 이층을 가지고 있는 커다란 배로, 한 척에 6~7백 명의 병사가 탈 수 있었다.

그런데 예전에 남월을 공격할 때 양복은 첫 전투에서 패배했지만 그 뒤 육군과 협력해서 남월 정벌에 큰 공을 세웠다. 이때 동월은 힘을 보태겠다고 말만 하고 아무런 도움도 주지 않았다. 이 때문에 양복은 동월을 정벌하겠다고 상소를 올렸고 이 소식을 들은 동월은 반란을 일으켰다. 한무제는 양복에게 동월을 공격하라고 명했는데, 양복은 남월 공격 때 세운 공을 들먹이면서 전쟁터로 가지 않으려고 했다. 한무제는 매우 화가 나서 양복을 야단쳤고 그제야 양복은 동월을 공격하러 나갔다. 전쟁에 이기긴 했지만 황명을 거스른 죄는 남았다. 위만조선과의 전쟁은 양복에게는 다시 공을

세워 죄를 씻을 기회였다. 양복은 산둥반도에서 누선을 몰아 와서 위만조선의 왕검성을 향해 떠났다.

좌장군 순체는 요동에서 5만 명의 군사를 거느리고 왕검성을 향해 떠났다. 좌장군은 대장군 밑에 있는 전후좌우 장군 중 하나인데 그 중 가장 높다. 순체는 원래 한무제를 가까이서 모시면서 총애를 받았던 사람으로, 이번 전쟁에서 큰 공을 세워서 한무제의 총애를 더 듬뿍 받고 싶은 마음에 가득 차 있었다.

우거왕은 한나라 군대가 쳐들어올 것을 예상하고 있었다. 요동 동부도위 섭하를 죽였으니 한나라가 전쟁을 일으킬 것은 뻔한 일이었다. 더구나 흉노와 전쟁을 위해서 위만조선부터 꺾어놓을 필요도 있었다. 우거왕은 단단히 대비를 하고 험한 산지를 이용해 한나라 군대가 국경을 넘어오기만을 기다리고 있었다.

좌장군 순체의 부하 중에 보병을 이끄는 다多라고 하는 장교가 있었다. 다는 공을 세우고 싶은 욕심에 보병들을 거느리고 앞서서 달려 나갔다. 우거왕의 군대는 적은 부대가 침입해온 것을 보고 곧바로 마주 나가 물리쳤다. 한나라 군대는 모두 흩어지고 다만 간신히 살아남아 좌장군에게로 돌아갔다. 좌장군은 불 같이 화가 나서 다를 참수형에 처하고 말았다.

이렇게 육군이 고전하고 있을 때 누선장군의 해군이 왕검성에 도착했다. 병력은 7천 명이었는데, 왕검성을 공격하기에는 수가 부족했다. 누선장군의 병력이 얼마 안 되는 것을 알아차린 우거왕은 즉시 장군들을 내보내 공격하게 했다. 누선장군의 군대는 패했고 양복은 산 속에 달아나 숨었다. 병력이 적으니 좌장군 순체가 올

때까지 상륙하지 말고 기다려야 했는데 위만조선을 얕보고 있다가 크게 패하고 만 것이다. 달아난 양복은 패잔병을 수습하기 시작했고, 10여 일이 지나서야 어느 정도 병사들을 되찾을 수 있었다.

한나라 누선의 모습
크기와 모습이 마치 누각과 같다 하여
누선이라 부른다.

좌장군 순체는 한나라와 경계가 되는 강을 건너지 못하고 있었다. 위만이 건넜던 그 강조차 넘어서지 못하고 고전 중에 있었다. 육군이 이 모양이었으니 누선장군이 순체를 기다리며 상륙을 하지 않았다면 식량이 떨어질 때까지 배 위에 있어야 했을지도 모를 판이었다.

한편, 좌장군과 누선장군 모두 고전을 면치 못하고 있다는 소식이 한무제에게 전달되었다. 고조선과 전쟁이 길어지는 동안 흉노가 또 쳐들어오면 그것도 골치 아픈 문제가 될 판이었다. 한무제는 고조선과는 화친을 맺는 것이 좋겠다고 생각하고 위산을 사신으로 보냈다.

우거왕도 한나라와 전심전력으로 싸우는 건 곤란하다고 생각하고 있었다. 한나라에서 사신을 보내서 화친을 요청하는 것은 사실 자신들의 패배를 인정하는 것과 같은 일이었다. 우거왕은 위산衛山과 화친에 대해서 말했다.

"한나라의 군대가 왔을 때 항복하고자 하는 생각이 있었으나 좌장군과 누선장군을 믿기가 어려웠소."

"왜 우리 장군들을 믿기가 어려웠습니까?"

"생각해보시오. 일전에 섭하가 사신으로 와서 우리는 정중하게 국경까지 배웅을 나갔는데 섭하가 불시에 우리의 비왕을 죽이고 달아나버렸소. 한나라에 항복을 하려면 이 몸이 직접 나가야 할 것인데, 만에 하나 장군들이 공을 세우겠다는 생각으로 이 몸의 목을 베어버리면 대체 어찌해야 하겠소?"

"하오나 이번에는 다릅니다. 제가 이렇게 황제 폐하의 부절을 가지고 왔습니다."

부절이라고 하는 것은 돌이나 대나무 옥 같은 것으로 만든 징표다. 이것을 둘로 나누어서 사신이 하나를 가지고 진짜 사신이라는 증명으로 사용했다.

"그렇소이다. 그러니 이번에는 태자를 보내 황제 폐하를 알현케 하겠소. 한나라에 성의를 보이는 의미로 말 5천 필과 군량미도 함께 보내도록 하겠소."

위산은 만족하게 생각했다. 왕이 직접 찾아오는 것이 원칙적으로는 맞는 말이지만 위만조선은 그 이전 고조선 때도 왕이 중국에 온 적이 없었으니까 그건 힘든 일일 거라 생각한 것이다. 태자, 즉 다음 왕이 될 사람이 한무제를 알현하는 것은 의미가 큰일이었다.

이로써 동쪽은 정리가 될 거라는 이야기이기도 해서 위산은 태자와 함께 한나라로 돌아가기로 했다. 그런데 양군이 대치하고 있는 강변에서 문제가 생겼다.

우거왕은 태자의 호위병으로 1만여 명의 병사를 대동하게 했다. 완전무장한 병사 1만여 명이 한나라의 영토로 진입하는 것은 좌장군 입장에서는 허락할 수 없는 일이었다. 좌장군 순체와 사신 위산은 태자에게 호위병들의 무장 해제를 요구했다. 태자는 한나라 사람들을 믿을 수가 없어 그런 요구는 받아들일 수 없다고 거절했다.

좌장군과 위산은 끝까지 무기를 버리고 맨몸으로 강을 건너야 한다고 주장했다. 결국 태자는 한나라에 들어가는 것을 포기하고 왕검성으로 돌아가 버리고 말았다. 위만조선과 한나라 사이에 쌓여 있던 불신은 이렇게 화친의 기회를 물거품으로 만들고 말았다.

위산은 어쩔 수 없이 아무 성과 없이 한무제에게 돌아가야 했다. 위산이 돌아가서 위만조선에서 있었던 일들을 보고하자 화가 난 한무제는 위산을 죽여 버렸다.

위만은 '衛'라고 쓰기 때문에 이것이 성인지 아닌지에 대해서 논란이 있다. 『삼국유사』에는 위만의 '위'를 '魏'로 쓰고 있다. 이 때문에 단군에 대한 이야기를 전하는 『위서魏書』를 중국 사서가 아니라 위만조선의 역사를 적은 책일 것으로 보는 견해도 있다. 현존하는 『위서』에는 단군 이야기가 적혀 있지 않다.

위만조선의
멸망

1년간의 투쟁과 국왕 시해 후에도 항전을 이어온 왕검성이 함락되고 말았다.
한반도에 중국의 군현이 들어서게 되면서 큰 변화가 불가피해졌다.

한무제는 좌장군과 누선장군에게 위만조선을 정벌하라고
명했고 두 나라는 다시 전쟁에 돌입했다. 좌장군 순체의 공격에 강
을 지키던 방어선이 뚫리고 말았다. 한나라 군은 왕검성으로 지체
없이 밀고 내려왔다. 그러자 산 속에 숨어 있던 누선장군도 병력을
이끌고 다시 왕검성 밑으로 나왔다.

좌장군의 병력은 성의 서북쪽에, 누선장군의 병력은 성의 남쪽
에 자리를 잡았다. 이렇게 되자 우거왕은 성 안에서 싸우는 방법을
선택했다. 왕검성은 튼튼한 성이어서 몇 달이 지나도록 한나라 군
은 왕검성을 함락시킬 수 없었다.

좌장군의 군사들은 옛날 연나라와 조나라 지역의 병사들이었다.
좌장군은 적진을 돌파하는 데 성공했기 때문에 사기가 매우 드높
아서 빨리 성을 함락시키고 싶어서 맹렬하게 공격했다. 하지만 누
선장군은 이미 한 번 졌기 때문에 수치심을 가지고 있었고 부하
들도 용맹하게 싸우질 못했다. 그래서 전쟁도 대충대충 시간만 때

우는 식으로 하고 있었다.

왕검성이 포위된 채 시간이 많이 흐르자 왕검성 안의 대신들은 불안해지기 시작했다. 성이 아무리 튼튼해도 결국 갇혀 있는 것이기 때문에 먹을 것이 떨어지면 함락될 수밖에 없는데, 도무지 한나라 군대는 물러갈 생각을 하지 않았던 것이다.

대신들이 한나라 군대를 살펴보니 서북쪽에 있는 좌장군은 포악하여 성이 함락되면 사람들이 큰 피해를 볼 것 같았다. 하지만 남쪽의 누선장군은 온화해서 성이 함락되어도 심하게 할 것 같지가 않았다. 그래서 대신들은 은밀히 누선장군에게 사람을 보내 항복하겠다고 이야기하기 시작했다. 누선장군은 이미 동월에서 죄를 지은 적이 있는데다 첫 전투에서 지고 병사도 잃었기 때문에 전공을 꼭 세워서 만회를 해야만 했다. 이럴 때 왕검성 안의 대신들이 내통하겠다고 전해온 것이다. 이때 좌장군에게서 협공을 펼치자는 전갈이 왔다. 시간이 정해졌지만 누선장군은 공격하지 않았다. 공격에 나섰다가 왕검성이 함락되면 그건 좌장군의 공이 될 것이기 때문이었다. 좌장군은 왕검성이 쉽게 함락되지 않자 사람을 왕검성에 보내 항복하면 선처하겠다고 약속했다. 하지만 이미 누선장군과 내통하고 있던 대신들은 좌장군에게는 답을 주지 않았다.

좌장군은 공격도 협상도 마음대로 되지 않아서 초조했다. 좌장군은 누선장군을 의심하기 시작했다. 좌장군은 누선장군을 배반자라 부르며 이를 갈았다. 아예 고조선에 붙으려고 하는데 아직 때를 못 잡은 것은 아닐까도 의심했다. 이런 의심 때문에 왕검성 공격은 더더욱 잘 되지 않고 있었다.

좌장군과 누선장군이 서로 의심하고 질투하고 있어서 왕검성 공격이 제대로 이루어지지 않고 있다고 생각한 한무제는 제남태수 공손수公孫遂를 불러서 두 사람을 지휘하라고 했다. 제남은 지금의 산둥반도에 있는 지명이다. 좌장군은 3품의 벼슬이고 태수는 5품의 벼슬이라 좌장군이 태수보다 높은데도 태수에게 전권을 줘서 보낸 것이다. 한무제가 공손수에게 당부했다.

"순체의 능력만 가지고는 조선을 함락시킬 수 없어서 위산을 보내서 일을 처리하게 하였는데 위산이 사신이 되어서 혼자 결단을 내리지 못하고 좌장군하고 상의하다가 일을 망쳐버렸다. 지금 좌장군과 누선장군이 성을 포위한 지 오래인데 아직도 성을 함락시키지 못하고 있는 것은 두 사람 사이가 조정이 되지 않기 때문이다. 서로 의견이 다르고 힘을 합하지 않은 지 오래 되어 끝을 보지 못하고 있는 것이니 네가 가서 일을 바로 잡도록 하라."

"장군들이 제 말을 듣지 않으면 어떻게 해야 합니까?"

"네게 모든 권한을 줄 것이니 마음먹은 대로 행하도록 하라."

이렇게 해서 공손수는 막강한 권력을 가지고 왕검성 밖에 있는 군대로 향했다. 공손수가 도착하자 좌장군이 공손히 그를 맞이했다. 공손수가 질책하듯이 말했다.

"어째서 아직도 왕검성을 함락하지 못하였습니까?"

"왕검성은 진즉에 함락되는 게 당연했습니다."

좌장군의 말에 공손수는 놀랐다.

"그럼 왜 함락되지 않았다는 말입니까?"

"그것은 모두 누선장군 양복 때문입니다."

"자세히 말씀해보십시오."

"제가 누선장군에게 시간을 정해 왕검성을 공격하자고 하면 누선장군은 그러겠다고 하고는 전장에 나오질 않습니다. 우리 병사들만 헛되이 공격하다가 물러나고 맙니다. 이런 일이 한두 번이 아니었습니다."

"아니, 누선장군은 왜 그런 행동을 한단 말입니까?"

"아무래도 왕검성과 내통하고 있는 것 같습니다. 누선장군은 옛날에도 전쟁에서 실수를 저지르고 이번에도 전공이 없습니다. 돌아가면 크게 문책을 당할 것이 분명하니 차라리 위만조선에 항복할 생각이 있는 것 같습니다."

"뭐라고요! 그게 사실입니까?"

"그렇습니다. 지금이라도 잘 처리해야지 그러지 않았다가는 우리 모두 이곳에서 영영 돌아가지 못하고 귀신이 되어버릴 것입니다."

공손수는 좌장군의 말이 그런 듯하다고 생각했다. 공손수는 부절을 보내서 누선장군을 좌장군의 진영으로 불러들였다. 그리고 누선장군이 오자 바로 밧줄로 묶어서 체포해버렸다. 누선장군의 부하들은 모두 좌장군 밑으로 넣어버렸다. 군대를 하나로 통일해버린 것이다.

공손수는 일을 다 처리한 뒤 한무제에게 이 사실을 보고했다. 그런데 이게 웬일인가? 한무제는 공손수를 죽여버렸다.

한무제는 좌장군 순체가 문제가 많다는 생각을 하고 있었다. 부드럽게 일을 처리할 수 있을 때마다 좌장군이 문제를 일으켰고 이번에도 증거도 없이 공손수를 꼬드겨서 누선장군을 체포하고 병사를 자기 마음대로 재편성했다. 공손수는 좌장군의 말만 듣고 누선장군을 체포하는 등 일방적으로 좌장군의 편을 들었기 때문에 한무제의 심기를 건드리고 만 것이다.

좌장군은 공손수가 처형되자 공포에 떨었다. 이제는 정말 왕검성을 함락시키는 것 말고는 목숨을 부지할 길이 없다는 것이 분명해졌다. 좌장군은 맹렬하게 왕검성을 공격하기 시작했다. 그동안 항복을 논의하던 누선장군은 체포되어 버리고 좌장군은 맹렬하게 공격을 가해오자 왕검성 안의 배신자 대신들은 당황했다. 이들은 이날 밤 몰래 왕검성을 빠져나왔다. 노인路人, 한음韓陰, 왕협王唊은 한나라로 가서 항복하려고 했다. 컴컴한 밤에 몰래 달아나다가 노인은 미처 도착하지 못하고 죽고 말았다. 노인의 아들 최最는 무사히 한나라 군대에 도착할 수 있었다.

나라의 상류층이 이렇게 성을 빠져나갔는데도 왕검성은 끄떡하지 않았다. 어쩌면 배반자들이 빠져나가서 더 단단히 힘을 모을 수 있었을지도 모른다. 하지만 배반자가 모두 다 빠져나간 것은 아니었다.

기원전 109년 가을에 시작된 전쟁은 기원전 108년 여름이 되도록 끝나지 않고 있었다. 대제국 한나라의 공격을 1년 동안 왕검성은 막아내고 있었다. 그러나 한계에 도달해버린 때였다. 니계상尼谿

相이라는 자리에 있던 참參은 우거왕이 살아 있는 한 전쟁이 끝나지 않을 거라 여기고 자객을 시켜서 우거왕을 암살했다. 그리고 자신은 성을 탈출해서 한나라에 항복했다. 그러나 우거왕이 죽었어도 왕검성은 여전히 함락되지 않고 굳건히 버티고 있었다.

우거왕이 죽은 뒤에 우거왕의 아들인 장長도 성을 나와 항복했다. 왕족도 항복한 상황이었는데도 왕검성이 함락되지 않은 것이다. 그것은 우거왕의 대신이었던 성기成己가 사람들을 굳게 단결시켰기 때문에 가능했다.

좌장군은 왕자 장과 최를 시켜서 왕검성의 주민들을 설득하게 했다. 지도부가 분열했고 1년이나 되는 농성 때문에 지친 주민들에게 항복해도 목숨을 살려주겠다는 왕자 장과 최의 설득이 먹혀들었다. 끝까지 싸울 것을 주장하던 대신 성기는 항복을 원하는 주민들에 의해 살해당하고 드디어 왕검성의 문이 열렸다.

위만조선의 멸망이었다.

일제강점기 때 채록된 전설 중에 단군릉과 관련된 것이 있다. 지금 북한이 단군릉으로 널리 소개한 곳에 얽힌 이야기다. 어느 날 단군이 백마를 타고 순시 중에 짚신이 떨어진 적이 있었는데, 백성들이 그 짚신이 떨어진 곳에 무덤을 만들어 단군릉으로 삼았다는 이야기다. 단군은 산신이 되어 시신이 없었다고 믿었기 때문에 생겨난 이야기일 것이다.

한나라의 동방변군(낙랑, 임둔, 진번) 설치 ——— 기원전 108년

한나라, 현도군 설치 ——— 기원전 107년

기원전 1백 년

기원전 97년경 ——— 사마천 『사기』 완성

기원전 90년

임둔군, 진번군 폐지됨 ——— 기원전 82년

기원전 80년

현도군, 혼하 쪽으로 옮겨감 ——— 기원전 75년

기원전 73년 ——— 스파르타쿠스의 반란

기원전 70년

기원전 60년 ——— 로마 제1차 삼두정치

부여 금와왕, 유화를 맞아들임 ——— 기원전 59년

기원전 60년

기원전 58년 ——— 로마 카이사르 갈리아 원정

신라 건국 ——— 기원전 57년

기원전 54년 ——— 흉노, 동서로 분열

기원전 50년

기원전 46년 ——— 로마, 태양력 사용

낙랑군, 호구 조사 ——— 기원전 45년

기원전 44년 ——— 로마 카이사르 암살

기원전 43년 ——— 로마 제2차 삼두정치

기원전 40년

고구려 건국 ——— 기원전 37년

기원전 30년 ——— 클레오파트라의 이집트 멸망

기원전 30년

기원전 27년 ——— 옥타비아누스 등극으로 로마 제국 성립

유리가 주몽을 찾아서 고구려에 옴 ——— 기원전 19년

기원전 20년

백제 건국 ——— 기원전 18년

기원전 10년

제2장

고대사의
미스터리

고조선이 멸망한 뒤 한나라는 고조선의 영토에 여러 군현을 만들었다. 하지만 고조선의 중심지에 세운 낙랑군 이외의 군현은 곧 폐지되었다. 이 시기로부터 삼국이 각축을 벌이는 시기까지 역사는 자세하지가 않다. 이 때문에 오늘날에는 잘못 이해하는 것들이 많이 있다.

역사는 인간의 발자취를 설명해주는 학문이지만 모든 발자취를 다 알 수 있는 것은 아니다. 고대로 갈수록 빈 발자취가 많아진다. 역사가들은 여러 자료들을 이용하고 합리적인 추론을 거쳐 끊어진 발자취들을 복원하고자 한다.

이를 위해서는 한 가지 자료에 얽매이지 않고 많은 자료, 많은 학문이 필요한 경우가 많다. 하나의 자료는 보는 방향에 따라서 여러 가지로 해석되게 마련이다. 이 때문에 다른 자료들을 찾아내서 어느 방향에서 보는 것이 제대로 된 방향인지 알아내야만 한다. 하지만 엉터리로 역사를 논하는 사람들은 그런 수고로운 방법을 택하지 않는다. 그들은 자신들이 단정한 역사의 방향이 옳다고 믿고, 그 방향을 가리키는 증거들만 수집한다.

사람들은 간단하고 명백한 사실을 선호한다. 직관적으로 이해되는 것을 좋아하는 것이다. 하지만 역사는 때로는 모호하고 두루뭉술하며 선과 악 어느 쪽으로 명확하게 이야기할 수 없을 때가 많다. 가짜 역사는 바로 이런 곳을 파고든다. 역사 속의 빈틈을 사라지게 하고 자신들이 원하는 재구성을 가능하게 해주는 마법의 램프가 바로 가짜 역사책이다.

고대사에는 이런 가짜 이야기가 많다. 가짜 이야기가 있다면 진짜 이야기도 있는 것이냐 하면, 그것은 애매한 이야기가 된다. 상상 속에 만들어진 가짜 이야기는 분명히 있는 것이지만 그 반대 개념이 꼭 성립하지는 않는다는 것이다. 역사는 안개 속에서 한 걸음 한 걸음 진실을 찾아 헤매는 것과 비슷하다. 이 장에서는 이런 이야기들을 주로 해보기로 한다.

고조선의 역사를 전하는 책에는
어떤 것이 있을까?

단군에 대한 이야기를 전하는 책은 고려 시대에 나온 『삼국유사』가 처음이기 때문에 단군 이야기가 고려 때 만들어졌다고 말하는 경우도 있다. 하지만 고조선은 실존했던 것이 분명하고 『삼국사기』에도 '왕검'은 등장한다.

고조선은 많지는 않지만 여기저기에 자신의 흔적을 남겨 놓았다. 우리나라 역사책으로 보면 『삼국유사』와 『제왕운기』가 있다. 두 책은 각기 다른 단군신화를 전하고 있다. 둘 다 고려 후기에 쓰여졌는데, 이 때문에 단군신화는 몽골의 침략으로 위기에 처한 고려에서 단합을 위해서 만들어낸 것이라는 주장도 있다. 하지만 두 전승이 다른 부분이 있는데다가 그 전부터 고조선에 대한 이야기가 전해오므로 그렇게 보기는 어렵다. 조선 후기 책 몇 권에 단군 이야기가 나온다. 『청학집』, 『해동이적』, 『순오지』, 『동국역대총목』 같은 책들이다. 이들 책들이 무엇을 보고 단군 이야기를 넣었는지는 알 수 없다. 가령 『동국역대총목』에는 단군의 신하 가운데 팽오彭吳라는 사람이 있어서 국내 산천을 다스려 백성들의 주거를 안정시켰다고 한다. 하지만 조선 후기의 역사가 안정복은 팽오는 한나라 사람으로 『한서』 「식화지」에 등장하는데, 홍만종이 잘못 인용한 것이라고 비판하고 있다. 1925년에 나온 최영년1856~1935의

『해동죽지』에는 단군의 신하 중에 농업을 담당한 고시라는 사람이 있어서 농가에서 밥을 한 술 떠서 "고시레"라고 하면서 던진다고 말했는데, 고시레 혹은 고수레 전설은 이것 말고도 여러 가지가 있기 때문에 그냥 가져다 붙인 이야기일 가능성도 꽤 높다.

중국 측 책으로는 기원전 7세기에 만들어진 『관자』가 있고, 전국시대에 나온 『산해경』, 한나라 시대에 나온 『사기』, 『염철론』, 『회남자』, 『전국책』, 『방언』, 『한서』, 『잠부론』, 진나라 때 나온 『삼국지』, 『박물지』 등이 있다. 특히 주목할 것은 진나라 때 나온 『삼국지』다. 나관중1330?~1400이 쓴 소설 『삼국지연의』와는 다른 책이다. 이 『삼국지』가 지금은 전해지지 않는 『위략』이라는 책을 인용해서 우리나라 상황을 자세히 전하고 있다. 『위략』은 위나라 때 신하였던 어환魚豢이라는 사람이 쓴 것으로 알려져 있다. 그 외에 직접적으로 '조선'이라는 말은 나오지 않지만 고조선에 대한 상황을 유추할 수 있는 책들도 여럿 있다.

그러나 이것들을 모두 모아도 고조선의 역사를 재구성하기는 매우 어려운 것이 사실이다. 『관자』와 같은 경우 기원전 7세기에 만들어진 것은 사실이지만, 관자 즉 관중이 직접 쓴 책이 남아 있는 것은 아니고 후대에 편찬된 것이므로 여기 나온 것을 가지고 기원전 7세기 상황이라고 보면 안 된다고 엄격한 잣대를 대는 역사학자도 있다. 이러다 보니까 고조선의 역사를 전하는 책이 어디 있었으면 하는 바람을 안 가질 수 없었던 것도 사실이다.

그런데 『조선왕조실록』을 보면 고조선과 관련된 책 이름이 제법 많이 나온다. 세조 때 이 책들을 거둬들이라는 명도 내려졌다.

팔도 관찰사에게 유시하기를, "『고조선비사古朝鮮秘詞』·『대변설大辯說』·『조대기朝代記』·『주남일사기周南逸士記』·『지공기誌公記』·『표훈삼성밀기表訓三聖密記』·『안함 노원 동중 삼성기安含老元董仲三聖記』·『도증기 지리성모하사량훈道證記智異聖母河沙良訓』, 문태산文泰山·왕기인王居人·설업薛業 등 삼인 기록三人記錄,『수찬기소修撰企所』의 1백여 권卷과『동천록動天錄』·『마슬록磨蝨錄』·『통천록通天錄』·『호중록壺中錄』·『지화록地華錄』·『도선 한도참기道詵漢都讖記』 등의 문서는 마땅히 사처에 간직해서는 안 되니, 만약 간직한 사람이 있으면 진상하도록 허가하고, 자원하는 서책을 가지고 회사할 것이니, 그것을 관청·민간 및 사사에 널리 효유하라" 하였다.

이런 책들은 이후에도 지속적으로 찾는 책들에 속한다. 어떤 사람들은 세조가 이 책들을 수거해서 모두 불태웠다고 주장하는데 이는 사실이 아니다. 세조가 이런 책을 찾은 데는 두 가지 이유가 있었다. 저 책들 중에는 고대 역사를 다룬 것도 있지만 참언과 비법과 같은 허무맹랑한 미신을 담은 책들도 있다. 이런 책을 '도참서'라고 부른다.

미신은 사회를 어지럽히고 반역의 씨앗으로 작동할 수도 있다. 조선 후기에 가면 『정감록』에 의지해서 자기가 『성삼록』이 말하는 정도령이라고 주장하는 경우가 있었다. 왕조의 입장에서는 이런 책들은 백해무익한 것이라서 없애야 하는 것이다. 이미 태종 때 이런 책들은 불태우라고 명했다. 태종은 한나라 광무제와 같이 현명한 사람도 도참에 빠져서 후대에 비판을 받았다고 말하면서 이렇게 덧붙였다.

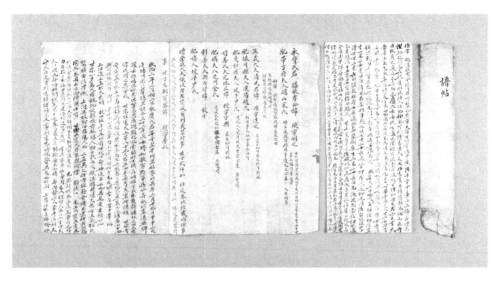

보첩譜帖

전주이씨全州李氏 영응대군永應大君(세종대왕의 8번째 아들)을 중심으로 한 가계家系 등을
기록한 문서다. 영응대군의 인적사항과 세종, 문종, 세조와의 일화 등이 적혀 있다.

"만약 참서를 불살라 버리지 않고 후세에 전한다면 사리를 밝게 보지
못하는 자들이 반드시 깊이 믿을 것이니, 빨리 불살라 버리게 함이 이씨
사직에 있어서 반드시 손실損失됨이 없을 것이다."

태종이 이렇게 말한 데는 배경이 있다. 한양으로 천도하고자 할
때 도참서에 기인해서 무악으로 가야 한다는 주장이 있어서 그것
을 물리치는 데 힘이 들었고, 설연이라는 중과 임형이라는 관리 등
이 도참서를 가지고 나라의 주인이 바뀔 것이라는 말을 하고 다니
기도 했었기 때문이다. 반란의 근거로 이용되는 책이니 당연히 없
애야 했던 것이다.

그렇다면 도참서가 아닌 고대 역사를 다룬 책들은 어떠했을까?
세조가 고조선의 역사가 있는 책을 찾고 있었던 것이 분명해 보이
기는 한다. 세조에게는 우리나라 역사를 자주적인 입장에서 서술

하고자 하는 욕망이 있었다. 그렇게 해서 편찬된 책이 『동국통감』이다. 세조 때 재상이었던 양성지1415~1482는 우리나라 사람이 우리나라 역사를 잘 모르는 것을 개탄하여 과거 시험 과목에 『삼국사기』, 『고려사』를 포함시키게 하고, 태백산, 묘향산, 구월산에서 단군의 치제를 지내도록 주장하는 등 민족적인 역사인식에 앞장섰다. 세조는 그의 영향을 깊이 받았다. 하지만 세조의 이런 노력은 유생들의 반대에 부딪쳐 이뤄지지 못했다.

『동국통감』은 성종 때가 되어서야 완성이 되었는데 세조의 의도와는 정반대로 성리학적 명분론에 입각한 역사서로 만들어지고 말았다.

춘추관에 있던 오래된 역사책들은 임진왜란 때 불타서 없어졌을 가능성이 높다. 이런 이유로 해서 고구려가 멸망할 때 고구려 역사책을 당나라 장수들이 모두 불태웠다고 생각하는 경우도 많다. 그랬을지도 모른다. 하지만 그런 증거는 없다. 그리고 찬란한 고구려 역사를 없애려고 일부러 그랬다는 것은 더욱 말이 되지 않는 발상이다. 고구려가 위대하다고 한들 나당연합군이 정복한 나라이므로 위대한 나라를 정복한 나라는 더욱 위대하다고 생각하게 되기 때문이다.

고조선의 역사를 엉터리로 전하는 책에는 어떤 것이 있을까?

『환단고기』, 『규원사화』, 『단기고사』, 『부도지』 같은 책은 모두 엉터리 역사책으로 근현대에 만들어진 것들이다.

제일 먼저 『환단고기』를 들 수 있다. 이 책은 1960년대 후반에서부터 만들어지기 시작해서 1970년대에 완성되어 1979년에 출간되었다. 9월 10일에 초판 100부가 만들어졌고, 12월 22일에 재판을 찍었다. 하지만 다 소량으로 세간의 주목을 끈 것은 아니었다.

아무런 주목도 받지 못했던 이 책은 1982년 7월 일본에서 번역 출판이 되면서 국내로 역수입이 되었다. 1985년에 세 종의 한글 번역서가 출간되었고 1986년에 『한단고기』라는 이름으로 번역본이 나와서 베스트셀러가 되었다.

1985년 6월에 가나출판사에서 나온 『주해 환단고기註解 桓檀古記 - 단군은 아시아를 통일했다』라는 책이 첫 『환단고기』 번역본이었다. 이 책을 번역한 사람은 광주농고의 국어교사였던 김은수였다. 김은수는 전남대학교 도서관에 들어온 가시마 노보루의 일역본 『환단고기』를 복사해서 그것을 토대로 번역을 했다.

김은수의 번역본이 나온 후에 강수원의 번역서가 온누리 출판사에서 1985년 11월 15일 나왔다. 강수원은 1916년생으로 전북 익산 남성고교의 국사 교사였다가 대종교 총전리, 삼일원장 등을 역임했다. 이 때문에 강수원의 책에는 대종교 총전교 권태훈(권태훈은 1980년대 일대 선풍을 일으킨 소설『단』의 실제 주인공이라 알려진 인물이다)의 격려사가 실려 있다. 강수원은 도쿄에서 공부하고 히로시마에서 원폭 피해를 입었던 인물로 일본어에 능숙했을 터라 가시마 노보루의 번역본이 나오자 참조하여 번역하였을 것으로 보인다. 강수원 자신도 가시마 노보루의 일역본을 참고했다고 밝히고 있다. 또한 가시마 노보루의 일역본 재판에 대종교를 소개하는 장문의 글을 실어놓기도 했다. 친분이 있었다는 이야기라 하겠다. 또한 이 책에는 뒤에 대종교 총전교가 되는 초대 문교부장관 안호상의 추천사도 붙어있다. 안호상은 1970년대 '국사찾기운동'을 통해 역사학계 매도에 앞장섰던 인물이기도 하다.

　1985년에 세번째로 나온 『환단고기』 번역서는 배달문화원에서 나온 임훈 번역의 『대한민족사 환단고기』이다. 이 책에는 한국 문단의 거장인 김동리1913~1995의 추천사가 들어 있다.

　이때 그동안 사람들이 잘 몰랐던 『규원사화』와 『난기고사』와 같은 책도 번역본이 나왔다.

　『규원사화』는 일제강점기인 1920년대에 등장한 책인데, 1972년에 고서심의위원회에서 조선시대 책이라고 감정하는 바람에 고서의 지위를 획득한 책이다. 하지만 책의 내용을 살펴보면 20세기 초에 만들어진 것이 분명하다. 이에 대해서는 2003년에 비공식적 감정에 의해서 일제강점기 때 필사되어 제본한 것으로 판단한 바도 있는데, 이런 내용도 잘 알려져 있지 않다. 빨리 학계에서 명확한 감정을 내려주었으면 하는 바람이 있다.

그러나 이런 감정이 필요 없이 이 책에는 1914년에 나온 단군을 신으로 섬기는 대종교 2대 교주 김교헌1868~1923의 『신단실기』에만 있는 부분을 그대로 가져다 쓴 부분이 있다. 물론 김교헌이 『규원사화』를 보고 『신단실기』를 쓴 것이 아니냐는 의문이 있을 수 있다. 하지만 이것은 성립할 수가 없다. 김교헌은 자신이 쓴 책의 참고도서를 모두 밝히고 있는데 『규원사화』는 들어 있지 않기 때문이다. 만일 김교헌이 『규원사화』를 보았다면 단군에 대한 사적을 눈에 불을 켜고 찾던 그가 『규원사화』의 단군 이름을 비롯, 그 놀라운 사적들을 전하지 않을 이유가 없다. 그런데 전하지 않고 있다. 결론적으로 김교헌은 『규원사화』라는 책을 알지 못했던 것이다. 김교헌은 1923년에 『신단실기』를 보완한 『신단민사』를 내놓는데, 여기에도 『규원사화』의 핵심적 내용인 단군 인명과 사적은 하나도 실리지 않았다. 10년이 지나도록 단군에 대한 이 중요한 사실이 단군을 섬기고 있는 대종교에 전달되지 않은 것이다.

『신단실기』에 있는 대목은 이렇다.

주신主神이 전 세계를 헤아릴 수 없는 지혜와 능력으로 통치함에 있어 그 형체를 드러내지 않고 최고로 높은 하늘에 앉아서 지상에 있는 자는 모두 소신小神으로 하여금 쫓게 한다. 또 부여족이 논하여 말하기를 종교는 하늘에 절하는 것이니라 했다. 『만주지滿州志』

출전으로 적은 『만주지』는 1889년에 일본제국 육군참모본부에서 내놓은 『만주지지滿洲地誌』를 가리킨다. 바로 이 내용을 『규원사화』는 '환인'이라는 말 하나를 보태서 똑같이 옮겨갔다. 혹시 여기서 『만주지』와 『만주지지』는 다른 책 아니냐고 반론할 수도 있을 것이다. 그런데 1911년에 나온 김교헌·박은식의 『단조사고檀祖事考』를 보면

1985년 6월에 최초로 번역 출판된 『환단고기』
가시마 노보루의 일역본을 한글로 번역했다.

같은 구절의 출전을 『만주지지』라고 달고 있어서 『만주지』와 『만주지지』는 같은 책이라는 것을 알 수 있다.

해당 구절은 일본 군부가 동시베리아 야쿠트족의 샤머니즘을 채록한 내용이다. 일본 군부는 왜 야쿠트족의 샤머니즘까지 채록한 것인가? 일본 군부는 한반도-만주-중국-시베리아 등을 점령할 광대한 야망을 가지고 이들 지역에 대한 사전 조사 중이었고 그것을 모아서 책으로 내놓았던 것이다.

『단기고사』는 발해를 세운 대조영재위 698~719의 아우 대야발이 8세기에 편찬한 책이라고 주장하는 위서다. 하지만 실제로는 1959년 국한문본으로 발간된 책이 첫 책이다. 이 책에는 근대 철학과 근대 과학 이론, 발명품까지 수록되어 있어 누가 읽어도 엉터리 역사책이라는 것을 알 수 있다.

이런 엉터리 책 중에 『부도지符都誌』라는 것도 있다. 『부도지』는 신라의 박제상이 쓴 『징심록澄心錄』이라는 책의 일부분이라고 주장하는 위서다. 이 책을 보면 4~5세기경 인물인 박제상이 7언절구의 한시까지 짓고 있는 등 5~6세기경 금석문을 보면 알 수 있는 신라인의 한문 실력을 능가하는 문장으로 구성되어 있다. 세종대왕이 훈민정음을 만들 때도 『징심록』에서 근본을 취했다고 주장하는 등 어처구니없는 내용이 가득하다.

『부도지』의 '부도'는 천부天符의 도시라는 뜻으로 환웅의 아들 임검이 건설했다고 나온다. 『부도지』는 마고-궁희-황궁-유인-환인-환웅─임검─부루─ 읍루로 권력이 이어지며 황궁 이후 7천 년을 7명이 다스렸다고 이야기한다.

그 후 상나라 기자가 망명해와서 핍박하는 바람에 동해안 쪽으로 쫓겨난 이들이 새로 나라를 만드니 그것이 삼국이다. 이후의 이야기는 신라가 외세에 맞서 천부의 도를 지키기가 얼마나 어려웠는가에 대한 것이다. 즉 이 책은 결국 한민족의 몰락을 차례차례 기록한 책이다.

책의 지은이를 박제상이라고 해놓으니 그 후의 역사는 기술할 방법이 없었다. 그래서 이 책은 난데없이 김시습을 불러내서 『징심록추기』라는 글을 덧붙여놓았다. 이 김시습의 글에서 박씨 가문은 김유신, 왕건, 강감찬, 세종대왕에게까지 지대한 영향을 끼친 것으로 나온다.

이런 엄청난 역사의 비밀을 밝히는 책이지만, 『환단고기』와 마찬가지로 『부도지』도 원본이 없다. 북한에 원본인 『징심록』을 두고

오는 바람에 박금朴錦, 1895~1969이라는 사람이 어려서부터 보았던 기억을 되살려『징심록』 중 한 편인『부도지』를 복원했다고 주장하고 있다.

전 세계적인 위서의 패턴이 대체로 저렇다. 원본은 이미 사라졌고, 원본을 본 사람이 기억에 의존해서 복원했다고 주장한다. 그래야 나중에 모순이 밝혀져도 기억의 착오 때문이라고 변명할 수 있기 때문이다.

위서가 만들어지는 흥미진진한 이야기가 나오는 소설이 있다. 움베르토 에코의 소설 『프라하의 지하묘지』에서는 세계적인 위서 『시온 장로들의 프로토콜』(일명 『유대인 의정서』)가 만들어지는 내용이 생생하게 나온다.

동이는 한민족을 가리키는 말이 아니다

서양 사람이 모두 같은 민족이 아닌 것처럼, 동이도 여러 종족과 민족이 혼합되어 있다.

인터넷에 보면 동이를 우리 한민족을 가리키는 말로 소개하는 것을 흔히 볼 수 있다. 거기에는 이런 논리가 항상 곁들여져 있다.

동이의 이夷는 대궁大弓의 결합자이다. 활을 잘 쏘는 동방 민족을 가리키는 글자다.

위 말은 후한 때 만들어진 『설문해자』121년에 나온다. 『설문해자』는 최초의 한자 사전이다. 그래서 매우 그럴 듯한 설명처럼 보인다. 하지만 사실이 아니다. 갑골문과 금문에서 이夷는 사람이 허리를 앞으로 굽히고 쪼그리고 앉아 있는 형태로 시尸와 인人과 비슷한 글자로 나타난다. 이 글자가 동이족을 뜻하게 된 것은 전국시대 중기 이후로 알려져 있다. 즉 글자가 먼저 있었고, 그 뒤에 동이족을 가리키는 글자로 사용되기 시작한 것이다.

중국의 동부 해안가(그러니까 우리가 부르는 서해 연안)에는 동이족이 살았다. 이들 동이족을 우리 일족이라고 주장하는 경우가 있다. 사실 이 부분은 교과서에서도 동이족의 영향권 운운하는 말로 소개되곤 했다. 하지만 이들은 우리와는 상관이 없는 사람들이다.

이렇게 생각하면 된다. 우리는 서양 사람들을 보면 그냥 미국 사람이라고 생각하는 경향이 있지만 서양 사람에는 유럽인도 있다. 유럽인도 그냥 하나로 묶어서 이야기할 수는 없다. 영국인, 프랑스인, 독일인, 이탈리아인이 다 다르기 때문이다. 해외에서 한중일 사람들을 보고 다 싸잡아서 중국인이라고 말하면 어떻게 되는가?

동이라는 말은 고대 중국인들이 자기들 이외에 동쪽에 사는 사람들을 가리킨 일반 명칭이었다. 처음에는 자기들과 가까운 동쪽 해안가 쪽의 사람들을 동쪽 오랑캐, 즉 동이라고 불렀는데, 세월이 지나 이들을 모두 흡수통합한 뒤에는 더 동쪽의 사람들을 동이라고 불렀다. 즉 우리나라 고대 국가들도 이때 동이가 된 것이다. 당연한 이야기지만, 이들은 일본도 동이라고 불렀다. 반면 우리 민족의 일파로 생각하는 발해와 같은 경우는 동이가 아니라 북적이라고 해서 다른 범주 안에 넣기도 했다.

역사학계에서는 처음의 동이를 '선진시대 동이'라고 해서 그 후의 동이와는 구분하고 있다. 선진시대라는 것은 진시황의 진나라 이전을 가리키는 말이다.

공자가 『논어』에서 구이九夷에 가서 살고 싶다는 말을 한 적이 있다. 여기에 이夷가 나오니까 공자가 우리나라에 와서 살고 싶어 한 것이라고 해석하는 경우가 많다. 그런데 이는 사실이 아니다. 공자

이夷를 설명한 『설문해자』

중국 후한의 학자 허신許愼이 썼다.

는 중국 동해안 쪽에 사는 그 이夷에 가서 살고 싶다고 한 것이다.

중국 역사책에는 동이에 대한 이야기가 많이 나온다. 상나라가 동이가 세운 나라라는 말이 대표적이다. 물론 이때 나오는 동이도 모두 지금의 우리와는 상관없이 중국에 흡수된 그 동이를 가리키는 말이다.

북경대 교수 출신으로 중국 분리 후 대만대 총장을 역임한 푸스넨傅斯年이라는 역사학자가 있다. 대표적인 저작으로 『이하夷夏 동서설』이 있다. 이족과 하족이 동쪽과 서쪽에서 대립했다는 것인데, 우리나라의 엉터리 유사역사가들은 이족을 우리와 같은 것으로 보고 이 책을 좋아했다. 하지만 푸스넨이 말하는 이족은 우리와는 상관이 없다.

푸스넨은 동서로 대립한 이족과 하족 모두 중화족의 일족이며, 현 중국의 모든 영역이 중국 것임을 증명하려 했다. 이후 고고학의 발전으로 푸스넨이 주장한 이족과 하족의 대립은 성립하지 않는 것으로 판명났다. 그런데 이렇게 폐기된 푸스넨의 학설을 중국 쪽의 유사역사가들과 우리나라의 유사역사가들이 다시 끄집어냈다. 서로 정반대의 목적을 지닌 중국과 우리나라의 유사역사가들이 입을 모아 푸스넨의 말이 자기네의 주장을 뒷받침한다고 주장하는 셈이다. 코미디가 따로 없다.

중국 쪽의 유사역사가들은 이족은 중화의 한 갈래이므로 한민족이 상나라의 후손이기 때문에 다 자기네 족속의 한 부류에 불과하다고 주장하고 기자가 조선으로 간 것이 바로 상나라 고향으로 간 것이라고 말한다.

푸스넨은 1931년 만주사변이 일어나자 역사학을 '구국의 역사학'으로 탈바꿈시키고 오늘날 동북공정의 단초가 되는 『동북사강東北史綱』을 내놓았다. 그리고 비분강개한 어조로 "서생들은 어떻게 조국에 헌신해야 할 것인가"라고 물었다. 이들은 만주 지역이 본래 중국의 영토였다는 점을 증명함으로써 구국을 위해 역사가들이 책임을 다해야 한다고 생각했다.

오늘날 중국에서 만주 지방을 동북 지방이라 부르는 것도 푸스넨의 제안에 의한 것이다. 그는 선사시대부터 만주에 중국인들이 거주했다고 주장했다. 만주는 본래부터 중국의 영역이었다는 푸스넨의 주장이 바로 중국이 역사를 왜곡하고 있는 동북공정의 논리와 동일하다. 그는 고구려와 삼한은 종족이 다르며, 상나라의 후예인 고구려가 중국의 품으로 돌아왔다고 주장하기 때문이다.

일반 명사였던 동이를 우리나라를 가리키는 고유명사로 파악하면 중국의 논리가 맞다고 주장하는 꼴이 되고 만다. 동이라는 말자체가 '동쪽의 오랑캐'를 가리키는 것으로, 중국이 자신들을 가운데 놓고 상대적인 위치로 다른 나라를 파악한 것이다. 이렇게 남이 정해준 말로 자신을 정의하려고 하는 일 자체가 우스운 일이다.

설령 이夷라는 말이 좋은 의미를 갖고 있다고 해도 소용없다. 일제강점기 때 일본에서는 멸시의 호칭으로 '조센징'이라는 말을 썼다. 그 말만 놓고 보면 그냥 조선인朝鮮人일 뿐으로 말 자체에는 아무 멸시의 의미가 없다. 그렇다고 우리가 조센징이라는 말을 멸칭이 아니라고 할 수가 있을까?

중국 사서에서는 이미 『삼국지』부터 동이전에 '왜倭'를 넣고 있다. 그럼 우리와 일본은 같은 민족인가? 『구당서』는 발해를 북적 편에 넣고 있다. 그러면 발해는 동이가 아니므로 우리 민족과는 관련이 없는 나라인가? 동이라는 단어에 매달리는 순간, 우리는 중국의 전통사가들이 규정한 한계 안에서 역사를 바라보게 되는 우를 범하게 된다.

한자는 여러 차례 변형이 가해졌다. 그러다 보니 전혀 관련 없는 글자들이 모여서 최초의 형태를 흉내 내기도 한다. 夷도 그런 글자에 해당한다. 무력의武도 원래는 창을 들고 앞으로 나아가는 모습을 형상화한 것이지만, 『설문해자』에서는 그칠 지止와 창 과戈가 합해진 글자로 보아서 '창을 멈추게 하는 것이 무武이다'라고 설명한다.

맥락 없이 등장한
'배달의 민족'

'배달'이라는 말은 그리 오래된 말이 아니다.

우리는 누구인가? 배달의 민족이다.

이런 말을 흔히 들을 수 있다. 배달을 물건을 배달하는 것과 일치시킨 업체도 있을 정도다. 그런데 배달의 민족이란 정말 고대로부터 내려오는 말인 것일까? 그렇지 않다.

신채호의 『조선사연구초』에 있는 '전후삼한고'에 배달이라는 말에 대한 이야기가 나온다.

최근 어윤적魚允迪이 지은 『동사연표東史年表』의 『계림유사鷄林類事』에 이르기를 단檀은 배날倍達, 국國은 나라那羅, 군君은 임검壬儉이라 하여 단군을 배달 나라 임금(검)이라고 풀이하였다.

어윤적1868~1935의 『동사연표』는 어떤 책일까? 1915년에 펴낸 책으로 단군 1년부터 1910년까지를 대상으로 하고 있는데, 상단에 단군기원·간지·한국의 역대기원歷代紀元을, 하단에 중국의 역대기원, 일본의 기원, 서력기원을 함께 기재하여 연대를 구분하고 있다. 고조선부터 신라까지가 328면이나 차지하고 있어 저자가 고대사 부분에 중점을 두고 있음을 알 수 있다.

신채호는 『동사연표』를 뭐라고 평가했을까? 이렇게 말했다.

그러나 『계림유사』는 이미 잃어버려 없어지고 오직 도종의의 『설부』에 게재한 고려의 말 몇 마디뿐이 남아 있는데, 여기에 그런 말이 없으니, 그 저자가 어디에서 이를 인용하였는지 갑자기 믿기 어렵다.

즉, 어윤적의 말은 저 혼자 주장하는 것에 지나지 않는다는 것이다. 실제로 그렇다.

배달이라는 말이 등장하는 가장 오래된 문건은 대종교의 『단군교 포명서』다. 이 글은 1904년에 만들어진 것이라고 하는데 실제 세상에 알려진 시기는 1909년 1월 15일이라고 한다. 이 문건에서는 배달이란 '조광祖光'을 뜻하는 것이며, 조광 즉 조상의 광휘가 변하여 조선朝鮮이라는 말이 되었다고 주장하고 있다.

배달은 아니지만 비슷한 말이 나오는 책이 있다. 바로 『규원사화』다. 『규원사화』에는 단군의 단檀이 박달朴達 혹은 백달白達이라고 나와 있다.

단군이란 박달 임금을 번역한 것이기 때문에 단군이라 한다. 대개 신시 씨가 단목 아래에 내려오고 환검 신인이 다시 단목 아래에서 임금의 자리를 이어 받았기 때문에 단檀으로써 나라 이름을 삼은 것이며 단군이란 단군의 임금이라는 뜻이다. 우리 말에 단이란 박달朴達이라고도 하며 혹 백달白達이라고도 한다. 그리고 임금君을 임검이라 하는데 당시에는 한자가 없어서 백달 임검이라 한 것이다. 그러나 후세에 역사를 쓴 역사가가 단군이라 적었고, 그후 단군이라고만 전해져, 단군이 백달 임검임을 모르게 되었다.

그런데 『규원사화』에 나오는 '박달'이라는 말은 단군을 설명하는 말일뿐, 『규원사화』는 그것을 나라 이름이라고 주장하지 않았다.

그렇다면 『단군교 포명서』 다음에 '배달'이 언급된 문건은 무엇일까? 위에 이야기한 어윤적의 『동사연표』보다 먼저, 1914년에 나온 김교헌의 『신단실기』에 '배달'이라는 말이 등장한다.

나라 이름은 단檀이라 했으며 배달倍達이라 불렀다.

이 책에는 "단군이 다스리던 때에 백성들이 단檀을 배달이라 일컬었는데, 지금은 음이 변하여 박달이라고 하며, 배달의 뜻은 '배'는 조상이라는 뜻이고, '달'은 빛남輝을 가리키는 것이라 으뜸 조상의 빛이 천하를 비친다는 뜻이 된다"라는 주장을 편다. 심교헌의 '배달' 풀이는 『단군교포명서』와 동일하다. 물론 김교헌의 글에 출처는 전혀 등장하지 않는다. 그다음으로 배달이 언급된 책이 최남선의 『계고차존稽古劄存』으로, 1918년에 쓴 글이다. 최남선은 배달을 백산이라는 의미로 풀고 있는데, 최남선 역시 이 말이 등장한 출전은 전혀 밝히고 있지 않다.

신채호(1880-1936)
독립운동가, 사학자. 한국의 역사학은
신채호로부터 시작되었다고 해도 과언은
아닐 것이다.

신채호는 '배달' 자체를 부인하고 있다. 앞서 본 바와 같이 어윤적이 들고 나온 '배달'에 대해 "믿기 어렵다"라고 말하고 있을 뿐만 아니라 『조선상고사』에서도 단군을 단군檀君이라고 써서 나무목변의 단檀은 아예 쓰고 있지 않다. 신채호는 단군을 수두 하느님의 의역이라고 주장했다.

지금까지 살펴본 바에 의하면 일제강점기에 등장한 배달이라는 말은 세 가지로 풀이되었다는 것을 알 수 있다.

김교헌 –　　　배달은 '조상의 빛남'을 뜻하는 말

최남선 –　　　배달은 '백산'을 뜻하는 말로 후대에 '박달나무'로 잘못
　　　　　　　생각하게 되었음

『규원사화』– 　배달은 '박달나무', '백달나무'에서 온 말

배달이라는 말은 대종교에서 나온 것이다. 단군檀君이라는 이름이 그다지 그럴듯해 보이지 않아서 신비로움을 더하고자 이 용어를 만들어 좋은 뜻을 집어넣은 것 같다. 거기에 고전에 밝은 최남선이 좀 더 그럴듯한 설명을 만든 것 같다.

김교헌은 이후 배달을 조휘祖輝, 빛라는 뜻으로 해석하지 않았다.

어윤적이 낸 『동사연표』에서 난데없이 『계림유사』를 꺼내서 배달의 어원으로 삼았는데, 이것이 후일 두고두고 해독을 끼쳤다. 이 때문에 신채호는 배달이라는 말을 부인하며 근거 없음을 탓했던 것이다.

『환단고기』를 세상에 내놓은 이유립은 배달을 "삼신 하늘님이 베어주신 땅"이라는 뜻의 '배어달'에서 생겨난 말이라고 주장했다.

논란만을 불러일으킨
한사군이라는 말

한사군은 1년 정도 존재했다가 사라졌다. 그 후 세 개 또는 두 개로 존재했고
어떨 때는 고조선의 영토 밖에서 존재했다. 낙랑군이 오랫동안 지속되었지만
낙랑군이 한나라가 만든 4개의 군이라는 뜻의 한사군 자체가 될 수는 없다.

한나라는 위만조선의 땅을 크게 네 개로 나누어 군현을 설치하고 항복한 대신들에게도 상을 내렸다. 이 사람들은 고향인 조선 땅을 떠나서 중국 안에서 살게 되었다.

전쟁은 위만조선의 멸망과 왕검성의 함락으로 끝났지만 한나라 입장에서 만족스러운 전쟁은 아니었다. 좌장군 순체는 돌아온 뒤에 함부로 공을 다투고 질투 때문에 계책을 잘못 쓴 죄로 시장통에서 목이 잘리는 형벌을 받았다. 누선장군 양복도 첫 전투에서 좌장군을 기다리지 않고 멋대로 혼자 전투에 나섰다가 진 죄 때문에 사형을 받아야 했지만 속전을 내고 평민이 되어 살아남을 수 있었다. 한나라 때는 죽을죄를 지어도 보석금을 내면 살려주는 법이 있었다. 전쟁은 한나라의 승리로 끝났지만 장군 중에서 공을 인정받은 사람은 없었다. 위산과 공손수, 순체 모두 사형당할 정도로 한나라는 큰 실패를 한 전쟁이었다. 고조선의 옛 땅에 설치된 한나라의 군현도 낙랑군 이외에는 금방 폐지되거나 옮겨가고 말았다. 그 땅

에 살던 사람들의 반발을 이기지 못했던 것이다.

이때 설치된 한나라의 군현을 일반적으로 한사군漢四郡이라고 부른다. 말로만 보면 한나라의 군현 4개라는 뜻이어서 아무 의미도 없다. 정확히는 '한무제가 고조선을 멸망시키고 그 땅에 설치한 4개의 군'을 줄여서 부르는 말이다. 그러나 이와 같은 정의도 여전히 부정확하다. 왜냐하면 우리나라 역사에서 한사군이라 함은 그 후 지속된 낙랑군의 역사를 포함하여 꽤나 오랫동안 지속되었던 중국의 지배라는 의미로 사용되는 경우가 대부분이기 때문이다. 원래 이 용어는 『사기』 「조선열전」에 나오는 것이다.

마침내 조선을 정벌하고 4군을 만들었다遂定朝鮮, 爲四郡.

그런데 한사군은 이름처럼 네 개가 있던 시기가 무척 짧았다.

기원전 108년 한나라는 낙랑, 임둔, 진번의 3개군을 설치했다.

기원전 107년 현도군을 설치해서 이른바 한사군이 완성되었다.

기원전 75년 현도군, 혼하 쪽으로 옮겨갔다. (본래 위치의 역할은 상실했다.)

기원전 82년 임둔과 진번은 폐지되었다. 대신 낙랑군 동부도위가 설치되었다.

30년 낙랑군 동부도위가 폐지되었다.

204년 대방군이 설치되었다.

이렇게 한사군의 설치 및 폐지 시기는 다양하다. 따라서 이들을 한사군이라는 이름으로 묶어내는 것은 역사적 사실과도 맞지 않는다. 뿐만 아니라 이들을 한의 정치조직 단위인 군郡으로 부르게 되면 중국의 군현적 지배형식, 즉 황제 권력에 의한 직접적 지배를 연상시키면서, 바로 식민지 운운하는 국수주의적 사고까지 불러일으키게 된다.

한반도 및 요동에 설치된 한군현이 중국 본토의 일반적인 한군현이 아니라는 연구는 많이 제출되어 있었지만, 다들 적절한 용어를 찾아내지 못했다. 그래서 그냥 군현의 개별적인 이름인 낙랑, 현도 등으로 부르던가, 아니면 한군현 정도로만 불렀던 것이다.

유사역사가들은 한, 위, 진으로 나라가 세 번이나 바뀌는 동안 한사군이 유지되는데, 이런 법이 세상에 어디 있냐고 목소리를 높인다. 애초에 나라가 바뀌는 것과 영토의 유지는 아무런 관련도 없는데도 이렇게 둘을 묶어서 이야기를 하면 대체 어떤 대답을 해야만 할지 알 수가 없게 된다. 유사역사가들의 머릿속에는 중국의 왕조는 본국, 한사군은 식민지라는 사고가 들어 있기 때문에 본국에 이상이 생기면 식민지를 유지할 수 없을 것이라는 막연한 추정으로 이야기하고 있을 뿐이다.

진시황 이래 중국은 황제 1인이 모든 사람을 지배하는 '황제 지배 체제'를 구현하고 싶어 했다. 지방 관리들은 황제의 대리인으로 권력을 행사할 뿐 그 자신은 권력자가 아니어야 했다. 그래서 진시황 때는 지방에 '왕'이 아예 존재하지 않았다. 그러나 이상과 현실에는 어느 정도 차이가 있게 마련이다.

현도군의 이동 표시

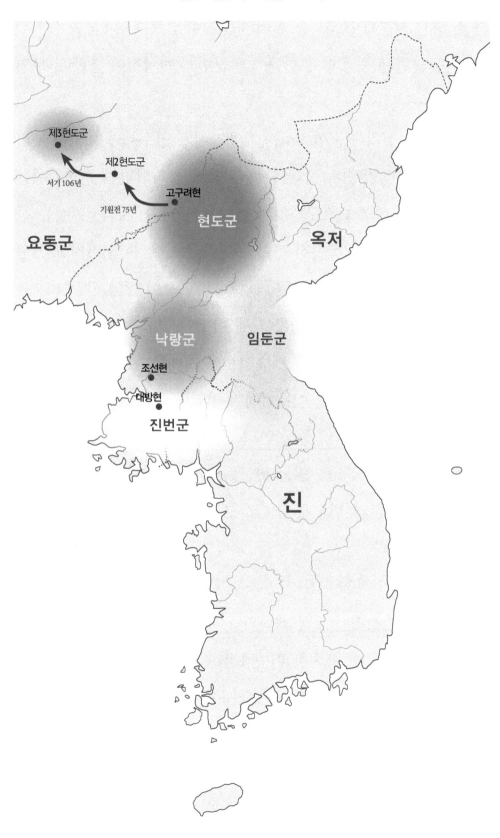

한무제는 남으로 월남 지역에 9군, 서남이 지역에 5군, 흉노의 하남, 하서 지방에도 군현을 설치하였으며, 요동에도 4군을 설치했다. 이들 군현은 중국 안에 만들어진 군현과는 성격이 달랐다. 무엇이 달랐는가?

중국 안에 설치된 군현에서는 개개인에게 인두세와 요역을 부과하고 병역을 징발했다. 그러나 중국 밖에 설치되었던 군현에서는 인두세, 요역, 병역을 요구하지 못했다. 더구나 이 지역들에서는 한의 법률로 통치가 이루어진 것이 아니라 그들이 본래 가지고 있던 풍속, 즉 고속故俗을 허용하고 있었다. 이 말은 이 지역 사람들의 통치가 그들의 지도자추장, 군장에 의해 이루어졌다는 이야기다. 황제의 대리인인 관리가 인민을 개별적으로 지배한다는 황제지배체제는 중국 밖의 군현에서는 이루어지지 않았다.

그런 이유로 전통적인 중국 안의 군현을 내군內郡이라 부르며, 중국 밖의 군현은 외군外郡, 또는 변군邊郡이라 불렀다. 한무제 당시의 중국인들도 내군과 변군을 구분하고 있었으며, 변군을 중국이라 생각하지 않았다.

변군은 중국인과는 다른 이민족들이 사는 땅이었다. 변군에서는 원래 그곳을 다스리던 토착 세력의 지배 형태가 유지되었다. 이 점에 주목해서 중국에 복속한 이민족을 전담하는 군을 변군 중에서도 '내속군'이라며 다시 분류하는 역사학자도 있다.

중국의 군현을 내군, 변군, 내속군 등등으로 불렀다는 이야기를 처음 들어보는 사람들이 많을 것이다. 한 국가의 통치체제에 대한 연구는 복잡하고 어렵다. 그런데 어렵게 진행해 쌓아온 오늘날 역사학계의 연구는 거들떠보지도 않고 반세기 이전인 6~70년대의 이병도 학설 같은 것만 가지고 와서 "역사학계는 기존의 학설만 되풀이한다"고 매도하는 사람들이 있다.

한나라가 위만조선을 멸한 뒤에 한사군을 만들었다는 이야기에서 쉽게 한사군이라는 말을 써왔지만 역사의 실체에도 맞지 않는 이 용어는 굳이 사용할 필요가 없다.

낙랑군은 400년 넘게 존재했다. 영남대 권오중 교수는 낙랑군의 역사를 6단계로 나누어서 설명한다. 낙랑군은 멸망할 무렵에는 군현으로서의 기능은 거의 상실하고 주거 집단으로 존재했을 것이라고 말한다.

사서와 유물이 증명하는 낙랑의 위치

낙랑군은 평양에 있었다. 고구려 공격으로 멸망한 후에 요서 지방에 새로 설치되었는데, 이런 것을 역사 용어로는 '교치'라고 부른다.

유사역사가들 중에는 낙랑이 평양 일대에 있지 않았고 요서 지방에 있었다고 주장하는 경우가 있다. 이런 주장의 의도는 고조선이 멸망하지 않았다는 것을 이야기하려고 하는 데 있다. 요서 지방의 일부가 위만에 의해서 점령당했고 그게 위만조선이 되었다가 나중에 한나라가 여기를 쳐서 차지했다는 시나리오에 맞추기 위해서다. 그러나 이런 주장은 고고학적 증거와 일치하지도 않고 근거로 삼는 문헌들 같은 경우도 '교치'라는 고대의 현상을 이해하지 못해서 생긴 일이다.

낙랑군이 고구려에 의해 멸망한 다음에 많은 낙랑인들이 요서 지방으로 도망을 쳤다. 그곳에 새로이 정착해서 낙랑군이라는 이름을 받았다. 비유하자면 영국에서 건너온 사람들이 새로운 요크를 건설하고 뉴욕이라고 이름을 붙인 것과 비슷하다. 이렇게 다른 곳에 있던 군현을 이동해서 새로 설치하는 것을 교치라고 부른다. 시간 순서를 따져보면 명확하게 알 수 있는 것을 일부러 시간 순서를 보여주지 않고 여기에 낙랑이라는 지명이 있으니까 여기가 낙랑이다라고 주장하는 것이다.

그리고 한문 해석을 이상하게 하는 사람들이 있다. 『사기』 「조선열전」에는 한나라가 사군을 만들었다는 내용 바로 다음에 고조선에서 항복한 사람들의 논공행상이 실려 있다.

마침내 조선을 정벌하고 4군을 만들었다. 참**니계상 참**參을 해청후灄淸侯에, 음**조선상 한음**韓陰을 추저후萩苴侯에, 협**장군 왕겹**王唊을 평주후平州侯에, 장**우거 왕 아들 장**長을 기후幾侯에 봉했다.

이들은 낙랑, 현도, 임둔, 진번은 존재하지 않으며 저 네 사람이 받은 지방이 바로 한사군이라고 주장한다. 그러면서 이 영역이 바로 위만조선의 영역이라고 말한다. 그런데 애초에 이 말은 성립할 수가 없다. 왜냐하면 제후로 봉해진 고조선 사람은 네 명이 아니라 다섯 명이기 때문이다. 저 문장 뒤에 그 내용이 바로 붙어 있다.

최最는 죽은 아비 **조선상 노인**路人가 세운 공으로 인해 열양후涅陽侯가 되었다.

이 사람들의 제후 신분은 거의 다 금방 폐지되었다. 따라서 이런 주장은 일고의 가치가 없는, 그야말로 사료를 읽을 줄도 모르는 말장난에 불과하다.

낙랑군에 대해서는 낙랑군 호구부가 발견된 후 연구에 많은 진

낙랑군의 축출

낙랑군은 313년에 고구려 미천왕에게
축출된 후 요서지방에 새로
설치되었다.

두만강

백두산

북한강

한강

대동강

압록강

청천강

낙랑군
조선현

동요하

혼하

요하

태자하

낙랑군의 이전

서요하

교래하

대릉하

소릉하

시라무렌강

난하

갈석산

북평

조백하

해하

노룡하

북경

전이 있었다. 낙랑이 평양 지방에 없었다면 대체 낙랑의 인구 조사 기록인 호구부가 왜 거기서 발굴이 되었겠는가? 그런데도 일제가 이것을 일부러 숨겨두었다는 입이 딱 벌어지는 음모론까지 나오고 있는 실정이다. 조작을 하려면 그때 하지, 발굴될지 안 될지 모르는 것을 묻어둔다는 것은 정말 말이 안 되는 이야기다.

낙랑군 호구부는 기원전 45년의 조사 결과를 기록하고 있다. 여기에서 낙랑 인구 중 토착민과 한족의 비율을 알 수 있다. 토착민, 즉 고조선 사람들은 28만여 명, 한족은 3만8천여 명이 된다. 고조선 때는 고조선 사람과 한족 사이에 차별이 없었지만 동방변군이 설치된 이후에는 차별이 발생했다고 한다. 호구부는 한족을 새로 고조선으로 온 사람들로 보고 있다. 그전에 고조선으로 넘어온 사람들은 고조선 사람으로 파악했을 것이다. 한나라 입장에서 보면 나라를 버리고 도망친 반역자들이기도 하다. 즉 낙랑군의 인구 중 86퍼센트는 원래 고조선 사람들로 볼 수 있다.

그렇다고 해서 한족이 고조선 사람을 지배하는 종족 지배적 현상을 호구부가 보여주는 것이냐 하면 그렇게 파악하고 있지는 않다. 왜냐하면 이들은 모두 호구부에 같이 기록된 사람들로 노예와 같은 존재로 취급되고 있는 것이 아니기 때문이다. 호적에 고향을 적어 넣는 수준과 비슷한 것이다. 이들 모두는 한나라의 주민으로서 대접을 받은 셈이다. 낙랑군 호구부를 보면 조선현의 인구가 월등히 많다. 그것은 조선현이 왕검성 혹은 그에 준하는 큰 도시였다는 것을 의미한다.

이처럼 낙랑의 인구는 거의 대부분 고조선 사람들로 구성되어

평양 시내에서 출토된 수막새
"낙랑예관"이라는 글자를 문양과 함께 새겨 넣었다. '예관禮官'은 낙랑에 있는 관직의 이름 중 하나다.
낙랑시대는 우리나라에 처음으로 기와가 전래되어 온 시기이기도 했다.

있었다. 그렇다면 낙랑의 역사를 우리는 우리의 역사가 아니라고 할 수 있을까? 일제강점기 때 조선에 살던 일본인이 2.5퍼센트 정도였는데 이들이 지배했다고 해서 식민지 조선의 역사를 우리 역사가 아니라고 할 수는 없는 것과 마찬가지일 것이다.

낙랑은 평양에 있었다. 이는 낙랑군 호구부 외의 유물로도 알 수 있다. 평양 지방에서 출토된 기와에는 낙랑이라는 글자가 적혀 있다.『삼국지』에는 여러 지명과 나라들이 어떻게 연결되어 있는가를 설명하고 있는데 그 설명을 따라가도 지금의 평양에 낙랑군이 있었다는 것은 분명하다. 사서와 유물이 모두 낙랑군의 위치를 증명하는데도 자꾸만 낙랑군이 다른 곳에 있었다고 말하는 것은 다른 속셈이 있기 때문이라고밖에 볼 수 없다.

그것은 우리 민족이 고대에 강력한 나라를 가지고 있어서 아시아 일대를 지배했다는 국수주의적 망상이다. 이런 현상은 뿌리 깊은 역사에 대한 열등감에서 비롯한 것이다. 과거 우리나라가 비참한 상태에 놓여 있었던 적이 있다. 6.25 이후 폐허가 된 나라에서 우리는 왜 미국이나 일본처럼 잘 살지 못하는가 하는 한탄을 하던 때가 있었던 것이다. 그리고 이런 열등감 아래서 유사역사학이 싹터 올랐다. 오늘날 우리는 세계 선진국의 대열에 올랐음에도 불구하고 유사역사학으로 그동안 돈을 벌어온 집단은 여전히 우리를 열등한 상태로 몰아넣고 강대한 과거라는 허구를 만들어내고자 하고 있다.

역사는 흘러간 과거다. 과거를 통해 우리는 미래의 방향을 찾을 수 있다. 그것으로 역사의 효용성은 다한 것이라고 할 수 있다. 그런데 저 먼 과거의 원한을 찾고 그것에 기반해 현재의 역사를 이끌어가려고 하는 것은 너무나 위험한 일이다.

후한 건국 초기에 낙랑인 왕조가 반란을 일으켰다. 왕조는 25~30년의 5년 동안 낙랑을 지배했다. 후한의 광무제는 결국 군대를 보내 왕조를 토벌했다. 이때 상당수 낙랑인들이 남쪽 지방으로 피신했을 것이다.

삼한이라는
미스터리

마한은 언제 멸망했을까? 이 질문에서 조심해야 하는 것은 마한을 단일한
국가로 생각하면 안 된다는 점이다.

고조선의 마지막 왕 준왕이 바닷길로 달아나 한에 가서
한왕이라고 했다. 『후한서』에는 준왕이 자기 무리 수천 명으로 마
한을 공격하여 쳐부수고 한왕이 되었다고 나온다. 그런데 이 준왕
의 행로에 대해서는 사서마다 조금씩 다른 모습을 보이고 있다.

어떤 곳에서는 '바다 가운데'라고 나오고 어떤 곳에서는 '한나라
땅'이라고 나온다. 『박물지』에서는 '선국鮮國'을 세웠다고 나오기도
한다(하지만 『박물지』는 연나라가 조선을 정벌했다는 부정확한 이야기를 한다).
어쩌다 이렇게 다양한 전승이 생겼을까?

또한 준왕 이후에 위만조선의 역계경이 위만조선을 떠나서 진국
으로 갔다는 기록이 있었다. 이 때문에 고조선 남쪽에 무엇이 있었
는지는 오리무중에 빠져 있는 셈이 되었다. 남쪽에 진국이 있고 진
왕이 목지국을 다스렸다는 이야기가 있는가 하면, 준왕이 마한을
점령하고 한왕이 되었다는 기록도 있다. 그리고 '한'이라는 나라는
마한, 진한, 변한을 모두 일컫는다고도 생각할 수 있고, 변한은 변

진이라는 이름으로도 불렸다는 것을 알 수 있다. 이렇게 되니까 이 남쪽 땅에는 진국, 한국, 마한, 진한, 변한, 변진 등등의 복잡한 형태가 존재한 셈이 된다. 마한, 진한, 변한의 경우에도 진한과 변한은 잘 구분이 되지 않는 곳으로 함께 기술되기도 했다. 『삼국지』에서는 나라 이름도 한꺼번에 섞어서 기록을 했다.

또 하나의 문제는 이들 삼한의 여러 나라가 있었다는 때가 『삼국사기』에 따르면 이미 신라, 고구려, 백제의 삼국이 존재한 때였다는 점이다. 삼한의 나라 이름 중에 백제국, 사로국이 있는데 이들 나라가 뒤에 백제, 신라가 된 것은 분명하다. 따라서 『삼국사기』는 당시 여러 소국들에 대해서는 잘 기록하지 않았다는 이야기가 된다. 즉 삼국시대 초기는 삼한시대이기도 했다는 것이다.

마한으로 고조선의 준왕이 왔다는 것은 후대의 역사 기술에 큰 영향을 미쳤다. 이른바 정통이라는 것을 중시하는 유교의 역사 기술에서는 단군-기자로 내려오는 역사가 정통의 역사였다.

그리고 준왕 때문에 기자에서 마한으로 정통이 이어지게 된다. 마한의 멸망 후에야 삼국이 발생하면서 정통이 의미가 없어졌다가 고려-조선으로 이어지게 된다. 이런 식의 역사 이해는 역사에 대한 다양한 접근을 방해하는데, 여전히 우리나라에서는 이와 같은 정통론을 따지는 경우가 많다. 빨리 이런 식의 사고방식에서 벗어나야 하겠다.

이 시기를 이해하는 방법은 일반적으로 이렇다.

고조선이 있던 시기에 남한 지방에는 진국辰國이라는 국가가 있었다. 이 진국은 아마도 여러 나라들을 통칭하여 부른 이름일 가능성이 있다. 진국이라고도 나오지만 여러 나라라고 나오는 경우도 있기 때문이다. 진국은 고조선의 발전에 영향을 받아서 발전하기 시작했는데, 위만조선이 멸망하자 피난민들이 내려오면서 더욱 빨리 발전하게 되었다. 그러면서 발전의 형태에 따라 앞서가는 지역을 중심으로 큰 나라가 발생했고 이들이 연맹국의 지도자로 등장하게 되었다. 이렇게 해서 목지국을 중심으로 하는 마한, 경주의 사로국을 중심으로 하는 진한, 김해의 구야국을 중심으로 하는 변한으로 발전했다.

세력이 큰 나라의 지배자는 신지 혹은 견지라고 불렀고 작은 나라의 지배자는 부례 혹은 읍차라고 불렀다. 나라에는 국읍이 있어서 천신을 섬겼고 제사장을 천군이라고 불렀다. 정치 지도자와 종교 지도자가 분리되어 있었다. 국읍 외에 별읍이 따로 있었는데, 별읍은 소도라고 불렀다. 별읍에서는 귀신에게 제사를 지냈는데 범죄자가 이 안에 들어가면 처벌을 받지 않았다.

『삼국지』에 따르면 마한은 54개의 소국으로 이루어진 연맹 국가였다. 대국은 일만여의 집을, 소국은 수천의 집을 가지고 있다고 했다. 총인구는 10여만 집 정도였다. 변한은 나중에 금관가야로 발전하는 구야국을 중심으로 했는데 철이 많이 생산되어 낙랑, 왜에까지 수출을 했다. 구야국은 이 수출을 통한 부를 통해 가야 연맹의 맹주로 성장했다.

마한은 백제를 세운 온조왕재위 기원전 18~기원후 28이 멸망시킨 것으로 『삼국사기』에 나온다. 하지만 마한에 대한 기록은 그 뒤에도 나오고 『삼국지』에서도 백제 이외의 마한 국가들이 나열되고 있는 것을 보아도 이 기록을 액면 그대로 믿을 수는 없다. 실제로 고고학 자료들도 백제 초기에 다른 정치세력들이 주변에 있었다고 판단하고 있다.

최치원 초상
최치원은 신라 말기의 학자 겸 문인으로 유학, 문학, 역사학 등 여러 분야에 적지 않은 족적을 남겼다.

마한은 언제 멸망했을까? 이 질문에서 조심해야 하는 것은 마한을 단일한 국가로 생각하면 안 된다는 점이다. 마한은 여러 국가들이 연맹하고 있는 연맹체의 이름일 뿐이다. 마한은 백제에 밀려서 남쪽으로 밀려갔거나 북쪽의 연맹 국가들이 백제에 통합되면서 남쪽의 국가들만 남은 상태였던 것 같지만 그런 상태로 영산강 유역에서 6세기까지도 명맥을 유지한 것으로 파악하고 있다. 이 지역의 고분이나 여러 유적·유물 형태가 백제와는 명백히 다르기 때문이다.

『삼국유사』에서는 진한이 전국시대 진秦나라 사람들과 연나라의 피난민들이 와서 세운 나라라고 말하고 있다. 하지만 이런 이야기는 믿기 어렵다. 진나라와 진한의 발음이 유사하기 때문에 갖다 붙인 말이라고 생각할 수 있다.

신라말의 대학자 최치원857~?은 뜻밖의 발언을 한다. 삼한이 삼국으로 발전했다고 주장하면서 마한이 고구려가 되었다고 말하고 있다. 이런 내용은 『삼국유사』와 『제왕운기』에서도 등장한다. 여태 본 바와 같이 마한은 충청-전라도 일대에 있었던 것으로 보이는데 고구려와 연관 짓는 것은 이상한 일이 아닐 수 없다.

그런데 북쪽에도 삼한이 있었다는 주장이 있다. 청나라 때 학자인 고염무1613~1682가 "오늘날 사람들이 요동을 삼한이라 한다"라고 말한 것에서 근거를 가져와 조선 실학파인 이규경1788~1856이 『오주연문장전산고』에서 "삼한이라는 이름은 조선에서 비롯되어 요동도 삼한이라 칭하였다"라고 쓴 바 있다.

신채호는 적극적으로 전후삼한론을 주장했다. 원래 고조선이 셋이 있었으며, 요동·길림 쪽에 진조선, 요서·개원 이북에 번조선, 한반도에 막조선이 있었다는 것이다. 이 조선들의 이름인 진, 번, 막을 신, 불, 말로 읽어서 신조선, 불조선, 말조선이라고도 부른다. 이중 중심 나라는 진조선이었다. 연나라 진개의 침공으로 진조선, 번조선이 붕괴되었고 진조선, 번조선 유민들이 압록강 이북에서 요하에 이르는 지역에 진번조선을 만들고, 또 한 일파는 한반도 남부로 갔는데, 번조선 유민이 주가 되고 진조선 유민이 참여한 나라는 변진변한이 되고, 진조선 유민만으로 만들어진 나라는 진한이 되었다. 이때 막조선은 진개의 침공을 막아내어 조선의 이름을 지켰으나 위만에게 나라를 빼앗긴 뒤 남쪽으로 달아나 마한을 세웠다는 것이다. 신채호의 주장은 정인보, 안재홍1891~1963 등에게 이어졌고 역사학계에서는 천관우1925~1991가 더욱 정교한 형태로 주장한 바가 있다.

고구려 태조왕재위 53~146 때 고구려군이 마한·예맥 1만여 기를 동원해 현도성을 침공한 일이 있다. 한 번도 아니고 두 번이나 이런 일이 있었다. 압록강 이북에 있던 고구려가 마한 사람들을 어떻게 동원할 수 있었을까? 이 문제에 대해 정약용은 준왕 세력이 마한을 자칭한 것에서 비롯된 것이라고 설명한 바 있다. 또한 송나라 역사를 기록한 『송사』를 보면 발해의 후계국이었던 정안국 936?~986에 대해 이렇게 쓰고 있다.

> 정안국은 본래 마한의 종족인데 거란에 의해 공격을 받아 격파되자 그 추수우두머리가 남은 무리를 규합하여 서쪽 변두리를 지켜 건국 개원하여 정안국이라 자칭했다.

당연히 이런 기록들도 어떤 착오나 후대 전승의 착오에 의해서 발생했을 수도 있다. 과연 어떤 쪽이 진실일까? 그 길을 더듬어가며 찾아가는 것도 역사가의 일 중 하나다.

『삼국지』에 보면 마한에서는 "나라에서 성을 지을 때면 건강한 젊은이가 등가죽을 뚫고 밧줄을 꿰어 막대기로 줄을 흔들며 하루 종일 소리를 지르면서 힘껏 일한다"는 대목이 있다. 성년식으로 생각하는 경우도 있지만, 지레를 처음 본 중국인들이 등짐을 지게로 나르는 것을 이해하지 못한 것이라 보기도 한다.

염사치의 모험

한나라는 중간에 외척 왕망기원전 45~기원후 23에 의해서 망하고 왕망은 신나라8~24년를 세웠다. 신나라는 오래 가지 못하고 후한이 세워져 한나라가 계속되었는데 이 왕망 때에 염사읍에 치鑡라는 인물이 있었다. 염사읍과 묶어서 염사치라고 많이 부른다. 사람에 따라서는 鑡의 발음에 '착'이 있기 때문에 염사착이라고도 부른다. 이 '치'가 사람 이름인지 염사읍의 우두머리를 가리키는 것인지에 대해서는 의견들이 갈리고 있다.

사람 이름이든 직책 이름이든 치가 염사읍을 다스리고 있었던 것은 분명하다. 왕망 때에 염사치는 진한의 우거수가 되었기 때문이다. 거수는 우두머리를 가리키는 말인데 우右를 사용한 것을 보면 거수 밑의 직책이었을지도 모른다. 『삼국지』에서는 변진 12국과 별읍에 거수가 있는데 세력이크면 신지라 불렀고 그 후 험측, 번예, 살해, 읍차라고 부른다고 나온다. 즉거수는 이런 지배자를 통칭하는 말이었다.

염사치는 어느 날 낙랑에 대한 소문을 들었다. 낙랑의 땅은 기름지고 사람들은 풍요롭고 안락하게 산다는 것이었다. 염사치는 그곳으로 도망치기로 마음먹고 길을 나섰다. 그러다 밭에서 참새를 쫓고 있는 남자를 보게되었다. 그 남자는 참새를 쫓으면서 뭐라뭐라 외치고 있었는데 진한 사람의 말이 아니었다.

"이보시오? 당신은 어느 나라 사람이오?"

염사치는 짐작이 가는 일이 있어서 물어보았는데 정말 그가 원하는 답이 나왔다.

"나는 한나라 사람으로 이름은 호래라고 합니다. 우리 무리는 천오백 명으로 원래 나무를 베는 나무꾼들이었습니다."

"그런데 어쩌다 이렇게 되었소?"

"진한에서 우리를 포로로 잡았지요. 그래서 머리카락도 잘렸습니다. 노비가 된 지 벌써 3년이나 되었습니다."

"오호라, 나는 지금 한나라 낙랑군에 투항하러 가는 길인데 나를 따라가겠소?"

"그러겠습니다."

염사치는 호래를 데리고 낙랑군으로 도망치는 데 성공했다. 낙랑군의 함자현에 이르러 투항 의사를 밝히자 현령이 낙랑군에 연락을 했다. 낙랑군에서는 한나라 사람 천오백여 명이 진한에 노비로 있다는 사실을 알고 염사치를 통역으로 삼아 진한을 공격하게 했다.

염사치는 배를 타고 진한으로 들어가 호래가 노비로 있던 곳에 도착했다. 천여 명의 한나라 사람을 돌려받았지만 나머지 오백여 명은 이미 노역으로 사망한 뒤였다. 염사치는 이때야말로 한몫 챙길 때라는 것을 알고 으름장을 놓았다.

"포로가 아직 오백 명이 부족하다. 감추지 말고 빨리 내놓도록 하라. 내놓지 않는다면 낙랑에서 만 명의 군사를 배에 태워 이곳으로 보낼 것이다. 그 때가 되면 후회해도 소용이 없을 것이다."

진한 측에서는 내놓고 싶어도 내놓을 사람이 없었다.

"오백 명은 이미 죽었으니 돌려드릴 방법이 없습니다. 대신 저희가 보상을 하도록 하겠습니다."

진한은 진한 사람 만오천 명과 변한에서 만든 옷감 만오천 필을 내놓았다. 염사치는 사람과 물건을 모두 챙겨 낙랑으로 돌아갔다.

낙랑에서는 염사치가 일을 잘 처리한 것에 흐뭇해하며 그의 공적과 의리에 푸짐한 상을 내렸다. 관리들의 모자인 관책을 주고 밭과 집도 하사했다. 또한 그의 자손에게도 혜택이 있었다. 한나라 안제 연광4년125년에 염사치의 자손은 부역을 면제받았다. 무려 백 년이 지났음에도 염사치의 공이 기려졌던 것이다.

오늘날 관점에서 보자면 염사치는 나라를 배반하고 적국에 붙은 뒤에 본국을 등쳐먹은 파렴치한이라 할 수 있다. 한나라 포로로 노비가 된 천여 명을 풀어주고 본국인 만오천 명을 노비로 만들었으니 그에게 어떤 좋은 면이 있다고 보기는 어렵겠다. 다만 언제나 그렇듯이 배반에도 최소한의 이유는 있기 마련이다. 염사치는 땅이 기름지고 사람들이 풍요롭게 사는 낙랑군으로 가기를 원했다. 그것은 당시 진한의 형편이 그렇지 못했다는 것을 알려준다. 더구나 염사치가 지도자급의 위치에 있던 사람이라는 점을 생각하면 당시 상당한 어려움이 진한 땅에 있었던 것은 아닐까 생각해보게 된다.

염사치는 한나라에 땅을 바치거나 한 건 아닌 모양이다. 이 일로부터 대략 20년 쯤 지난 한나라 광무제 건무 20년44년에 염사읍의 사람인 소마시가 낙랑으로 와서 공물을 바쳤다는 기록이 있기 때문이다.

염사치의 이야기를 보면 진한은 낙랑인 천오백명을 붙잡아서 노비로 만들어 부릴 정도로 강력한 권력을 행사하는 국가였다는 것을 알 수 있다. 삼한의 나라는 큰 나라라고 해야 만여 호에 불과했으니 오백명에 대한 대가로 만오천 명을 보낸다는 것은 있을 수 없는 일이다. 이 부분은 삼한에 대한 우위에 서고 싶었던 낙랑 측의 과장이 들어가 있다고밖에 볼 수 없다.

삼한과 낙랑은 교역과 전쟁의 길을 번갈아가며 밟았다. 위나라 때 낙랑의 부종사 오림은 진한의 8개 나라를 낙랑에 귀속시키는 일을 해서 삼한의 분노를 샀다. 이때 마한 쪽이 한 일인지 진한 쪽이 한 일인지 사서에 정확히 나오지는 않는데 삼한 측의 큰 나라를 다스리는 신지가 대방군을 공격하기에 이르렀다. 대방군은 대방태수가 전사하는 등 큰 곤욕을 치른 끝에 공격을 물리칠 수 있었다. 그런데 이와 관련해서 재미있는 이야기가 『삼국사기』에 있다.

대방군과 신지가 싸운 시기는 위나라의 관구검이 고구려를 공격했을 때와 비슷한 시기였다. 관구검은 낙랑과 대방도 전쟁에 참여하게 했는데, 백제의 고이왕재위 234~286이 이때다 싶어서 낙랑을 습격해서 백성들을 잡아왔다. 빈집털이를 한 것이다. 이 시기에 백성을 잡아오는 것은 대개 기술자를 잡아오는 것으로 볼 수 있다.

낙랑태수가 뒤늦게 이 사실을 알고 항의하자 고이왕은 사죄하고 백성들을 돌려보냈다. 이런 사실들이 중국측 사서에는 삼한의 신지로 기록된 것이 아닐까?

원삼국시대란 무엇인가?

원삼국시대는 기원전 1세기부터 3세기까지를 가리키는 고고학 용어다.

박물관에 가보면 유물에 원삼국시대라는 말이 붙어 있는 것을 심심찮게 볼 수 있다. 처음 본 사람들은 이 원삼국시대가 뭔지 알 수 없는 경우가 많다. 원삼국시대는 고고학에서 쓰는 용어다.

원삼국시대라는 것은 소위 삼한시대, 삼국시대 초기, 또는 고고학에서 말하는 김해시대金海時代에 대한 필자의 새로운 명명 제안이며, 문헌상으로나 고고학상으로나 타당한 이름이 아닐까 생각된다. 영어로는 Proto-Three Kingdoms Period가 되며 기록상과 실지 역사상에서의 불합리점이 서로 타협될 것 같다.

1972년 고고학자 김원룡 박사는 원삼국시대라는 용어를 제안했다. 그전까지 삼한시대, 삼국시대 초기라고 부른 0~300년 기간을 원삼국시대라고 부르자고 한 것이다. 왜 삼한시대도 아니고 삼국시대 초기도 아니고 원삼국시대라고 부르게 된 것일까? 김원룡 박사는 이렇게 이야기한다.

초기철기시대라고 하면 청동기 후기까지 포함하게 되어 내용이 애매해지고 삼한시대라 하면 북한이 도외시된 것이어서 『삼국시대』의 건국 기록을 중시하는 입장에서 이것을 원초삼국시대, 원사시대原史時代의 원 자를 따서 원삼국시대라 부르고자 하는 것이다.

그런데 이 용어는 역사학계에서는 거의 사용하지 않기 때문에 일반인들의 입장에서 보면 삼한이라는 시대를 가리키는 것 같기도 하고 아닌 것 같기도 한 애매함 속에 놓일 수밖에 없다. 역사학계와 고고학계는 이 문제에 있어서 의견일치를 보지 못하고 있다.

그러면 원사시대라는 것은 무엇일까?

역사는 기록에 의해서 나타난다. 기록이 없던 시대를 선사시대라고 부른다. 선사시대에서 역사시대로 넘어올 때 기록이 부족하거나 전설처럼 막연한 이야기만 전해질 수도 있다. 이런 시대를 가리켜 protohistory, 즉 원사시대라고 부르는 것이다.

그런데 원삼국시대는 고조선이라는 역사에 등장하는 국가와, 낙랑이라는 역시 역사에 있는 정치체제를 지나서 발생하고 있어서 더욱 기묘하게 보일 수밖에 없다. 역사가 갑자기 선사시대로 돌아간 것처럼 보이게 되는 것이다.

고고학 쪽 입장에서 보아도 이 문제는 간단하지가 않다. 본래 1~3세기로 설정되었던 시기도 북한이나 요동 쪽 상황을 감안해서 기원전 3세기까지 확장해서 이때부터 300년까지를 하나의 철기시

평안북도 위원군 용연동에서 일제강점기 때 출토된 초기 철기로 만들어진 농기구들

이삭을 벨 때 사용하는 반달돌칼이 철제로 만들어진 것(왼쪽 아래)을 볼 수 있다. 철기들은 연나라의 영향을 받은 고조선의 철기로 추정된다. 이 철기들은 삼한 철기 문화로 이어지는 특징들을 가지고 있다.

대로 보아야 한다는 주장까지 있다. 즉 단순히 삼한이라는 한반도 중남부 지방의 상황뿐만 아니라 한민족 거주지 전역에 걸쳐서 시기를 설정할 필요가 있다는 주장이다. 아무튼 그런 이유로 고고학에서의 삼국시대는 삼국이 모두 고대국가의 형태를 갖췄다고 생각하는 3세기 후반에서 삼국통일이 완수되는 668년까지를 다루게 된다.

삼한시대라고 부르면 되지 않느냐는 주장이 있을 수 있는데, 삼한이란 마한, 변한, 진한을 가리키는 것으로 북방을 포괄하지 않는다. 즉 고구려를 제외하는 결과를 빚기 때문에 삼한시대라는 용어를 선택하기가 어려워지는 것이다.

삼한과 삼국은 계승 관계에 있지 않다. 백제와 신라는 주변의 소국들을 정복하면서 고대국가로 성장했는데, 그 말은 후일 삼국이 되는 나라가 삼한 안에 이미 존재하고 있었다는 것을 의미한다. 그런데 삼한시대-삼국시대라고 설정하면 삼한을 삼국이 계승한 것처럼 보일 수 있다.

현재 고고학계에서는 초기철기시대를 세형 동검이 출현하는 기원전 4세기경에서 시작해서, 한나라의 고조선 정벌 후 동방변군이 설치되고 변한 지역 등에서 철기 생산이 본격화되는 기원전 100년까지로 보고 있다. 그 이후 본격적인 철기시대인 원삼국시대가 시작되는 것이다.

『삼국사기』에 따르면 기원전 1세기에 이미 신라, 고구려, 백제가 차례로 건국되었다. 따라서 원삼국시대라고 하는 기원전 1세기부터 3세기까지의 시간은 『삼국사기』에 따르면 초기 삼국시대가 되는 셈이다.

사실 용어 문제란 원래 복잡하기 짝이 없긴 하다. 최근에는 삼국시대라는 말도 당시에 엄존한 가야나 부여를 포함하지 않았기 때문에 잘못된 용어라는 지적이 있다. 그러나 김부식이나 일연의 책에서 '삼국'이 사용된 것을 보면 알 수 있듯이 '삼국시대'라는 용어는 오랜 세월 사용되면서 그 자체로 역사성을 획득한 용어라는 점을 감안해야 한다.

역사용어란 역사를 재구성해서 그 가치를 획득하게 되는 것으로 이 문제를 어정쩡하게 내버려두지 말고 전체 틀 안에서 합의를 볼 필요가 있다.

원삼국시대는 본격적인 철기시대로 농기구가 철제로 만들어지고, 고인돌과 돌널무덤(석관묘), 돌덧널무덤(석곽묘)과 덧널무덤(토광목곽묘)이 나타난다. 북쪽에서는 돌무지무덤(적석총)이 나타났다. 토기도 새로운 기법이 등장해서 연질 토기와 와질 토기가 만들어진다. 후기에는 회청색경질토기도 등장한다.

시대에 따라 다른
오곡의 정의

오곡은 시대에 따라 정의가 달라졌다. 우리나라에서 말하는 고대의 오곡은
기장, 조, 콩, 보리, 삼이었다.

학교 다니던 시절 열심히 불렀던 노래 가사 중에, "오곡백과 풍성한 금수강산 옥토낙원~"이라는 대목이 있었다. 오곡五穀이라 함은 다섯 가지 곡식이고, 백과百果란 백 가지 과일일텐데 백 가지 과일이란 그저 많다는 의미겠지만 오곡은 다섯 개밖에 되지 않으니 어느 것이 오곡인지 의미가 분명할 거라 생각하기 쉽다. 그런데 실제로 찾아보면 별로 그렇지가 않다.

인도에서는 보리 · 밀 · 쌀 · 콩 · 깨,

중국에서는 참깨 · 보리 · 피 · 수수 · 콩 또는 참깨 · 피 · 보리 · 쌀 · 콩 또는 수수 · 피 · 콩 · 보리 · 쌀,

한국에서는 쌀 · 보리 · 조 · 콩 · 기장.

이렇듯 오곡이라 해도 실상은 통일되어 있지 않고 다양하다. 위 오곡 중에서도 겹치는 것은 보리와 콩뿐이다. 『삼국지』 『위서』 「동

이전 부여조」, 「동옥저조」, 「변진조」, 「읍루조」 등에 보면 '오곡'이 등장한다. 그런데 「변진조」에 재미있는 구절이 있다.

이곳은 토지가 기름지고 아름다워 오곡과 벼를 기르기에 알맞다.

오곡과 벼를 구분하고 있다. 사실 읍루와 같은 북방 지역에도 오곡이 자란다고 하였으니 이 당시 오곡 중에는 쌀이 포함되지 않았던 것이 분명하다.

『세종실록지리지』에서는 오곡을 이렇게 보고 있다.

서黍:기장, 직稷=피?, 숙菽:콩=豆, 맥麥:보리, 도稻:벼

직稷을 피가 아니라 조粟로 보고 있는 경우도 있다. 조선 시대 오곡에는 벼가 들어가지만 고대에는 벼가 오곡이 아니었으니 그렇다면 벼가 빠진 자리에 뭐가 들어갔던 것일까.

국사편찬위원회에 있는 『조선왕조실록』 번역본에서는 직稷을 '피'로 번역해 놓았다. 그러나 직은 피가 아니다. 서유구1764~1845의 『임원경제지』는 이 점에 대해 명확한 설명을 하고 있다.

직이 곧 조이고 조가 곧 직이니, 다른 곡식이 있는 것이 아니다.

서유구는 이 혼란이 『신농본초경』에 후대에 잘못 쓴 내용이 들어가면서 시작되었다고 말한다. 또한 이 혼란 때문에 직이 기장이

라는 잘못된 설이 퍼지기 시작했다는 점도 밝혀 놓았다.

우리나라에서 직稷을 피稗로 잘못 알게 된 것은 강희맹1424~1483이 쓴 『금양잡록』에서 비롯된 것이라고 한다. 『금양잡록』은 연산군재위 1494~1506 때 나온 책이니, 『세종실록지리지』보다 늦게 나온 책이다. 그러니 『세종실록지리지』에 영향을 줄 수 없다. 하지만 이미 그 이전에 나온 『농사직설』도 명기하여 나타내지 않았을 뿐, 직稷을 피稗로 알고 있었던 것이 분명하다. 따라서 『세종실록지리지』의 오곡은,

서黍:**기장**, 직稷:**피=稗**, 숙菽:**콩=豆**, 맥麥:**보리**, 도稻:**벼**

로 알고 있었던 것으로 보아야 한다.

피죽도 못 먹을 정도라는 말이 있듯이 피는 하찮은 곡물의 대표격이다. 농업을 주관하는 신인 사직(사社는 토지신, 직稷은 곡식을 주관하는 신이다) 중 '직'이 바로 이 글자인데, 하찮은 피일 리는 없다.

우리나라의 고대에는 오곡이, '기장, 조, 콩, 보리 + 무엇'이었는데 조선 시대에 와서는, '기장, 피, 콩, 보리, 쌀'로 변했던 것이다. 그런데 서유구의 『임원경제지』를 보면 오곡에서 벼가 빠지는 이유를 쌀은 귀한 음식으로 오곡과 같은 지위에 있지 않다고 설명한다. 따라서 조선 시대라고 해서 벼가 오곡에 확실히 자리 잡았다고 말할 수는 없다.

쌀을 먹고 비단옷을 입는 일은 사람의 지극한 즐거움이라서 윗사람이나

아랫사람을 모두 길러주는 곡식이 아니었다. 이 때문에 벼가 오곡에 들어가지 않은 것이다.

그럼 원점으로 돌아가 쌀 대신 들어가 있던 고대의 오곡 중 하나는 무엇이었을까?

『주례周禮』「천관天官 질의疾醫」 편에 있는 정현鄭玄, 127~200의 주를 보면 그 하나가 삼麻으로 나온다. 삼은 한자로 마麻라고 쓰지만 서동요 전설에 나오는 마薯와는 다른 것이다. 삼베옷을 만드는 데 쓰고 대마초를 만드는 데 쓰는 삼을 한자로 마麻라고 쓴다. 이 삼의 씨앗을 곡물로 먹었다고 한다.

즉 고대의 오곡은, 기장, 조, 콩, 보리, 삼이었다. 그러다 벼가 널리 재배되면서 제일 존재감이 미약했던 삼을 밀어내고 오곡의 지위를 차지했으며, 우리나라에서는 한자의 오독으로 애꿎게도 조가 오곡의 지위를 잃고 피가 그 자리를 차지하는 해프닝이 벌어졌던 것이다.

이 점은 서유구의 『임원경제지』에서도 확인이 된다.

기장과 조(직)로 신에게 제사지내고 콩과 삼으로 농민을 먹이고, 맥류(보리)로 묵은 곡식과 햇곡식이 날 때까지의 사이를 이어주는 것이다.

일본에서는 오곡이 우리와 또 좀 다르다. 『고사기』에서는 오곡을 이렇게 정의한다.

벼稻 · 보리麥 · 조粟 · 콩大豆 · 팥小豆

한편 『일본서기』에는 이렇게 나온다.

벼稻 · 보리麥 · 조粟 · 직稗 · 콩豆

여기도 조粟와 직稷을 병행하여 써놓았다. 이 경우의 직稷은 기장黍을 가리키고 있는 것으로 본다. 이외에도 일본의 오곡에는 밀이나 깨가 들어가는 경우도 있다.

우리나라의 벼농사는 기록상으로는 1세기경에 시작된 것으로 보이지만 유물로는 기원 전 6~5세기경 탄화미가 발견된 바 있다. 벼농사는 중국 쪽에서 넘어온 것으로 보이고, 중국 남부 지역에서 전파되었을 것으로 추정하고 있다.

솔거는 진흥왕 때 사람이 아니다

솔거는 신라 시대의 천재 화가로 알려진 인물이다. 가장 유명한 이야기는 황룡사에 소나무를 그렸더니 새들(까마귀, 솔개, 제비, 참새)이 진짜 나무인줄 알고 날아와 부딪쳐 죽었다는 것이다.

솔거는 보잘 것 없는 집안 출신이라 언제 어느 때 사람인지도 알려져 있지 않지만 황룡사는 언제 지었는지 알고들 있다. 신라 진흥왕 때 지었다. 원래는 왕궁으로 짓고 있었는데 황룡이 그곳에 나타나는 통에 절로 바꾸었다는 전설이 있다. 그래서 이름도 황룡사가 되었다. 이런 큰 절은 상당히 오랫동안 짓는다. 유명한 황룡사 9층탑도 선덕여왕 때 2년에 걸쳐서 지은 것이다. 황룡사는 거의 백 년 동안 지은 것으로, 서양의 유명한 성당들도 이렇게 오랜 시간을 들여서 만든다.

보통 사람들은 황룡사는 진흥왕 때 지은 절이라고 단순하게 입력하기 때문에 솔거도 진흥왕 때 사람으로 착각하곤 한다. 요즘 사람만 착각하는 것이 아니고 옛날 사람들도 착각했다. 조선 중기의 학자 이수광이 쓴 『지봉유설』이라는 책에도 솔거가 진흥왕 때 사람이라고 나온다. 이 때문에 대한제국 시절에 쓰인 역사교과서 『대동역사략』에도 솔거가 진흥왕 때 사람이라고 나온다.

솔거의 시대에 대해서는 황당한 이야기도 하나 있다. 『백률사중수기』라는 기록에 위진남북조 시대의 화가 장승요가 신라에 와서 솔거로 개명했다고 나온다. 장승요는 6세기 중반에 활동했던 사람으로 황룡사를 지은 진흥왕 때와 비슷한 시기의 사람이다. '화룡점정'이라는 고사성어의 주인공이기도 하다.

백률사는 이차돈 순교 때 이차돈의 목이 날아가서 떨어진 자리에 세운 절이다. 이 절에는 영험한 관음보살상이 있었는데, 그걸 중국의 귀신같은 솜씨를 지닌 장인이 만들었다고 『삼국유사』에 나온다. 중국의 귀신같은 솜씨를 지닌 장인에서 장승요를 떠올리고 장승요를 솔거에 대뜸 연결한 상상력은 참 대단할 지경이다.

대체 솔거는 언제적 사람일까?

솔거에 대한 가장 오래된 기록은 『삼국사기』다. 여기에는 솔거의 시대를 추측할 수 있는 다른 단서도 들어 있다. 솔거가 그린 그림은 황룡사 벽화만 있는 것이 아니다. 『삼국사기』에는 경주 분황사의 관음보살, 진주 단속사(지금은 경남 산청으로 지명이 바뀌었다)의 유마상도 모두 솔거가 그린 것이라고 나온다.

분황사는 선덕여왕 때인 634년에 세워졌다. 『대동역사략』에서는 솔거가 황룡사 벽화를 574년에 그렸다고 적어놓았다. 60년 차이가 나는데, 스무 살에 황룡사 벽화를 그리고 여든 살에 분황사 관음보살상을 그렸을 수도 있겠다. 물론 그랬을 가능성은 희박하다.

하지만 이런 가정도 단속사에 와서는 의미가 없어진다. 단속사는 『삼국유사』에 창건 설화가 두 개 전해진다. 둘 다 통일신라 경덕왕 때의 일이다. 748년과 763년이라는 연대가 제시된다. 진흥왕 때로부터 백수십 년 차이가 난다. 솔거가 불사의 몸이 아닌 다음에야 이런 일이 가능할 리가 없다. 솔거는 통일신라 시기의 화가였던 것이다. 솔거에 대해서 어린이 위인전 같은데 나오는 이야기들이 있다. 이것들은 일제강점기 때 만들어진 것이다.

조선말의 학자 권종상이 남긴 『동사유고』라는 책이 있다. 출간된 때는 1937년으로 추정된다. 이 책에 솔거에 대한 내용이 적혀 있다.

신라 솔거는 농가의 자식으로 어려서 그림에 뜻을 두었다. 나무를 하러 가면 칡뿌리로 바위에 그림을 그리고 밭을 갈 때면 호미 끝으로 모래 바닥에 그림을 그렸다. 궁벽한 시골이라 그림을 배울 스승이 없어 공부를 마칠 수 없었기에 매일 밤마다 천신에게 축원하여 신의 가르침을 받기를 원했다. 이렇게 몇 년이 지난 어느 날 노인이 꿈에 나타나 말했다. "나는 신인神人 단군이다. 네 지성에 감동하여 신의 붓神毫를 주노라." 꿈에서 깨어나 황망한 가운데 깨달아 명공名工이 되었다. 솔거는 신의 은덕에 감명 받아 꿈에 본 것을 상상하여 단군의 어진을 그렸는데 거의 천 장이나 되었다.

고려의 이규보가 솔거가 그린 단군어진에 찬贊을 썼는데 "고개 밖 집집마다 모신 신조상神祖像, 절반은 명공에게서 나온 것이네"라고 하였다.

이건 후대의 창작이다. 이규보의 시 중에는 해당 내용이 없다. 권종상은 조선말에서 일제강점기까지 활동하였고, 이 시기는 단군에 대한 관심이 매우 높아졌던 때이다. 따라서 전설적인 화가 솔거가 단군의 모습을 그렸다면 좋지 않을까 하는 희망사항이 이렇게 나타난 것이라고 볼 수밖에 없다.

1920년 4월 16일자 『동아일보』에는 이런 광고가 실렸다. 단군영정현상 모집 광고다.

단군은 우리 민족의 종조宗祖이시오, 우리 근역槿域에 건국하신 제일인이시오, 가장 신성하신 대위인이시라. 건국하신 사업이 역연하시고 경국하신 역사가 찬연하시고 신성하신 혼령이 엄연하시사 금일 우리 자손에 전수 되신지라 우리는 앙모와 존숭을 난금하난 충심으로써 숭엄하신 단군존상을 구하야 독자와 공히 배拜하려고 자에 본사는 현상하야 감히 존상을 모집하오니 강호형제는 응모하시오.

모집 요강에는 옛부터 전해오는 그림을 모사하여 응모해도 좋다고 되어 있었다. 이렇게 옛부터 내려오던 그림에 솔거의 작품이 전해져 왔을까? 가능성은 매우 낮다. 솔거가 그린 단군 그림이 정말 있었고 집집마다 보관할 정도였다면 그런 것이 일제강점기에 갑자기 기록으로 등장하지는 않았을 것이다. 결론적으로 솔거가 단군을 그렸을 가능성은 매우 희박하다.

잘못된 정보도 한 번 발생하면 잘 없어지지 않는다. 오히려 사람들의 기분에 맞는 경우에는 확대재생산되기가 일쑤다. 역사학은 이런 것을 가려내는 학문이기도 하다.

한국사		세계사
부여의 대소왕, 고구려에 인질 요구	기원전 6년	기원전 4년경 예수 탄생
고구려, 국내성으로 천도	3년	0
대무신왕 부여 공격	21년	8년 왕망 신나라 건국
백제, 마한 목지국 정벌	22년	
낙랑 동부도위 폐지	30년	25년 후한 건국
김수로, 금관가야 건국, 가야 연맹 결성	42년	43년 로마, 브리타니아 공략
부여, 한나라에 사신 파견	49년	54년 로마 네로 황제 즉위
신라 계림에서 김알지 탄생	65년	79년 폼페이 화산 폭발로 묻힘
	100년	
태조왕 부여 방문	121년	
백제 개루왕 즉위	128년	
신라 연오랑 세오녀 왜로 건너가 왕이 됨	157년	
부여왕 부태, 현도군 공격	167년	
		184년 황건적의 난
대방군이 설치됨	204년	200년
백제, 관등과 공복 제정	206년	208년 적벽대전
		220년 중국 삼국시대 개막
위나라 관구검, 고구려 침공	246년	
신라 석우로 왜군에게 살해됨	249년	
백제 16관등 제정	260년	
		280년 진나라, 중국 통일
	300년	
고구려, 낙랑군 정벌	313년	
고구려, 대방군 정벌	314년	316년 중국 오호16국 시대 개막
		320년 인도 굽타왕국 수립
		325년 니케아 종교 회의
		330년 로마, 콘스탄티노플로 천도
모용황, 부여 침공	346년	
백제, 고구려 평양성 공격	371년	375년 게르만족의 대이동
고구려, 불교 전파	372년	392년 로마, 기독교 국교화
고구려, 율령 반포	373년	395년 로마, 동서로 분열
고구려, 신라에 구원군 파견	400년	400년
왕인이 왜에 한자 문화 전달	405년	
박제상, 왜에서 처형됨	418년	
고구려, 평양 천도	427년	
나제동맹	433년	449년 앵글로색슨 족, 잉글랜드 침공
신라에 불교 전파	458년경	
고구려, 백제 개로왕 처형, 한강 유역 차지	475년	476년 서로마제국 멸망
		486년 프랑크왕국 건국
고구려, 부여 정복	494년	
신라, 순장 폐지	502년	500년
신라, 왕이라는 호칭 사용 시작	503년	
신라, 우산국 정복	512년	511년 인도 굽타왕조 멸망
신라, 율령 반포	520년	527년 동로마제국 유스티니아누스 황제 즉위
		529년 이탈리아에 몬테카시노 수도원 창설됨
신라, 금관가야 정복	532년	
나제동맹 결렬	553년	
	600년	

제 3 장

삼국시대

요동과 한반도에 걸쳐 있던 여러 작은 나라들은 점차 커다란 정치결사체 – 고대국가로 발전하기 시작했다. 이것은 어찌 보면 고조선이라는 강력한 고대 국가의 붕괴로부터 촉발된 것일 수 있었다. 신라는 자신들의 뿌리를 고조선에서 찾고 있었으며 고구려도 평양이 본래 '선인 왕검'의 것이었다는 것을 알고 있었다. 여러 소국들 중 신라, 고구려, 백제가 빠르게 성장했다.

고구려는 부여에서 갈라져 나와 압록강 이북의 요동에서 건국한 뒤 주변의 소국들을 정복하며 영토를 넓혔다. 고구려에서 갈라져 나온 백제는 한반도 북부를 차지한 한나라의 동방변군을 피해 한반도 남쪽으로 남하했다. 마한의 영역 안에 들어온 백제는 마한의 소국들을 정복하며 한반도 중부 지방을 차지했다. 마한은 이때 전라도 지역으로 밀려난 것으로 보인다.

고조선이 멸망했을 때 현재의 경주 인근에 고조선 유민을 자처하는 사로 6촌이 있었다. 아직 고대 국가의 단계에 이르지 못한 정치결사체였으나, 공동 맹주를 추대해 빠르게 고대 국가의 틀을 잡아나가기 시작했다. 이들은 인근의 작은 나라들을 점령하면서 경상북도 일대를 장악하였다. 이때 경상남도에는 가야라 불리는 여러 나라들의 맹주를 자처하고 있는 금관가야가 자리 잡고 있었다.

고구려와 백제는 국경을 마주하고 있는 한나라의 동방변군으로부터 선진문물을 배우는 한편, 이들에게 흡수되지 않게끔 투쟁해야 했다. 고구려는 요하 방면으로 영토를 확장하면서 중국 본토의 국가와 충돌하고 수도가 점령당하는 등 국가 멸망의 위기까지 내몰렸으나 마침내 동방변군을 한반도와 요동에서 밀어내는 데 성공한다. 이때 고구려는 북으로 세력을 키우고 있던 백제와 신라를 만나게 되는데, 백제는 한때 평양성까지 공격하여 고구려의 왕을 죽이기도 했다. 고구려 역시 손을 놓고 있지 않았다. 신라를 침공한 왜군을 무찌르면서 신라를 자신의 세력 아래 넣고 지속적으로 백제를 공격하여 결국은 백제왕을 죽이기에 이르렀다. 백제는 남쪽으로 수도를 옮기고 신라와 손을 잡고 고구려에 대항하기로 한다. 점차 삼국은 하나로 통일되지 않고는 견딜 수 없는 지경으로 가고 있었다.

기이하게 조명 받지 못한
부여라는 나라

부여는 고조선 시기에 존재했던 북방의 나라다. 언제 건국되었는지 자료가 없는데 보통 기원전 2세기경 세워졌다고 본다. 494년 고구려에 멸망해서 700년이나 지속된 오래된 왕조이기도 하다.

부여夫餘는 이상하게도 전근대의 역사가들에게는 주목을 못 받은 것 같다. 고조선과 동시대에 존재했고 고구려와 백제가 부여에서 발생했으니 우리나라 최초 국가 중 하나로 자리를 차지할 수 있어야 했는데도 그렇지 못했다. 부여는 『사기』「식화열전」에 그 이름이 처음 보인다. "연나라 북쪽에 오환, 부여와 인접해 있다"라고 나온다. 건국 신화는 90년경에 쓰인 왕충27?~97?의 『논형論衡』에 등장한다. 그 내용은 다음과 같다.

북방 탁리국橐離國의 시녀가 임신을 했다. 왕이 노해서 죽이려고 했더니 시녀가 변명을 했다.

"달걀만 한 기氣가 하늘로부터 내려온 까닭에 임신을 하였습니다."

하늘의 뜻이라고 살려주었더니 아들을 낳았다. 아기를 돼지우리에 던졌더니 돼지들이 다가와 입김을 불어주어 살려놓았다. 다시 마구간에 넣어 밟혀죽게 하였는데 말들도 입김을 불어주어 살아남았다. 왕은 속으로 생각하기를 '천자'라 여기고 시녀에게 기르는 것을 허용했다. 하지만 종처럼 부려 천하게 기르게 하여 말을 치는 일을 맡겼다. 이름은 동명東明이라 했다. 동명은 활의 명수여서 왕은 나라를 빼앗길까 걱정이 되어 동명을 죽이려 했다. 동명은 달아나 엄호수에 이르렀다. 활로 물을 치자 물고기와 자라가 떠올라 다리를 이루어 건널 수 있었다. 추격병이 도착하자 물고기와 자라가 흩어져 추격할 수 없었다. 동명은 부여의 왕이 되었다.

비슷한 내용이 『삼국지』「위략」에도 나온다. 여기서는 나라 이름이 탁리국이 아니라 고리국으로 나올 뿐이다. 이 이야기는 여러 문헌에 전해지는데 내용은 대동소이하다. 나라 이름이 조금씩 다른데 크게 중요해 보이지는 않는다.

『삼국지』를 보면 부여왕은 스스로를 도망해온 자라고 생각한다고 나온다. 아마도 이 건국신화와 관련이 있을지도 모른다. 그런데 부여왕이 있는 성의 이름은 예성이고 부여왕의 도장은 '예왕지인'이라고 해서 예와 어떤 관련이 있는 것처럼 나온다. 이미 말한 바와 같이 기원전 128년에 예군 남려가 한나라에 항복해서 창해군이 설치되었다가 폐지된 바 있다. 부여는 그 후 이 예의 땅을 차지한 모양이다. 그래서 이 시기 이후 고조선 멸망 전의 어느 때쯤 부여가 건설되었다고 추정하고 있다.

부여는 북방의 강국이었다. 고구려도 초기에 부여의 눈치를 계속 보았다. 3대 대무신왕이 필사적으로 부여와 싸워 부여왕을 죽이기도 하는데 부여가 그렇다고 멸망하지는 않았다.

부여는 읍루와 물길을 속국으로 거느리고 있었다. 부여인은 크고 씩씩하고 용맹스러웠고 도둑질이나 노략질을 하지 않으며, 활, 화살, 칼, 창 등을 병기로 썼다. 형벌은 몹시 엄해서 사형수의 가족은 모두 노비로 삼고 도둑질을 하면 12배의 배상을 물렸으며 간음을 하면 남녀 모두 죽이며, 질투하는 여자는 죽여서 산 위에 내다 버렸다. 형이 죽으면 형수를 아내로 맞았다. 순장제도가 있어서 많은 경우 100명도 순장이 되는 수가 있었다.

사람들은 노래 부르기를 좋아해서 낮이건 밤이건 길에서 노랫소리가 끊이지 않았다. 옷은 흰빛을 선호해서 흰 포목으로 도포를 만들어 입는데 소매가 넓다. 바지 역시 희게 입고 신은 가죽신을 신는다. 외국에 나갈 때는 비단옷에 수를 놓아 입으며 털옷도 입는다. 모자는 금은으로 장식을 한다. 은정월(은나라, 즉 상나라의 정월을 가리키는 것으로 지금의 음력 12월이다)에는 하늘에 제사를 지내고迎鼓 군사에 관한 일도 하늘에 제사를 지낸다. 제사의 방식은 소를 잡아서 발굽으로 길흉을 판단하는 방식이다. 발가락이 째졌으면 흉하고 붙었으면 길하다 했다.

왕 밑으로는 마가馬加, 우가牛加, 저가猪加, 구가狗加와 견사犬使가 있다. 견사는 심부름꾼을 가리키는 벼슬이다. 전쟁이 나면 가加들이 나서서 싸운다. 백성에는 호민豪民이 있고 하호下戶는 그 밑에서 노복생활을 한다. 알 수 없는 일이지만 부여의 저 벼슬들을 가지고 윷놀이가 만들어졌다는 이야기도 있다.

부여의 시조 이후 누가 왕이 되었는지는 알 수가 없다. 첫 번째 이름을 알린 왕은 해부루解夫婁다. 『제왕운기』에 따르자면 해부루는 단군의 아들 부루다. 정말 부여가 고조선의 후예를 자처했을까? 믿기 어려운 이야기다. 우연히 부루라는 이름이 같아서 후대에 혼동이 온 것이 아닐까?

해부루는 늙도록 아들이 없어서 골치였다. 산천을 찾아다니며 아들을 기원했는데 어느 날 곤연鯤淵이라는 곳에 갔을 때 말이 큰 돌을 보고 눈물을 흘렸다. 왕이 이상하게 여겨 돌을 옮겼더니 돌 밑에 금색 개구리 모양의 아기가 있었다. 왕은 하늘이 자기에게 아들을 주었다고 기뻐하며 금와(금색 개구리라는 뜻이다)라는 이름을 지어주고 태자로 삼았다.

이후 해부루는 재상 아란불이 가섭원으로 옮기라는 꿈을 꾸었다는 말을 듣고 천도를 했다. 천도한 자리에는 해모수解慕漱가 와서 북부여를 만들었다고 한다.

이 해모수가 바로 주몽의 아버지다. 해모수에 대해서는 뒤에 다시 이야기하겠다.

부여에 대한 최초의 기록은 『사기』 「화식열전」에 나온다. "연나라는 북쪽으로 오환, 부여와 인접해 있다"라는 대목이다. 『진서』 「사이전 부여국」 항목에는 "한나라 무제 때 자주 조공을 했다"라는 이야기가 있다. 따라서 한무제 때 부여가 있었던 것은 확실하다. 부여라는 이름은 평야를 의미하는 '벌'에서 왔다는 설, 사슴을 뜻하는 퉁구스어 '부위'에서 왔다는 설 등이 있다.

끊임없이 이어진
부여와 고구려의 전쟁

부여의 역사는 끊임없는 고구려와의 전쟁으로 얼룩져 있다. 고구려는
부여에서 출발했으나 지속적으로 부여를 압박해 결국은 부여를 정복하고
말았다.

금와金蛙는 자신들의 옛 도읍지를 차지한 해모수의 비 유
화를 거둬들여기원전 59년 결국 자신들을 멸망시킬 주몽을 기르게 된
다. 금와에게는 7명의 아들이 있었는데 장남인 대소帶素가 왕위를
물려받고 있다.

여기서 몇 가지 의문을 제시해볼 수 있다. 첫 번째는 해모수가
실존인물인가 하는 점이다. 상식적인 선에서 추론을 한다면 주몽
은 금와왕의 서자로 뛰어난 자질을 갖추고 있어서 적자들의 시기
와 질투로 인해 망명의 길을 떠났다고 보아야 할 것이다. 해모수의
나라에 대해서는 그 뒤 아무런 언급이 없으며 주몽도 거기에 연연
해하는 적이 없다. 이점은 유리가 주몽을 찾아 길을 떠나는 것과는
사뭇 다른 일이다. 합리적인 추론은 고구려가 왕가의 가계를 우수
한 것으로 꾸미기 위해 신화를 만들어 낸 것으로 보는 것이다. 다
음으로는 부여의 발전 정도에 대한 문제가 있다. 이미 금와왕은 대
소를 태자로 삼고 있었다. 이것은 부자상속제가 확립된 것으로 부

여가 정치적인 선진집단이었다는 점을 반영한다.

대소는 왕이 된 이후에 고구려를 압박하기 시작한다. 기원전 6년 대소는 고구려에 볼모를 요구한다. 심약한 유리왕은 태자 도절都切을 보내려 했으나 태자가 이에 응하지 않는다(이런 일은 이전에 우거왕이 태자를 보내려 할 때도 일어난 바 있다. 고대에는 태자들도 독자적인 세력이 있었다는 증거일지 모른다).

대소는 군사 5만을 일으켜 고구려를 침공한다. 이 5만이라는 대부대는 부여사를 통틀어 가장 막강한 군대가 된다. 그러나 이 대역사는 혹독한 추위로 인해 실패로 돌아간다. 대소는 다시 9년에 고구려에 사신을 보내 위협을 가한다. 유리는 역시 이 협박에 공손하게 응대하지만 어린 왕자 무휼無恤, 뒤의 대무신왕은 당당하게 부여의 신하에게 호통을 친다.

대소는 준비 끝에 13년 대규모의 고구려 공략을 시작한다. 그러나 무휼의 복병계에 의해 대패를 당한다. 이때 부여가 동원한 군대의 수가 나와 있지는 않지만 고구려가 다음 해 군사 2만으로 정복전쟁에 나서는 것으로 보아 역시 5만에 가까운 수가 동원되었을 것이다.

이 두 차례에 걸친 대실패로 부여의 국세는 쇠퇴일로에 접어든 것 같다. 고구려는 14년부터 무휼이 군국정사를 담당하며 영토를 넓히며 인재를 끌어 모으기 시작한다. 대무신왕 4년21년에 대무신왕은 대규모의 부여 정벌에 나선다. 불과 10여 년만에 국세가 그렇게 뒤바뀌었던 것이다. 3개월에 걸친 전투 속에서 대소는 고구려의 장수에 의해 죽고 말았다22년. 그러나 부여는 그 정도에 굴하지 않고 끈질긴 저항을 했으므로 대무신왕은 결국 부여에서 후퇴하고 말았다.

부여는 이 전쟁으로 심각한 위기에 빠진다. 금와왕의 막내일곱째 아들는 대소가 죽자 일단의 무리를 이끌고 부여를 떠난다. 그는 갈사曷思 지역에 도착해서 해두국海頭國을 빼앗아 나라를 세웠으며 고구려와 우호적인 관계를 맺기 위해 손녀를 대무신왕에게 시집보내기도 한다(갈사왕의 손녀와 대무신왕 사이에 나온 왕자가 비극의 호동왕자다). 갈사왕이 세운 나라는 아들, 손자 도두都頭에 이르러 더는 유지하지 못하고 고구려에 항복68년하고 만다(고구려는 56년에 동옥저를 멸망시키는 등 갈사국의 배후를 조이고 있었다). 한편 본래 부여 역시 왕의 종제從弟가 만여 인을 이끌고 고구려에 귀부한다22년. 고구려는 이들을 받아들여 연나부를 세우고 종제에게는 '낙'이라는 성을 내린다.

그러면 부여는 이런 상황 속에 멸망하여 없어진 것일까?

그렇지 않다. 『후한서』에는 49년에 부여가 한나라에 사신을 보낸 사실이 적혀 있다. 부여의 대환란 이후 근 30년만의 일이다. 이때부터 계속 사신이 찾아왔다고 되어 있다. 그러면 사신을 보낸 부여는 대소의 후예들이었을까? 아니면 해모수의 나라가 계속 이어져왔던 깃일까?

이미 앞에서 의문을 제시했던 것처럼 해모수의 부여일 리가 없다고 생각한다(물론 실존도 의심스럽다). 그 근거 중 하나는 고구려 태조왕의 부여 방문이다. 태조왕은 121년에 부여를 방문하고 태후묘에 제사를 지낸다. 이 태후묘가 바로 유화부인의 묘다. 태조왕은 이곳을 방문하여 백성들을 구호하는 등 시혜를 베풀고 돌아온다. 유화부인은 대소 때 죽었으므로 태후묘가 있는 부여란 곧 대소의 부여가 아직 그 명맥을 유지하고 있었다는 증거가 된다. 또한 태조왕의 모후 역시 부여 사람이다(아마도 이 점이 갈사왕 손자 도두가 항복을 하는 데에도 기여를 했을 것이다).

부여는 이전에도 77년과 105년에 고구려에 조공을 바쳤다. 그런데 태조왕의 방문은 『삼국사기』에 적혀 있는 것과는 달리 그다지 호의적이지 않았던 것 같다. 그 해 겨울 고구려가 요동 공격에 나서자 부여는 즉시 한나라에 원군을 2만 명 파견한다. 이것은 부여가 고구려의 공격을 더는 두려워하지 않게 되었다는 뜻이 된다. 아마도 한과 일종의 공수동맹을 맺었던 때문으로 보인다.

약소국으로 전락한 부여는 고구려의 영향에서 벗어나기 위해 한나라와 손을 잡기로 한다. 그 때문에 부여왕은 왕자 위구태尉仇台를 120년에 한나라에 보낸다. 그리고 121년의 고구려의 현도 공격에 원군을 파견하고 그 다음 해 고구려의 요동공격 때도 원군을 파견하여 한나라를 도와준다. 136년에는 부여왕이 직접 한나라의 순제를 만나러 가기도 한다. 161년에도 부여는 조공을 하고 있다.

167년 부여왕 부태夫台가 2만 군으로 현도를 공격한다. 이 내용은 『후한서』에 있는데 『삼국지』「부여전」에 있는 부여왕계에는 부태라는 왕이 없다. 어쩌면 부태가 위구태의 별칭일 수도 있다.

부여는 174년 다시 한과의 관계 개선을 위해서 사신을 파견한다.

부여 정권은 부여왕 – 위구태 – 간위거簡位居에 이르기까지 안정적인 왕권을 유지했던 것 같다. 그러나 그다음 마여麻余에 이르러 문제가 생기기 시작한다. 마여는 간위거의 서자로 출신성분이 좋지 않았지만 주위의 귀족들이 지원을 해서 왕위에 올랐다. 그런 만큼 전제적인 권력은 휘두를 수가 없었을 것이다. 이런 분위기는 속국에도 전달되어서 읍루가 반란을 일으킨다220~225 연간. 강한 힘을 휘두른 귀족은 우가 집단이었다. 우가의 조카 위거는 견사를 맡아 명망이 부여 안에 가득했다.

246년 관구검의 고구려 침공 시에 군량을 제공하는 등 배후에서 활약한 이도 위거였다. 우가는 그 명망을 등에 업고 반역을 꾀했으나 핵심인물인 위거가 이에 응하지 않고 오히려 우가와 그의 아들을 주살하고 만다. 위기는 넘겼지만 당시 왕권에 권위가 없었던 것은 가뭄이 들자 왕을 바꾸자, 죽여야 한다는 여론이 일어났던 점으로 보아도 쉽게 알 수 있다.

마여가 죽자 부여의 왕위는 그의 어린 아들인 의려依慮로 이어졌다. 의려가 왕위에 올랐을 때 나이는 6세밖에 되지 않았다. 부여의 혼란은 어린 왕의 즉위와 함께 더 심해졌던 것으로 보인다. 결국 선비족 모용외269~333의 침입을 받아 의려는 자살을 하고 나라는 일시 망하게 된다285년.

부여의 멸망에는 한나라의 책임도 있다. 한나라는 부여의 위기를 구해주었어야 하는데 수수방관하고 있었던 것이다. 그 때문에 부여에서 의라依羅가 원군을 요청하자 호동안이교위護東安夷校尉 선우영을 파면시키고 하감河龕을 그 자리에 앉혔으며 하감은 독우督郵 가침賈沈을 보내 의라를 지원하게 했다. 가침이 모용외를 격파해서 부여는 다시 일어나게 된다.

그러나 이 후부여後夫餘는 전부여前夫餘보다 한층 더 약해졌던 모양으로 역사에 그 이름을 거의 나타내지 못한다. 중국 사서의 「동이전」에도 『진서』 이후에는 나타나지 않으며 『삼국사기』에도 나타나지 않는다.

후부여는 346년 전연 모용황의 침공을 받아 왕을 비롯해 5만의 귀족, 백성이 끌려가는 수모를 겪기도 한다. 410년 고구려의 광개토왕이 쳐들어와서 부여는 거의 멸망 지경에 이른다. 64개의 성과 1,400개의 촌이 함락되었다. 457년에 부여는 북위에 조공을 바쳤다. 잠깐 회생의 기운이 있었던 모양이지만 이후 물길의 침공이 이어져 명맥만 유지하던 후부여는 결국 494년 고구려에 항복하면서 완전히 역사의 무대에서 사라지고 만다. 200년 이상을 존재했던 후부여에 대한 기록이 이만큼밖에 없다는 것은 얼마나 서글픈 일인가.

부여가 멸망한 후에 부여의 후계를 자처하는 '두막루'라는 나라가 흑룡강 일대에 나타났다. 두막루는 486년 기록에도 보이기 때문에 후부여 멸망과 관계없는 것으로 보기도 하는데, 부여 이름을 쓰는 나라들이 많았기 때문에 두막루도 그 중 하나였을 가능성이 있다. 두막루에 대한 기록은 724년까지 나오는데 그 후 발해와 흑수말갈에 의해 멸망했을 것으로 본다.

삼국 중 가장 먼저 세워진 나라는?

『삼국사기』에 따르면 삼국의 건국은 신라, 고구려, 백제 순서로 되어 있다. 그런데 교과서에 따르면 건국 순서는 고구려, 백제, 신라다. 과연 어떤 것이 정답일까? 사서에 적혀 있다면 그것이 모두 사실일까?

"고구마 백 개 심자." 어렸을 때 삼국의 건국 순서를 이런 식으로 외우곤 했다. 고구려, 백제, 신라라는 순으로 나라 이름을 외운 것이다. 그런데『삼국사기』에 따르면 나라가 세워진 순서는 그와 반대다. 신라가 기원전 57년, 고구려가 기원전 37년, 백제가 기원전 18년에 세워진 것으로 나온다.

『삼국사기』의 건국 연대에 대해 의문을 표하지 않는 사람은 거의 없다. 이후 국가의 활동력을 비교해보면 고구려는 이미 완성된 나라의 형태를 가지고 있지만 신라는 대단히 미미한 모습을 보이고 있기 때문이다. 따라서 신라가 자기 나라의 건국 연대를 끌어올렸다고 보는 것이 일반적인 견해라 하겠다.

고구려라는 이름은 고구려 건국 이전에 이미 등장한다. 현도군의 속현 중 고구려현이 있었다. 현도군은 토착 세력의 반발로 요동으로 이동하게 되는데 이때쯤 해서 고구려가 건국되었으리라 생각하고 있다. 『삼국사기』연대보다도 빠르다고 보는 것이다. 우리가 고구려의 건국자로 알고 있는 주몽은 고구려 왕실의 교체자로 판단할 수 있다.

그런데 이와 달리 삼국의 건국 연대를 모두 믿을 수 없다는 주장도 있다. 이것을 『삼국사기』 초기 기록 불신론이라고 한다. 유사역사가들이 역사학자들을 공격하는 단골 메뉴이기도 하다. 역사책이라는 것에 적혀 있다고 이것을 그냥 그대로 믿어서는 안 된다. 기본적인 상식인데 유사역사가들만 그것을 모른다. 아니, 알고 있으면서도 역사학계에 대한 공격거리가 되니까 이용하고 있을 수도 있다.

현대에서도 유명한 사람이 회고록을 쓴다고 그 회고록에 나오는 이야기가 다 맞다고 생각하지 않는다. 심지어 자기 평가를 높이기 위해 일부러 거짓말을 쓰는 경우도 비일비재하다. 당연히 검증이 필요하다. 그렇다면 이런 거짓말을 골라내는 방법은 무엇일까?

제일 좋은 방법은 다른 증거자료와 비교해보는 것이다. 『삼국사기』의 기록도 그렇게 비교해보게 된다. 중국 쪽에서 당대 상황을 적어놓은 책이 있기 때문이다. 제일 유명하고 중요한 책은 여러 번 이야기가 나온 『삼국지』다.

『삼국지』가 이처럼 중요한 정보를 담게 된 이유는 위나라의 장군 관구검이 고구려를 침공해서 여러 자료를 가져갔기 때문이리라 생각하고 있다. 또 이 무렵에는 낙랑군이 한반도 남부의 국가들과 활발한 교류를 가지고 있었기 때문에 여러 정보가 수집된 것으로 보고 있다. 유사역사가들은 흔히 역사학자들이 『삼국사기』는 안중에도 없고 『삼국지』만 신뢰한다고 거짓선전을 하지만 물론 사실이 아니다. 두 가지 사료를 놓고 비교하고 여기에 고고학 자료를 살펴보면서 보다 합리적인 선택을 하는 것뿐이다. 이 과정을 통해 어떤 부분은 『삼국사기』를 더 중시하고, 어떤 부분은 『삼국지』를 더 중시하는 경우가 있을 뿐이다.

가령 『삼국지』에는 마한 사람들이 금은보다 구슬을 귀하게 여긴다고 적혀 있다. 실제로 마한 지역의 삼한시대 무덤에서는 금은이 나온 경우가 거의 없고 유리, 마노, 수정 등의 구슬이 많이 나온다. 이런 것은 『삼국지』 기록의 신뢰를 높여준다. 하지만 『삼국지』 기록에 소나 말을 탈 줄 모른다고 나오는 부분은 틀렸다. 마한에서 나온 유물 중에 말재갈이 있기 때문이다.

『삼국사기』에서 백제 온조왕이 마한을 멸망시켰다고 하는 등의 이야기는 훨씬 후대의 이야기로 보는 경우가 있지만 그렇게만 볼 수는 없다. 백제는 자신들이 부여에서 나왔다는 것을 분명히 알고 있었다. 왕실의 성도 부여였고 성왕 때는 나라 이름도 남부여라고 했다. 후대에 이 모든 것이 조작되어 만들어졌다고 보기는 어렵다. 그렇다면 대체로 일찍 부여나 고구려에서 백제 왕실이 갈라져 나왔다고 보는 것이 합리적이다.

신라 초기 기록도 상당히 풍부한 이야기들을 담고 있다. 분명 후대의 일을 기져온 깃으로 보이는 부분이 삼국의 역사에 모두 들어 있고 왕위 계승과 같은 경우 연대가 맞지 않는 부분도 있어 불가해한 수명을 가정해야 성립하는 부분도 있는 것이 사실이다. 이런 부분도 다 『삼국사기』에 적혀 있으니 맞는 것이라고 주장할 수는 없다. 그런데 이런 부분을 부정한다고 해서 『삼국사기』를 믿지 않는다고 이야기할 수는 없는 것이다.

고구려 무용총 수렵도(위), **백제 금동대향로**(아래 왼쪽), **신라 기마인물형 토기**(아래 오른쪽)
삼국은 저마다 각기 다른 문화를 발전시켰다.

삼국은 여러 나라들과 경쟁하는 혹독한 환경에서 나라를 세웠으리라고 생각하고 있다. 결코 건국의 길이 쉽지 않았을 것이다. 고구려를 세운 주몽 같은 경우도 부여에서 탈출하여 낯선 땅에서 나라를 세웠다. 그에게 부여에 남겨 놓은 아들이 찾아왔고 그 아들을 인정하고 맞아들인 다음 해에 죽고 말았다. 주몽이 죽은 뒤에는 시신이 없어 그가 몰던 말채찍을 대신 묻었다고 전설에 전해진다. 주몽은 제 수명대로 운명한 것일까? 그러기에는 한창나이였다. 무슨 일이 있었기에 그는 시체도 남기지 못한 것일까?

신라를 세운 박혁거세재위 기원전 69~ 기원후 4의 죽음도 미스터리하기는 마찬가지다. 그는 하늘에 올라갔다가 사지가 절단되어 땅에 떨어졌다. 시체를 합하려 하자 뱀들이 나타나 방해했다. 결국 시체를 움직이지 못하고 다섯 개의 능을 만들어야 했다. 경주에 있는 오릉이 바로 박혁거세의 절단된 시체를 묻은 무덤이다. 박혁거세에게는 과연 어떤 일이 일어나 최고의 중죄인에게나 주어지는 신체 절단이라는 비극이 벌어진 것일까?

백제에는 온조보다 더 중요한 인물이 있었다. 바로 온조의 어머니인 소서노다. 주몽과 결혼했다가 유리가 오자 떠난 여인으로 남쪽으로 와서 백제를 세웠다. 그녀가 죽기 직전에 노파가 남자로 둔갑하고 도성에 다섯 마리의 호랑이가 들어오는 괴변이 있었다. 여기서 호랑이들이 의미하는 바는 무엇일까?

이렇게 삼국은 초기부터 나라를 이어가는 것이 과제일 정도로 위기를 겪었다고 볼 수 있다. 반면 이런 위기를 넘기지 못한 수많은 나라들이 시라졌고, 그들은 이런 기록조차 남기지 못했다.

유사역사학에서는 '삼국사기 초기 기록 불신론'을 일제 식민사학자가 제기하고 우리나라 역사학자들이 그것을 맹목적으로 추종하고 있다고 주장한다. 식민지에서 벗어난 지가 무려 76년이나 되었다. 그동안 연구자들이 세대교체를 몇 번이나 했는데 역사학이 하나도 발전하지 않았다는 것은 비상식적인 발언일 뿐이다.

실존 자체가 의심 받는
해모수와 북부여

고려의 문인 이규보는 장편서사시『동명왕편』을 지었다. 이 서사시는 김부식이
편찬한『삼국사기』이전의『구 삼국사』를 참고해서 만들어졌다. 이 시는
이규보의 나이 스물여섯 때인 고려 명종 23년(1193) 4월에 지어졌다.

옛적 부여의 왕궁 터에 놀라운 일이 벌어졌다. 부여가 이곳을 버리고 떠날 때 하늘이 자손을 내려 이곳을 다스릴 것이라고 했었다. 그저 옛날이야기인 줄 알았는데 하늘에서 용 다섯 마리가 끄는 수레를 타고 한 사내가 이곳에 있는 웅심산에 착륙했던 것이다. 그 뒤로는 하얀 고니를 탄 부하 백여 명이 따르고 있었다.

머리에는 까마귀 깃털로 만든 오우관을, 허리에는 용의 빛이 번쩍이는 용광검을 찬 이 사내는 스스로 천제의 아들 해모수라 일컬었다.

웅심산에서 십여 일을 머물렀던 일행이 부여의 구도를 들어와 나라를 세웠으니 그 이름이 북부여였다.

이때 압록강이 있던 지방에는 물의 신 하백이 살고 있었는데 그에게는 세 딸이 있었다. 유화柳花, 위화葦花, 훤화萱花라는 이름을 가지고 있었다. 하루는 이들이 압록강 웅심연에서 물놀이를 하고 있는데, 마침 사냥을 나온 해모수의 눈에 띄었다.

해모수는 자매의 미모에 놀라고 그 중에서 왕비를 취하여 자식을 낳을 만하다고 여겼다. 하지만 해모수가 작업을 건답시고 눈짓 한 번을 날리자 자매들은 모두 물속으로 숨어버렸다. 물의 신의 딸이니 물속에 들어가는 건 아무 문제도 아니었다.

시위 중에 맹랑한 자가 있어 해모수에게 조언을 했다.

"궁전을 지어놓으면 여자들이 들어갈 것이니 그 때 문을 잠그십시오."

허허벌판에 어느 천 년에 궁전을 짓는단 말인가? 하지만 해모수에게는 그럴 능력이 있었다. 해모수는 말채찍을 들어 땅에 금을 그었다. 그러자 구리로 만들어진 집이 땅으로부터 솟아올랐다.

해모수는 집 안에 술상 세 개를 준비하게 했다. 그리고 해모수 일행이 물러나자 세 자매가 다시 물 위로 고개를 내밀었다. 이들은 갑자기 생겨난 구리집을 보고 호기심이 동해서 들어가게 되었다. 산해진미가 술과 함께 갖춰져 있으니 먹고 마시지 않을 수 없었다. 세 자매가 왁자지껄 수다를 떨며 술잔을 기울였다.

세 자매 모두 취기가 올랐을 즈음, 해모수가 문 앞에 등장했다. 낯선 남자의 등장에 놀란 세 자매는 황급히 도망쳤다. 그런데 맏언니 유화는 술이 너무 과했는지 치마를 밟고 쓰러져버리는 통에 빠져나갈 수가 없었다.

달아난 두 동생이 아버지 하백에게 가서 이 사실을 고했다. 하백이 노발대발한 것은 당연지사. 하백은 곧 용감한 신하를 뽑아 해모수에게 보냈다.

"너는 누구기에 감히 내 딸을 붙잡아 두는 것이냐"

하백의 전언에 해모수는 애써 위엄을 갖춰 대답했다.

"이 몸은 천제의 아들로 하백과 혼인을 맺고 싶을 따름이오."
"혼약을 맺고 싶다면 매파를 보내서 정식으로 청혼을 해야지, 이 무슨 날강도 같은 짓이란 말이오?"

해모수는 그 말에 부끄러움을 느꼈다. 하백을 만나 뵙고 사죄하기로 마음먹었다. 하지만 하백의 나라로 들어갈 수가 없었다. 인간의 몸으로는 물 밑에 있는 하백의 나라로 갈 수 없었던 것이다.

그런데 이때 이미 유화는 해모수에게 마음을 허락한 상태였다. 해모수에게 하백의 나라로 들어갈 수 있는 방법을 알려주었다.

"오룡거다섯마리의 용이 끄는 수레를 부르면 들어갈 수 있습니다."

해모수는 하늘나라에 있는 오룡거를 불러내려 유화와 함께 탄 뒤에 하백의 궁궐로 들어갔다.
하백이 해모수를 보고 코웃음을 치며 말했다.

"왕이 진실로 천제의 아들이라면 어떤 신통력이 있는지 보여주기 바라오."

해모수도 태연자약하게 말했다.

"마음대로 시험해보시지요."

그 말에 하백은 곧 신통력을 부려 잉어로 변해서 연못으로 뛰어들었다. 해모수는 곧 수달로 변해서 잉어를 붙잡았다. 그러자 하백은 사슴으로 변해 달아났다. 해모수는 늑대로 변해 사슴을 쫓아갔다. 하백은 꿩이 되어 날아올라서 늑대를 피했는데 해모수는 재빨리 매로 변해 다시 하백을 붙잡았다.

하백의 시험에 해모수가 합격했다. 하백은 출중한 사위를 얻게 됨을 기뻐하고 예를 갖춰 혼례를 치렀다.

해모수가 떠나려 할 때 하백의 마음에 불길한 생각이 들었다. 저렇게 훌륭한 남자가 자기 딸을 데리고 가지 않을 수도 있다는 의심이 들었던 것이다. 하백은 계략을 짰다. 해모수 송별연을 거하게 연 뒤에 그를 만취하게 하고는 해모수와 유화 두 사람을 가죽 부대 안에 집어넣어서 오룡거에 실었다.

오룡거가 다시 날아오를 때 해모수가 술에서 깨어났다. 가죽 부대 안에 갇힌 것을 안 해모수는 화가 났다. 유화의 비녀를 빼서 가죽 부대를 찢어버린 뒤에 자기만 빠져나오고 유화는 가죽 부대와 함께 뒤에 남겨지고 말았다.

계책이 수포로 돌아간 하백은 유화가 칠칠맞아서 생긴 일이라고 도리어 화를 냈다.

하백은 유화의 입술을 당겨서 석자나 삐져나오게 만들어서는 하

청룡도

평안남도 강서군 강서대묘 동벽에 그려져 있다.

인 둘만 딸려서 태백산 남쪽의 우발수 연못으로 쫓아버렸다.

유화는 어부가 그물을 던져 고기를 잡으면 그 고기들을 풀어주며 우발수 유배생활을 지내고 있었다. 어부의 생활이 곤란해질 지경이어서 어부는 동부여의 왕 금와왕에게 자신의 어려움을 하소연했다.

금와왕이 연못 안의 괴물을 잡기 위해 나섰고, 쇠그물을 던져서 기어이 유화를 끌어내는 데 성공했다. 모양은 사람이지만 입술이 오리주둥이처럼 튀어나와 말을 못하는 것을 보고 입술을 세 번 잘라내 사람 입모양을 만들어주었다. 그러자 유화가 자기 신세 한탄을 늘어놓았다.

금와왕은 유화가 천제 해모수의 부인인 것을 알고 별궁으로 모셨다. 그러자 햇빛이 유화를 따라다니기 시작했다.

해모수가 보내는 햇빛이었다. 하늘로 돌아간 해모수가 유화는 잘못이 없다는 것을 알고 보낸 화해의 제스처이기도 했다. 햇빛을 받고 유화가 잉태하여 아들을 낳으니 이 아이가 바로 고구려를 세운 동명성왕 주몽이다.

이 이야기는 고려시대 문인 이규보가 쓴 『동명왕편』의 내용이다. 이규보는 『구 삼국사』를 보고 동명성왕의 이야기가 자세히 전해져야 한다고 생각하여 『동명왕편』을 썼다.

재미있는 이야기지만 사실로 보기는 어려운 이야기라 하겠다. 해모수가 세웠다는 북부여는 이후에 어떻게 다스려졌는지 이야기가 나오지 않는다. 주몽의 아들 유리는 주몽을 찾아 고구려로 왔다. 그런데 주몽은 왜 아버지를 찾아서 북부여로 가지 않았을까? 그것은 사실 북부여라는 곳이 없었기 때문일 것이다.

이규보는 스물두 살이 되던 명종 19년(1189) 과거에 장원급제하였다. 하지만 관직을 받지 못하여 생활이 곤궁했다. 이때는 무신난으로 무신들이 권력을 장악하고 있던 때였다. 그가 관직에 나아가지 못하고 울분에 차 있을 때 지은 시가 『동명왕편』이다. 그는 '우리나라가 본래 성인의 나라'임을 알리기 위해 이 시를 썼다고 밝혔다.

나라를 두 개 세운
여걸 소서노

현실적으로 생각하면 주몽은 부여 금와왕의 서자였을 것이다. 왕위 계승에서는 서열이 밀렸지만 뛰어난 재능을 가지고 있어 왕권에 위협이 된다고 판단해서 그를 죽이려 했을 수 있다. 주몽은 자신의 왕국을 갖기 위해 동료들과 모험을 떠났다.

주몽의 이야기는 부여의 동명왕 이야기와 거의 똑같다. 앞에 붙은 유화 부인과 해모수의 이야기만 다를 뿐, 하늘의 기운을 받아 알로 태어났고 짐승들이 보호해주었으며 활의 명수였다는 점까지 모두 똑같다.

주몽이 부여를 떠나기 전에 천리마를 얻는 과정이 추가된 이야기도 있다. 여기에도 유화부인의 현명함이 보태져있다. 유화부인은 채찍으로 말들을 놀라게 해서 천리마를 알아본 뒤 말의 혀에 바늘을 꽂아 일부러 여위게 만들어서 그 말을 차지하게 꾀를 썼다. 그 뒤 주몽은 부여 금와왕의 왕자들에게 미움을 받아서 달아나게 되었다. 주몽은 오이, 마리, 협보라는 부하 셋과 함께 동부여를 떠나 강을 건너 졸본부여로 들어갔다.

졸본부여의 왕에게는 딸이 셋 있었는데 주몽을 보고 보통 사람이 아니라고 생각해 둘째 공주와 혼인을 시켰다. 사실 주몽은 이미 동부여에서 결혼해 임신 중인 아내가 있었지만 왕국을 차지할 기회라 생각해서 결혼을 승낙했다. 그리고 계획대로 부여왕이 죽은 뒤에 왕국을 차지했다.

그런데 주몽의 결혼에 대해서는 또 다른 이야기가 전해진다. 앞서의 이야기에 대해서 신채호는 유리왕이 비류국왕 송양의 딸을 왕비로 맞은 것이 주몽의 이야기로 잘못 전해진 것이라 보았다.

동부여의 왕 해부루에게는 서손서자로 내려온 손자이 하나 있었는데 졸본 지방에 살았다. 그의 이름은 우태였다. 우태는 졸본 지방 유지였던 연타발의 딸 소서노와 결혼했다. 소서노는 우태와의 사이에서 두 아들을 낳았는데, 우태는 오래 살지 못하고 죽고 말았다. 소서노의 두 아들을 장남은 비류, 차남은 온조라고 했다. 이들이 바로 백제의 시조이다.

그리고 그 때 주몽이 졸본에 나타났다. 주몽의 나이는 22세. 부유한 과부였던 소서노는 이때 30세였다.

주몽은 소서노와 손잡고 새 왕국을 만들었다. 흔히 이전의 나라를 졸본부여라고 하는데, 이 나라는 고구려였을 수도 있다. 고구려 왕실은 주몽 이전과 이후가 달라진다고 보통 보고 있다. 주몽은 왕실을 교체한 인물일 수 있다.

소서노는 가산을 기울여 주몽의 뒷바라지를 했고 주몽도 그런 소서노를 아끼고 사랑했다. 소서노의 두 아들 역시 자기 자식처럼 키웠다. 그렇게 19년의 세월이 잘 지나갔다.

그런데 주몽의 치세 말년에 뜻밖의 일이 벌어졌다. 부여에서 주몽의 아들이라는 청년이 그 어머니 예씨와 함께 찾아온 것이다.

유리는 자신이 아들이라는 증거로 부러진 검을 내밀었다. 주몽도 19년 세월 동안 간직해왔던 부러진 검을 꺼내 둘을 맞춰보았다. 둘은 완벽하게 하나로 이어졌다. 19년이 지났다고 해도 아내의 얼굴을 몰라볼 것은 아니었으니 검을 확인하는 것은 요식 절차 같은 것이었다.

주몽은 검을 숨겨놓으면서 "일곱 골짜기 일곱 고개 소나무 위에 숨겨놓은 물건"을 가져오라고 했다. 이런 문제를 풀 수 있는 지혜가 있어야 자식으로 인정하겠다는 이야기였던 것이고, 유리는 바로 그 문제를 풀었던 것이다.

주몽과 예씨는 이산가족 상봉을 했지만, 옆에서 지켜보는 소서노는 가슴에 열불이 날 상황이었다. 소서노는 주몽을 도와 나라를 만들었다. 주변의 강국들과 싸워가며 지금껏 키운 나라가 통째로 남의 손에 넘어갈 판이었다. 유리는 주몽의 적장자이고 자기 아들인 비류와 온조는 남의 자식일 뿐이니 왕위가 어디로 갈지는 뻔한 노릇이었다. 19년을 독수공방한 예씨도 자기 몫을 찾기 위해 혈안이 될 것은 뻔한 일이었다.

막 들어온 신진세력과 막강한 세력을 장악하고 있는 구세력 간의 충돌이 벌어질 판이었다. 주몽은 이때 유리의 손을 들어주었지만 소서노의 힘도 만만치 않았을 것이다. 사랑하던 두 사람의 과거는 흘러가고 이제는 정적으로 남은 상황. 유리 입장에서도 필사적이었을 것이다. 주몽의 모친인 유화부인이 살아 있을 때는 그나마 괜찮았지만 그녀가 죽은 후 4년 동안은 고난의 연속이었다. 결국 어머니 예씨를 모시고 역경을 무릅쓴 도주 끝에 아버지의 나라에 도착했으니, 물러날 곳이 없었던 것이다.

이 두 세력의 갈등 속에 있던 주몽이 돌연 5개월 만에 숨지고 말았다. 이규보의 『동명왕편』에서는 그가 40세의 나이로 하늘로 승천해서 시신이 남지 않아서 옥채찍으로 대신 장례를 치렀다고 나온다. 과연 무슨 일이 벌어졌던 것일까?

소서노가 19~20세경에 첫 결혼을 했다면 온조와 비류는 주몽 치세의 후반에는 국정에 참여할 나이가 되었을 것이다. 주몽의 아들 유리가 고구려로 아버지를 찾아왔을 때 찾아왔을 때 비류와 온조는 20대 후반쯤의 나이가 되었을 것 같다. 장성하고 비범한 아버지의 두 수양아들이 유리왕의 눈에 어떻게 비쳤을지는 뻔한 일이었다. 소서노는 결단을 내렸다. 이 일을 주도한 것은 장남 비류였다. 유리왕으로부터 소외되자 그는 온조에게 망명에 대해 이야기했다.

"우리가 공연히 여기에 있으면서 쓸모없는 사람같이 답답하고 우울하게 지내는 것보다는, 차라리 어머님을 모시고 남쪽으로 가서 살 곳을 선택하여 별도로 도읍을 세우는 것이 좋겠다."

소시노는 자신이 세운 나라를 버리고 새로운 나라를 만들기로 하고 비류, 온조와 함께 남쪽으로 떠나갔다. 이때 소서노를 따르는 오간, 마려 등 열 명의 신하가 따라갔다. 말이 열 명의 신하지, 열 개의 세력이 그녀를 따랐다는 뜻이다. 이외에도 친척 어른인 을음이 큰 벼슬을 맡는 등 친인척들도 함께 이동했다는 것을 알 수 있다. 집안이 따라나서는 것은 역시 소서노의 지도력을 믿었기 때문이라고 봐야겠다.

이렇게 떠난 그들은 처음에는 비류와 온조가 각각 나라를 세웠다가 비류는 건국에 실패하고 죽고 말았다. 그 세력은 온조에게 흡수되었다. 이후 13년, 백제는 정신없는 건국 과정을 거치는데, 그 중심은 소서노가 차지했다. 그런데 온조왕 13년에 이상한 일이 벌어진다. 할머니가 남자로 변하는 해괴한 일이 벌어지는가 하면 호랑이 다섯 마리가 도성에 침입했던 것이다. 그리고 소서노가 61세의 나이로 별세했다.

백제는 비상사태에 들어갔다. 온조는 한강 이남으로 도읍을 옮기기로 결심한다. 불안했던 것이다. 이는 결국 북방에서 위협이 있었다는 뜻으로 봐야 할 것이다. 어머니의 정치로 유지하던 시절은 끝이 났다. 온조는 보다 안전한 곳으로 물러나 나라를 새로이 정비해야 했다. 온조는 새 도성에 주몽과 어머니를 위한 사당을 새로 지었다.

두 남자를 사랑하고 두 나라를 세웠던 여인, 소서노는 고대사의 여걸 중 여걸이었다.

소서노가 주몽과 재혼하고 나중에 자기 아들들과 일대 세력을 형성하여 남하한 것을 보면 이 시기에 여성 권리가 상당했음을 짐작할 수 있다. 신라에서는 여왕이 즉위하기도 하는 등 여성이 권력의 정상에 있기도 했다.

신라 왕실 교체 전설의 진실은?

신라 초기의 역사를 살펴보면 평화롭게 세 성이 왕위를 교체한 것으로 나타난다. 이것은 왕권이 강화되지 못했다는 것을 증명하는 일이다. 누구나 자기 집안이 권력을 독차지하기를 원하며, 집안에서도 심지어는 아들과도 대립하는 일이 생기는 것이 권력이기 때문이다.

신라의 건국 신화에도 신비로운 요소들이 있다.

신라의 건국자인 박혁거세는 기원전 69년 3월 1일에 태어났다. 그는 사람의 몸에서 태어난 것이 아니라 알 수 없는 보라색 알에서 태어났다. 고조선의 유민들이 서라벌지금 경주에서 여섯 개의 촌을 만들고 살고 있었는데 3월 1일에 모여 임금님을 정하고 나라를 세울 궁리를 했다. 이때 산 아래 우물가에서 어떤 이상한 기운이 번개처럼 땅에 드리우는 것이 보여 살펴보았더니 백마 한 마리가 무릎을 꿇고 절을 올리는 시늉을 하고 있었다. 모두 그곳으로 다가가자 말은 길게 울음소리를 내고는 하늘로 올라갔다. 그 자리에는 보랏빛의 큰 알이 하나 남아 있었다. 알을 쪼개자 그 안에는 용모 단정한 사내아이가 있었다. 시내에 데리고 가 목욕을 시키자 몸에서 광채가 나고 새와 짐승들이 모두 춤을 추고 해와 달도 맑게 빛났다.

아이가 13세가 되었을 때 왕위에 올랐다. 드디어 나라가 만들어진 것이다. 왕의 이름은 혁거세라고 했고 박같이 생긴 알에서 태어났다고 하여 박을 성씨로 삼았다.

혁거세가 박에서 나왔을 때 알영정이라는 우물에서는 닭의 머리를 가진 용_{계룡}이 나타나 왼쪽 옆구리에서 여자 아이를 낳았다. 다른 전설에서는 용이 나타났다가 죽어서 그 배를 갈랐을 때 여자 아이가 나왔다고도 한다. 그런데 여자 아이의 입이 닭의 부리처럼 생긴 점이 특이했다. 여자 아이를 시냇가로 데려가 목욕을 시켰더니 부리가 떨어져나갔다. 우물 이름을 따서 알영이라 불렀다. 그리고 13살이 되었을 때 혁거세와 결혼시키고 왕비로 삼았다. 용은 보통 물과 관련이 있는 영물이라는 점에서 알영의 이야기는 유화부인의 입이 오리주둥이처럼 나와 있어서 세 번을 잘라서 말을 할 수 있게 했다는 점과 비슷하다.

혁거세의 나라는 서라벌, 서벌, 사라, 사로 등의 이름으로 불렸다. 계림에서 나왔다고 하여 계림국이라고도 했다. 한참 후에야 신라라는 이름을 사용하게 되었다. 서라벌은 신라의 왕성 이름이 되었다.

혁거세는 61년간 사로국을 다스렸다고 『삼국사기』는 전한다. 그러니까 73세가 될 때까지 나라를 다스렸을 것이다. 그런데 뜻밖의 일이 생겼다. 혁거세가 하늘로 올라갔다가 7일 뒤에 다섯 조각이 나서 땅에 떨어졌고 왕비마저 죽고 만 것이다. 나라 사람들이 슬픔에 빠진 것은 당연한 일일 것이다. 심지어 조각난 몸을 다시 합할 수도 없었다. 그러려고 할 때마다 커다란 뱀이 나타나 방해를 했기 때문이다. 결국 무덤도 다섯 개를 만들어야만 했다. 지금 경주에 있는 오릉이 바로 그것이다. 뱀이 방해를 했기 때문에 이 능의 이름을 뱀 사_蛇 자를 써서 사릉이라고도 부른다.

시조의 비극에도 불구하고 신라는 계속 성장했다. 왕위는 아들 남해가 이어받았고 이때 시조묘를 세웠다. 제사는 딸인 아로가 주관했다. 정치와 종교 모두 혁거세의 아들딸에게 장악되었던 것이다.

남해는 죽을 때 왕위를 아들 유리와 사위 탈해 사이에서 나이가 많은 사람이 이어가라고 했다. 전설에 따르면 이때 유리가 탈해에게 왕위를 양보하려고 하자 탈해가 "나이가 많은 사람이 이가 더 많다고 하니 확인해 봅시다"라고 말해서 둘이 떡을 깨물었다고 한다. 그 결과 유리의 잇자국이 더 많이 나서 유리가 왕이 되었고 이후 왕을 '잇금' 또는 '이사금'이라고 부르게 되었다고 한다.

나이가 들수록 이가 빠져서 나이 든 사람의 이가 더 적은 것이 상식인데 대체 이 이야기는 왜 반대로 되어 있을까? 탈해의 성격과도 이 이야기는 맞질 않는다.

탈해는 바다에서 들어온 외지인이었다. 그가 신라에 도착해서 먼저 한 일이 좋은 위치에 있던 집을 빼앗는 것이었다. 그는 역시 외지인이었던 호공의 집에 숫돌과 숯을 묻어두고는 원래 자기네 조상 집이라고 시비를 걸었다. 호공은 당연히 아니라고 펄쩍 뛰었고 시시비비는 관가에서 판가름내기로 했다. 탈해는 자신의 집이 대대로 대장장이였다고 주장하며 땅을 파보면 알 수 있다고 말했다. 땅을 파보니 숫돌과 숯이 나왔기에 호공은 집을 빼앗기고 말았다. 이걸 봐도 알 수 있듯이 탈해는 꾀가 넘치는 지략가였던 것이다. 그는 자신이 용성국의 왕자라고 주장하고 혁거세처럼 알에서 나왔다고 주장했다.

탈해가 한 번은 부하에게 물을 떠오게 했는데, 부하가 물을 떠오다 목이 말랐는지 먼저 입을 대었다. 그 순간 그릇이 입에 들러붙어 떨어지지 않게 되었다. 탈해가 그의 잘못을 꾸짖었고 부하는 다시는 이런 짓을 하지 않겠다고 빈 뒤에야 용서 받아서 그릇을 떼어놓을 수 있었다. 이 일이 알려지자 누구도 탈해를 속일 수 없었다. 이런 일화를 통해 탈해가 지략과 더불어 상당히 권위적인 인물이었다는 것도 알 수 있다.

그런데 가야 쪽 전설을 보면 탈해는 신라에 가기 전에 가야부터 왔다. 그리고 가야의 수로왕을 만나서 대담하게 말했다.

"나는 왕위를 빼앗으러 왔다."

"하늘이 왕위를 내게 주었는데 어찌 남에게 넘기겠는가?"

"좋다. 술법으로 겨뤄보자."

탈해가 매로 변하자 수로는 독수리로 변했다. 탈해가 참새로 변하자 수로는 새매로 변했다. 탈해는 다시 사람으로 돌아와 졌음을 인정했다.

"저를 죽일 수 있음에도 너그럽게 용서해주셨으니 어지신 마음을 잘 알겠습니다. 물러나겠습니다."

이렇게 해서 탈해는 신라로 갔다. 그가 야심가라는 것을 보여주는 일화이다. 이런 그가 왕위를 순순히 양보했다는 것은 매우 흥미로운 일이다. 떡에 잇자국을 남기는 것은 조작이 얼마든지 가능한

일이다. 탈해가 일부러 잇자국
을 덜 남겨 왕위를 양보했을 가
능성이 높은데 다음 왕위를 차
지할 자신이 있었던 것 같다. 그
리고 실제로 그는 유리의 두 아
들을 제치고 62세에 왕이 되었
다. 오랜 기다림 끝에 결국 왕위
에 올랐던 것이다.

하지만 그의 사후 왕위는 다
시 유리의 아들들에게 넘어갔다.
혁거세-남해-유리는 박씨 집안
이고 탈해는 석씨였다. 신라의
전설은 이들과 김씨까지 해서
세 성씨가 평화롭게 왕위에 올

조선시대에 김알지 탄생을 그린 그림
나무에 매달린 금궤에 김씨 시조 김알지가
들어 있었다.

랐다고 하지만 이것은 후대에 미화된 이야기일 것이다.

뒷날 김씨들이 왕위를 차지했을 때 박씨는 왕비족으로 살아남
았지만 석씨들은 그 후 등장하지 않는다. 이런 점을 보아도 이들이
평화롭게 왕실을 교체했을 리는 없었을 것이다.

신라말에 마지막 박씨 왕이었던 아달라 이사금의 후손이라고 하면서 신덕왕이 즉위했
다. 아달라 이사금에게 후손이 없어서 석씨 왕인 벌휴 이사금으로 넘어간 만큼 신덕왕
이 박씨 왕의 후예라면 아달라 이사금에게 후손이 있었음에도 왕위가 석씨로 넘어간
셈이다. 평화로운 왕권 교체가 아니었을 것이다.

〈황조가〉를 남긴 유리왕의 불행한 삶

고구려 2대 왕인 유리는 고구려에 적응하기도 전에 나라의 큰 세력이 떠나는 것을 허용해야만 했고 아버지마저 잃었다. 그는 위태롭기 짝이 없는 나라를 보존해야 하는 큰 책임 아래 놓였다.

"더러운 한나라 계집이 어디서 감히⋯⋯."

화희가 부르르 떨면서 치희를 노려보았다.

"같은 왕비끼리 너무 심하지 않습니까?"

치희도 지지 않고 화희에게 치받았다. 화희의 눈에 불꽃이 튀었다.

"흥! 한나라 집안의 노비 출신이 감히 나와 맞먹겠다고 하는 거냐?"

화희는 고구려의 귀족 집안 출신이지만 치희의 신분은 낮았다. 얼굴이 새파랗게 질렸지만 뭐라 할 말이 없었다.

두 사람이 늘 부군인 유리왕의 총애를 받기 위해 다퉜기 때문에 유리왕은 두 사람이 아예 만날 수 없게 궁을 따로 지어 떼어놓았었다. 불행히도 유리왕이 사냥을 나가서 7일 동안이나 돌아오지 않는 사이에 두 여인이 다시 만나서 대판 싸움을 벌이고 만 것이다. 치희는 분하고 억울하고 부끄러워 견딜 수가 없었다. 그 길로 궁을 뛰쳐나가 자기 집으로 도망쳐버리고 말았다.

고구려의 제2대 유리왕은 매우 불행한 왕이었다고 할 수 있다. 그는 유복자로 태어나서 "애비 없는 자식"이라는 욕을 먹으며 컸다. 성장해서 아버지가 사실은 고구려의 왕이라는 것을 알고 아버지가 남긴 유품을 가지고 산 넘고 물 건너 아버지를 만날 수 있었다.

하지만 아버지는 다섯 달 후 승하하여서 부자지간의 정을 누릴 시간도 많지 않았다. 아버지의 사망으로 그는 원한 적이 없던 고구려라는 유산을 덜컥 받아버리고 말았다. 고구려가 강대하여 천하를 호령하는 나라였다면 횡재였겠지만, 이제 막 생긴 신생국가에 불과했다. 더구나 유리왕은 그곳에서 성장하지도 않은, 부여의 홀어머니 아래서 큰 더벅머리 총각에 불과했다. 아버지와 함께 나라를 세운 쟁쟁한 장군들 틈바구니에서 이 열아홉 살 총각이 무슨 생각을 할 수 있었을까?

유리왕이 고구려에 도착하자 그곳의 토착 세력이었던 소서노와 온조, 비류 등은 고구려를 떠났다. 이들은 후일 남쪽에서 새로운 나라들을 만들었다. 이 이야기는 후대에 각색된 부분이 있는 것은 분명하지만, 유리의 등장으로 반발한 토착 세력이 있었던 것을 반영했다고 볼 수 있을 것이다.

유리왕은 스무 살에 다물후 송양의 딸과 결혼했다. 송양은 주몽과 세력을 다투던 인물이었다. 그때 송양이 주몽에게 져서 고개를 숙이긴 했지만 만만치 않은 세력을 가지고 있던 인물로 대무신왕 때 기록에는 다물국왕으로 나온다. 즉 유리왕의 첫 왕비는 나라의 안정을 위한 정략결혼의 성격이 강했다고 볼 수 있다. 그런데 불과 1년 만에 왕비가 죽고 말았다. 유리왕은 골천 출신의 화희와 한나라 사람의 딸 치희를 후실로 맞아들였다. 왜 두 사람을 한 번에 받아들였을까?

왕비가 죽기 바로 전에 유리왕은 골천에 별궁을 지었다. 이 골천이라는 곳이 지금은 어딘지 알 수 없지만 당시 고구려의 입장에서 별궁을 지을 만큼 중요한 곳이라는 점은 알 수 있다. 그곳 출신의 딸과 혼인한 것은 역시 그 지역 세력을 의식한 정략결혼이라 할 수 있을 것이다.

그러니 그가 정말 마음을 준 여인은 치희였을 것이다. 비첩이라는 표현으로 보아 치희는 궁에서 시중을 들던 궁녀 출신이었을지도 모른다. 유리왕의 외로움을 잘 이해한 여인으로 정비가 죽자 유리왕은 그녀를 왕비로 맞고 싶었으나, 당대 세력을 감안하여 화희도 왕비로 맞아야만 했던 것 같다. 왕권이 강화된 뒤에는 투기를 부리는 후궁을 가죽부대에 담아 강물에 던져버리기도 한 것이 고구려의 왕이었으나 이때는 그럴 권력이 없었다.

사냥터에서 돌아온 유리왕은 화희를 벌하지도 못한 채 치희를 달래러 그녀의 집을 찾아갔지만 치희의 마음은 이미 굳게 닫힌 뒤였다. 평소 유리왕은 자신의 외로움을 노래에 담아 내뱉곤 했다. 지금도 전해지는 곡이 있는데 그것이 그 유명한 〈황조가〉다.

훨훨 나는 저 꾀꼬리
암수 서로 정다워라
외로울사 이 내 몸은
뉘와 함께 돌아갈꼬?

일반적으로 〈황조가〉가 유리왕이 치희를 찾아갔다가 돌아오는 길에 지은 것으로 알려져 있지만, 학계에서는 그전부터 부르던 노래라는 설이 많다. 저 노래는 유리왕이 자신의 외로움을 토로하여 즐겨 부르다가 치희와 이별하면서 다시 한 번 불렀던 노래일 것이다. 왕은 최고의 권력을 가졌지만, 왕이기에 참사랑을 찾을 수 없는 가련한 존재이기도 했던 것이다.

유리왕의 태자 해명은 황룡국에서 보내온 활을 부러뜨렸다. 황룡국이 고구려를 우습게 보고 있을까 걱정이 되었던 것이다. 유리왕은 황룡국왕에게 해명을 보낼 테니 죽이라고 말했다. 하지만 해명의 늠름함에 감히 손을 대지 못했다. 그러자 유리왕은 해명에게 자살을 명했다. 그만큼 유리왕은 황룡국이 두려웠던 것이다. 해명은 들판에 창을 꽂아놓고 말을 달려 창에 찔렸다. 스물한 살의 아까운 청춘이 이렇게 스러졌다.

전쟁의 신 대무신왕

고구려는 대무신왕 때 부여 공격에 나선다. 원정 결과 부여의 왕을 죽이고 부여를 궁지에 몰아넣지만 부여는 결정적 위기에서 간신히 살아남았다. 원정이 반은 성공하고 반은 실패한 셈이었다.

대무신왕은 고구려의 3대왕으로 이름은 무휼이다. 『삼국 사기』에 나오는 대무신왕의 이야기는 동화 같은 환상적인 이야기 로 가득 차 있다.

대무신왕은 유리왕의 셋째 아들로 위의 형 도절과 해명이 차례 로 죽거나 자살해서 태자가 되었다. 그가 아직 태자가 되기 전의 일화로부터 이야기는 시작된다.

부여왕 대소가 사신을 보내 유리왕에게 항의한 일이 있었다. 유 리왕은 부여 사신의 질책에 전전긍긍하며 아무 말도 하지 못했는 데 불과 여섯 살이었던 무휼이 부여 사신을 야단쳤다.

"지금 여기에 알이 쌓여 있는데 대왕이 허물지 않는다면 신은 대왕을 섬길 것이고 허문다면 섬기지 않을 것입니다. 이렇게 보고하시오."

대소는 이게 무슨 말인지 알 수가 없었다. 무당이 말을 풀이했다.

"알들이 쌓여 있는 것은 위태로운 것이니 허물지 않아야 안전할 것입니다. 대왕께서 자신의 위험은 알지 못하고 남이 오기를 기다리는 것이니 위험한 것을 안전한 것으로 바꾸어 스스로를 다스려야 한다는 뜻입니다."

4년 후 부여가 고구려로 쳐들어왔다. 『삼국사기』에 따르면 이때 고구려군의 총사령관은 열 살인 무휼이었다. 무휼은 학반령에 복병을 숨겨 놓고 부여군을 유인하여 전멸시켰다.

이 공으로 무휼은 다음 해 열한 살의 나이로 태자가 되었다. 유리왕이 세 번째 세운 태자였다. 5년 후 열여섯 살의 무휼은 고구려 제3대 왕이 되었다.

대무신왕의 이름은 광개토왕비에는 대주류왕이라고 나온다. 『삼국사기』에도 대해주류왕이라는 이름이 나온다. 고구려 초기의 왕실은 해씨였다는 견해가 있다. 대무신왕의 나이는 이보다 많았을 것이다. 왜 그의 나이를 내렸는지는 알 수 없지만 태자가 되었을 때 열한 살이라는 기록은 스물한 살이라는 기록의 오류였을 가능성이 있다. 열 살에 군의 지휘관이 되기는 어렵다. 그런데 스무 살에 전투를 지휘하는 것은 있을 수 있는 일이고 십+과 이십卄은 한 자로 한 획의 차이가 있을 뿐이다. 대무신왕 15년에 왕자 호동이 자살했는데 왕이 되었을 때 열여섯 살이었다면 이때 대무신왕의 나이도 서른한 살에 불과하니 호동의 나이 역시 매우 어릴 수밖에 없게 된다. 그러나 대무신왕이 이때 마흔한 살이었다면 호동의 나이도 웬만했으리라 짐작할 수 있다.

청동 세 발 솥.

중국에서 솥, 특히 세 발 달린 솥은 황제의 상징으로 종종 쓰였다. 고구려 유물인 이 솥은 지름 26.4cm 크기로, 토기가 아닌 금속으로 만들었고 세 발이 달린 것으로 보아 아마 제사 용기로 쓰였을 것이다.

대무신왕은 3년차에 사냥을 나갔다가 신마 거루를 얻는다. 그 다음 해에 부여는 머리 하나에 몸이 둘 달린 붉은색 까마귀를 대무신왕에게 보냈다. 부여의 사신이 거만하게 말했다.

"검은 까마귀가 붉은색이 되고 머리 하나에 몸이 둘이니 두 나라가 하나가 될 징조요."

대무신왕이 신하들과 상의하고 답변을 보냈다.

"검은색은 북방의 색이인데 그것이 변해 남방의 색인 붉은색이 되었다. 붉은 까마귀는 상서로운 동물인데 왕이 갖지 않고 내게 보냈으니 두 나라의 존망을 알 수 없을 것이다."

오행의 이치에 따라 각 방향이 색을 가지고 있어서 동쪽은 청색, 서쪽은 백색, 중앙은 황색이다. 대무신왕이 오행의 이치를 들어서 고구려에 유리하게 설명한 것이다.

대무신왕은 정말 까마귀를 길조로 믿었을까? 다음 해 겨울 대무신왕은 부여 정벌군을 일으켰다. 부여에 대해서 늘 불안에 떨던 부왕 유리왕과는 전혀 달랐던 것이다. 대무신왕의 군대가 비류수에 도달했을 때, 한 여자가 솥을 가지고 노는 것이 보였다. 가까이 가니 여자는 없고 솥만 있었다. 솥에 쌀과 물을 넣자 불도 없이 저절로 밥이 되었다. 이 솥으로 부대가 모두 배불리 밥을 먹을 수 있었다. 이때 한 장부가 나타나 대무신왕에게 고했다.

"이 솥은 우리 집의 보배인데 누이동생이 가지고 나갔다가 잃어버렸습니다. 대왕께서 얻으셨으니 제가 지고 다니게 해주십시오."

대무신왕은 그를 받아들이고 솥을 지고 다닌다는 뜻으로 '부정負鼎'이라는 성을 하사했다. 중국 상나라에 탕왕이라는 성군이 있었다. 그에게 이윤이라는 명신이 있었는데, 이윤이 처음에 솥을 지고 와 탕왕을 만났다는 이야기가 있다. 부정씨 이야기는 이런 이야기와도 맥이 닿는 것 같다.

대무신왕은 이물림이라는 숲에서는 밤중에 쇳소리를 들었고, 수색을 한 끝에 금으로 된 옥새와 병기를 얻었다. 또 그곳에서 9척 장신의 무사를 얻게 되었다. 얼굴이 희고 눈에 광채가 어린 이 무사는 대무신왕에게 절을 하고 자신을 소개했다.

"신은 북명 사람 괴유라 합니다. 대왕이 북쪽의 부여를 정벌한다는 말을 들었습니다. 청컨대 신이 따라가서 부여왕의 머리를 베고자 합니다."

대무신왕은 그도 받아들였다. 또한 적곡 사람 마로라는 자도 따라와 긴 창을 가지고 길을 안내하겠다고 말하였다.

대무신왕은 3개월간의 행군으로 부여 남쪽에 도달했다. 첫 전투는 진창에서 벌어졌다. 부여의 기병들이 진창에 빠져 당황한 틈에 괴유가 부여군 안으로 뛰어들어 부여왕 대소의 목을 베었다. 그러나 뜻밖에도 부여군은 왕이 전사했음에도 물러나지 않고 굳건히 버티며 오히려 고구려군을 포위하기에 이르렀다.

포위전이 길어지자 고구려군은 군량이 떨어져 곤란에 처하게 되었다. 대무신왕은 풀을 가지고 허수아비를 만들고 무기를 들게 하여 병사처럼 보이게 만든 뒤에 짙은 안개가 낀 날에 샛길로 달아났다. 퇴각 길이 험난하여 골구천의 신마와 신비로운 솥도 잃어버리고 말았다. 간신히 이물림까지 후퇴하여 산짐승을 잡아 허기를 달랠 수 있었다.

대무신왕은 왕성으로 돌아와 병사들을 위로했다. 친히 죽은 자를 조문하고 아픈 자를 찾아가 위로했다. 패배의 책임을 다른 사람에게 돌리지 않고 자신의 잘못이라고 인정하는 모습을 보이자 백성들은 감격하여 목숨을 바쳐 충성을 다하겠노라 맹세하기에 이르렀다. 그 뒤 좋은 일이 이어졌다. 신마 거루가 부여 말 1백 필을 거느리고 돌아온 것이다.

부여는 왕이 죽고 나라 체제가 안정되지 못했다. 대소의 막냇동생은 해두국을 침공하여 왕을 죽이고 그곳에 갈사국을 세웠다. 갈사국왕의 손녀는 대무신왕의 둘째 왕비였으므로 두 나라는 사이가 나쁘진 않았을 것이다. 그녀는 왕자 호동을 낳았다. 두 사람의 결혼은 대부여전쟁 이전에 있었을 것이다. 호동이 죽었을 때는 전쟁으로부터 10년밖에 지나지 않았던 때다. 따라서 갈사왕이 부여에서 이탈한 것도 대무신왕과 인척인 탓에 부여 내에서 입지가 약해졌기 때문일 수 있다.

부여는 혼란에 빠져 있었다. 대소의 사촌동생은 만여 명을 거느리고 대무신왕에게 투항했다. 대무신왕은 그를 고구려 5부 중 하나인 연나부에 보내 왕으로 봉하였다. 고구려가 번창하고 부여는 저물어가고 있다는 것은 분명했다.

대무신왕의 이야기는 판타지 동화처럼 신비로운 요소로 가득 차 있다. 고구려에서는 더 많은 이야기들이 전해져 내려왔을 것이다. 그 모든 이야기를 알 수 없어서 안타까울 따름이다.

대무신왕 28년에 한나라 요동태수가 공격해왔다. 좌보 을두지는 농성 전략을 주장했다. 위나암성에 들어가 농성을 했는데 한나라 군은 물러날 생각이 없었다. 을두지는 수초에 잉어를 싸서 좋은 술과 함께 한나라 군에 보내게 했다. 바위로 된 땅에 올라가 있는 성에 물이 없으니 곧 스스로 무너지리라 생각했던 요동 태수는 성 안에 물이 있다는 것을 알고 포위를 풀고 물러갔다.

'아름다운 아이'
호동왕자의 비극

호동왕자가 간 낙랑국은 함경남도 부근의 낙랑군 소속 현 중 하나였을 것이다.
낙랑국에서 생긴 비극은 대무신왕이 그린 전략의 하나였다.

고구려 제3대 왕 대무신왕의 이름은 '전쟁의 신'이라는 뜻이다. 그는 고구려 시조 동명성왕의 철천지원수였던 부여를 정벌하고 개마국, 구다국을 점령했다. 아직 국가 단계가 아니었던 것 같은 매구곡 지방도 투항했다. 한나라와도 대립각을 세우고 있었다. 한나라에서 쳐들어오기도 했으나 대무신왕은 결사항전으로 막아내기도 했다.

그에게는 호동好童이라는 이름의 왕자가 있었다. 어머니가 둘째 왕비였던 탓에 태자가 되지는 못했으나 미남이라 대무신왕이 총애했다. 이름 '호동'은 '아름다운 아이'라는 뜻이니 정식 이름이라기보다는 애칭에 가까운 셈인데 이 이름을 대무신왕이 직접 지어 주었다.

대무신왕이 부여를 쳐들어가 부여왕 대소를 죽였을 때 그의 막냇동생이 달아나 갈사국을 세웠는데, 갈사국왕의 손녀가 호동의 어머니였다. 대대로 원수인 집안에서 온 왕비이니 정략결혼의 산물일 것이 분명하다. 그런 어머니를 둔 호동의 앞길은 비록 아버지 대무신왕이 좋아한다 해도 밝기가 어려웠다.

호동은 봄날 4월에 멀리 나라의 남쪽 끝까지 여행을 떠났다. 호동이 간 곳은 지금의 함경남도 인근이 될 텐데, 그 시절에는 옥저 지방이라 불렀다. 호동은 이곳에서 뜻밖의 인물을 만났다. 낙랑왕 최리를 만난 것이다.

낙랑은 한무제가 위만조선을 멸망시킨 후 세운 군현의 이름이기 때문에 '낙랑의 왕'이라는 존재는 이상하다. 낙랑에는 태수가 있을 뿐 왕은 있을 수 없기 때문이다. 이 때문에 이 낙랑왕은 낙랑군과는 관계가 없을 것이라는 추측도 있다. 어쩌면 낙랑국이란 낙랑군이 태백산맥과 낭림산맥으로 가로 막힌 그 동쪽의 영동7현(옥저 지방과 인접한 곳이다) 중 어떤 곳이 독립하여 왕국 행세를 한 것일 수 있다. 또는 그 현 중의 하나를 고구려가 점령한 이야기가 후대에 과장되어 왕국으로 전해 내려올 가능성도 있다.

낙랑왕 최리는 호동의 정체를 한 눈에 알아보았다. 그만큼 호동이 미남이었다는 이야기겠다.

"그대의 얼굴을 보니 보통 사람이 아니로다. 북쪽 나라 신왕神王의 아들이 아니겠는가!"

북쪽 나라 신왕. 대무신왕은 다른 나라에서도 신과 왕이 결합된 이름으로 불리고 있었던 것이다.

최리는 이 기회에 고구려와 연을 맺는 것이 좋으리라 생각했을 것이다. 북방에서 여러 나라를 차례로 멸망시키고 있는 대무신왕과 혼약을 통한 동맹을 맺는다면 낙랑국의 입장에서는 여러모로 유리할 터였다. 이렇게 호동이 낙랑국왕의 딸 낙랑공주와 혼약을 치르긴 했지만 고구려가 인정한 혼인은 아니었다. 대무신왕이 승인을 해야 정식 결혼이 되는 것이다.

호동은 고구려로 돌아온 뒤에 혼인 사실을 대무신왕에게 고했다. 대무신왕은 그 혼인을 기회로 낙랑국을 점령할 생각을 했다. 어쩌면 아직 비어 있는 태자의 자리로 올라가고 싶은 호동의 야망이 낳은 계획일 수도 있다. 이 계획의 주체가 누군지는 알 수 없다.

낙랑국에는 스스로 우는 북과 뿔피리가 있었다. 이 때문에 적병이 나타나는 것을 미리 알 수 있어서 외적이 침입할 수가 없었다. 흔히 '자명고'만 알려져 있는데 기록을 보면 '자명뿔피리'도 있었다. 아마도 이것은 낙랑국에 우수한 척후부대가 있었다는 이야기일 것이다.

호동은 낙랑공주에게 이렇게 명했다.

"무기고로 들어가서 북과 뿔피리를 찢고 부숴버리시오. 그러면 내가 즉시 당신을 예를 갖춰 맞이할 것이고, 그렇지 않으면 당신을 버릴 것이오."

이미 호동에 푹 빠져 있던 낙랑공주는 시킨 대로 북을 찢어버리고 뿔피리의 주둥이 부분을 부숴버린 뒤 이 사실을 호동에게 몰래 알렸다. 호동은 때가 되었다고 대무신왕에게 고하였고 왕은 즉각 군대를 출동시켜 낙랑국을 공격했다. 고구려군이 성을 포위한 다음에야 최리는 어떤 일이 벌어졌는지 알았다.

"호동, 네놈이 나라는 가질지 몰라도 내 딸을 가질 수는 없을 것이다."

최리는 딸을 죽이고 성문을 열고 나와 항복했다. 그런데 이 전설에는 다른 내용이 하나 더 있다.

대무신왕이 낙랑을 멸할 계획을 가지고 청혼을 해서 낙랑공주를 며느리로 삼아 고구려로 불러들였다는 것이다. 그 후에 대무신왕은 낙랑공주를 다시 낙랑국으로 보내 병기와 기물을 부수게 했다. 이 전설에 따르면 모든 것이 대무신왕이 주도한 일이 된다. 낙랑공주에게 어떤 협박이 가해졌던 것일까?

낙랑공주는 자신의 목숨과 본국의 운명을 걸고 호동을 선택했다. 그 선택은 실패로 끝나고 말았다. 낙랑국을 함락시킨 호동도 행복한 삶을 누리진 못했다.

호동이 낙랑국을 멸망시키는 데 일등공신이었으니 그 위세가 많이 올라갔을 것이다. 그것은 왕실의 세력 균형에 큰 불안을 조성했다. 당연히 대무신왕의 첫째 왕비가 가장 불안한 상태가 되었다. 이 왕비의 아들이 후일 고구려왕이 되는데 악행을 일삼다가 시종에게 살해당하는 모본왕재위 48~53이다. 자식의 행태로 보아 평소 왕비의 성품을 알 만하다. 첫째 왕비는 대무신왕에게 호동이 자기에게 마음이 있어서 음란한 짓을 하려고 한다고 일러바쳤다. 하고 많은 모함 중에 이런 저급한 모함을 한 것을 보면 어쩌면 왕비 자신이 호동의 미모에 반해 있었던 것일지도 모른다. 대무신왕은 보통 사람이 아니다. 바로 왕비의 속마음을 꿰뚫어보았다.

"다른 사람의 자식이라고 미워하는 것이오?"

왕비의 가슴이 철렁했으나 이미 호랑이 등에 올라탄 상태였다. 왕비는 울면서 말했다.

"대왕께서 몰래 살펴보시길 청하옵니다. 만약 아무런 일이 없다면 첩이 죽을죄를 지은 것을 인정하겠습니다."

왕비가 자신의 목숨을 판돈으로 내걸으니 대무신왕도 한 걸음 물러날 수밖에 없었다.

왕비는 호동을 유혹할 만반의 준비를 했을 것이 분명하다. 호동도 덫에 걸린 것을 인정할 수밖에 없었고, 그에 따라 대무신왕도 호동을 벌주려고 마음먹었다. 빠져나갈 수 없는 덫에 걸린 호동은 자살을 선택했다. 주변에서 그걸 알고 만류했다.

"이렇게 누명을 쓰고 죽어서는 안 됩니다. 해명을 하십시오."

호동은 고개를 저었다. 이때는 11월. 호동이 4월에 낙랑공주와 결혼을 했다면 낙랑국 함락, 즉 아내의 죽음으로부터 불과 반 년 남짓한 세월이 지났을 뿐이다. 기간은 이보다 더 짧을 수도 있다.

호동이 낙랑공주와의 슬픈 사랑으로 심한 우울증에 빠져 있었던 것은 아닐까?

"내가 해명을 하면 어머니의 악함을 드러내어 부왕에게 근심을 끼치는 것이니 이는 효가 아닐세."

세상만사에 지친 호동은 자살로 생을 마감했다. 『삼국사기』를 쓴 김부식은 호동을 꾸짖었다. 아버지가 아들을 자살로 몰게 만들었으니 큰 불효이고 이런 경우에는 일단 달아나서 아버지가 불의에 빠지는 것을 막아야 한다는 것이다. 맞는 말이지만, 이때 호동은 이미 삶의 의욕을 잃은 상태가 아니었을까. 그가 권력을 탐해서 아내를 죽음으로 내몰았건, 아버지가 아내를 사지로 보낸 것이건 간에 그 후회는 모두 호동의 몫이었던 것이다.

호동왕자의 비극은 일제강점기에 재조명되기 전까지는 주목 받지 못한 이야기였다. 1935년에 윤백남이 『월간 야담』에 「정열의 낙랑공주」, 「순정의 호동왕자」라는 두 편의 야담을 발표하고 1942년에 이태준이 『왕자 호동』을 『매일신보』에 연재했다. 이태준은 여기서 고구려군을 낙랑의 한나라 지배자를 몰아내는 해방군으로 묘사했다. 당시 일제의 조선 지배를 우회해서 비판했던 것이다.

역사 속의 무명씨들

스파이는 이름이 없다

고구려 유리왕 때의 일이다. 이 무렵 선비족이 자꾸 고구려를 침공해서 고구려는 골치가 아픈 상황이었다. 유리왕이 비상대책회의를 소집했다.

"선비족은 험준한 자기네 땅을 믿고 우리와 친하게 지낼 생각이 없소. 유리하면 나와서 노략질을 하고 불리하면 들어가서 지키고 있으니 진정 나라의 큰 걱정거리요. 선비족을 물리칠 사람이 어디 없소? 큰 상을 내릴 것이오."

부분노라는 신하가 나와서 말했다.

"선비는 험준하고 견고한 나라이고 사람들도 용맹하지만 어리석습니다. 힘으로 싸우면 어려워도 꾀로 굴복시키기는 쉽습니다."

부분노는 반간계反間計를 제시했다.

"첩자를 보내 우리나라는 작고 군사도 약해서 겁에 질려 있다고 말하는 것입니다. 그러면 선비는 우리를 깔보게 될 것이고 방비도 신경 쓰지 않을 것입니다. 신은 그 틈에 날랜 군사를 거느리고 샛길로 가서 숨어 있도록 하겠습니다. 약해 보이는 병사로 성을 공격하면 그들은 얕잡아보고 성을 나와 달려들 것입니다. 이때 병사들이 달아나면 그들은 멀리 쫓아갈 것이니, 이때 신은 날랜 군사를 거느리고 성으로 달려가고, 대왕은 정예 기병으로 성을 나온 군사들을 공격하면 이길 수 있을 것입니다."

유리왕은 부분노의 진언을 받아들였다. 작전은 대성공이었다. 유리왕은 부분노에게 큰 상을 내렸지만 부분노는 극구 사양했다. 유리왕은 부분노가 받아들일 만한 다른 상을 내렸다.

그런데 적진에 들어가 적을 속이는 반간계를 펼친 그 사람은 어떻게 되었을까? 속았다는 것을 안 순간 처형당하지는 않았을까? 부분노의 작전 성공의 관건은 첩자의 능력에 달려 있었다. 그리고 그 첩자는 훌륭하게 그 일을 해냈다. 하지만 이름은 아무데도 남지 않았다.

흑막 속의 모략가

고구려 모본왕은 폭군이었다. 늘 사람을 깔고 앉고, 사람을 베고 누웠는데 사람이 움직이기라도 하면 죽여 버렸다. 이러지 말라고 간하는 사람은 활로 쏘아 죽여 버렸다.

모본왕 밑에 두로라는 신하가 있었다. 모본왕을 모시는 자리에 있었기 때문에 언제 죽을지 모르는 몸이었다. 하루는 자기 신세가 너무 한탄스러워 통곡을 하고 말았는데 그때 한 사람이 두로에게 속삭였다.

"자네는 대장부 아닌가? 어째서 울기만 하는가. 옛 사람이 말하기를 나를 아끼면 임금이요, 나를 괴롭히면 원수라 했네. 지금 왕은 포학하여 사람을 죽이니 백성들의 원수일세. 그대가 그자를 없애 버리게!"

두로는 그 속삭임에 따르기로 결심했다. 몰래 칼을 숨겨 들어가 왕이 자신을 베고 앉았을 때 왕을 찔렀다. 모본왕은 살해됐고 일곱 살짜리 새로운 임금이 세워졌다. 오늘날 역사가들은 이때 왕조가 교체되었다고 생각하고 있다. 새로 왕에 오른 사람은 태조왕. 태조라는 이름은 왕조의 개창자에게 붙는 것이니 이때 해씨 왕조에서 고씨 왕조로 바뀌었을 가능성도 있다.

그런데 왕을 죽이게 하고 새로운 왕조를 열게 한 저 속삭임의 주인공은 누구였을까? 그 이름 역시 아무데도 전하지 않는다.

정의를 말하고 이름을 잃다

태조왕은 아주 오랫동안 왕위에 있었다. 태조왕의 동생인 수성은 차기 왕권의 계승자였는데, 도무지 형이 죽지를 않자 조바심이 났다. 결국 왕이 101세가 되었을 때 더는 참지 못하고 반란을 일으킬 생각을 하고 말았다. 수성의 부하들은 모두 찬동하고 나섰다. 그런데 모두라고 했지만 사실 모두는 아니었다.

이때 한 사람이 일어나 말했다.

"왕자께서 좋지 않은 말을 했는데, 측근이 아무도 직언을 못하고 따르겠다고 하였습니다. 제가 직언을 올려도 되겠습니까?"

"직언이 무어 나쁘겠는가? 어디 해보도록 하라."

"지금 임금님은 현명하여 천하에 딴마음을 먹은 사람이 아무도 없습니다. 왕자께도 공은 있사오나 간사하고 아첨밖에 할 줄 모르는 신하들을 거느리고 밝은 임금님을 폐위하고자 하면 이는 한 가닥 실로 30만 근의 쇳덩어리를 매달려는 것과 다를 것이 없습니다. 바보라 해도 잘못되었다는 것을 알 수 있을 것입니다. 왕자께서는 반역의 마음을 거두고 성심성의껏 임금님을 모시도록 하십시오. 그러면 임금님이 양위를 생각하실 것입니다. 이렇게 하지 않으면 큰 화가 닥칠 것입니다."

그야말로 돌직구를 날린 셈이었다. 말을 듣던 수성의 얼굴이 딱딱하게 굳은 것은 당연지사. 수성이 노기를 품은 것을 안 신하들이 얼른 아첨을 떨었다.

"지금 임금님이 늙어서 나라가 위태로울까 싶어 오직 충심으로 결심한 일인데, 저자는 이런 고귀한 뜻을 전혀 이해하지 못해서 망언을 늘어놓고 있습니다. 저대로 내버려두면 대사를 그르치게 될 것입니다. 죽여서 입을 막아야 합니다."

직언을 날린 사람은 이 말에 어이가 없어졌을까? 아니, 이미 각오를 하고 직언을 했을 것이다. 그는 정의를 위하여 목숨을 버렸다. 하지만 안타깝게도 그 이름까지 같이 버려지고 말았다.

권력이 농락한 사랑
도미와 그의 아내

도미의 처 이야기는 개로왕 때 생긴 일로 아는 사람이 많지만『삼국사기』에는 개루왕 때의 일로 기록되어 있다. 도미의 처 이야기를 왕의 사랑에 대한 것으로 아는 경우도 많은데 그 진실이 어떤 것인지 살펴본다.

백제 제4대 개루왕재위 128~166년 때 도미라는 백성이 살고 있었다. 도미는 평범한 백성에 불과했지만 의리를 아는 사람이라 평가받고 있었다. 이 의리남의 아내는 백제에 이름을 떨치는 미인이었다. 불행히도 전근대 시절의 여자들은 이름이 전하는 경우가 많지 않은데, 도미의 아내 역시 이름이 전하지 않는다. 뒷날이 이야기를 소설로 쓴 월탄 박종화1901~1981가 그 이름을 '아랑'이라 붙여서 1937년에『아랑의 정조』라는 소설을 발표했고, 최인호1945~2013도 이 이름을 받아서 1996년에『몽유도원도』라는 소설을 출판했다. 그러니 이 글에서도 아랑이라고 불러보기로 한다.

아랑은 예쁜 만큼 집적대는 사람들도 많았는데 한 번도 흐트러진 모습을 보인 적이 없어서 절조가 드높다는 칭찬까지 받고 있었다. 이 소문이 개루왕의 귀에까지 들어갔다.

개루왕은『삼국사기』에 성격이 공손하고 품행이 방정했다고 나오는데 실제로는 엉망이었던 모양이다. 개루는 아랑이 절개 높다는 소문에 무슨 이유인지 기분이 나빠져서 도미를 불러오게 했다.

"네 아내가 정절이 드높다고 하더구나."

대뜸 아내의 절개를 묻는 것을 보니 불길한 생각이 들었지만 도미는 의리 있는 남자답게 씩씩하게 대답했다.

"그렇습니다."
"흠, 물론 부인의 덕 중에 정절을 으뜸으로 치지만, 으슥하고 아무도 없는 곳에서 달콤한 말로 유혹하면 마음이 흔들리지 않는 여자가 있겠는가?"

도미가 발끈해서 말했다.

"사람들이 모두 어떻다 말할 수는 없지만 제 처와 같은 여자는 비록 죽더라도 변함이 없을 것입니다."
"그렇단 말이지. 이 놈을 옥에 집어넣어라."

개루왕은 도미를 궁에서 못 나가도록 억류해 놓고는 총애하는 신하 하나를 불러 지시를 내렸다.

"너는 지금부터 내 행세를 한다. 나처럼 꾸미고 가서 도미의 아내를 범하도록 하라."

개루나 마찬가지인 신하는 좋아서 헤벌죽거리며 왕의 옷을 입고 왕의 말을 타고 왕의 시종들을 앞세워 도미의 집으로 행차했다.

남편은 궁으로 불려갔는데 난데없이 국왕의 행차를 받은 아랑은 당황하지 않을 수 없었다. 가짜 왕이 점잖은 척 말했다.

"내가 오래 전부터 네 아름다움을 들었던 바, 도미를 불러와 너를 걸고 내기를 했다."

아랑은 어이가 없었지만 남편이 그런 일을 하지 않을 사람이라는 것을 잘 알고 있었기 때문에 정신을 가다듬었다.

"내기에서 내가 이겨서 너는 이제 궁녀가 되었다. 내일 궁으로 들여 궁인으로 삼을 것이로다."

가짜 왕은 아랑을 샅샅이 살피면서 침을 꿀꺽 삼켰다.

"네 몸은 이제부터 내 것이니라. 그러니 흐흐흐……."

가짜 왕은 사람 눈도 가리지 않고 마당에서 아랑을 덮치려 들었다. 아랑은 간신히 몸을 빼내면서 말했다.

"국왕께서 헛된 말씀을 하시진 않을 것이니 제가 어찌 따르지 않겠습니까. 청컨대 대왕께서 먼저 방에 들어가 계시면 제가 옷을 갈아입고 모시도록 하겠습니다."

그제야 약간 정신이 돌아온 가짜 왕은 헛기침을 하고 방으로 들어갔다. 아랑은 집안 여종 하나를 몸단장시켜 방으로 들여보냈다.

다음 날이 되어서야 속은 줄 안 가짜 왕이 노발대발 난리를 부렸지만 아랑이 어디 갔는지 모르겠고, 자신은 개루왕에게 보고를 해야 하니 어쩔 수 없이 물러났다.

"어때? 아랑이라는 계집이 정절을 지키던가?"

개루왕의 질문에 신하는 겸연쩍은 표정으로 자기가 아랑에게 농락당한 이야기를 털어놓았다.

"감히 계집 따위가 국왕을 기만해? 가만 두지 않겠다!"

개루왕은 분노해서 화풀이를 도미에게 했다. 도미에게 공연히 죄를 주어서 두 눈을 뽑고 작은 배에 태워 강에서 떠내려 보내고 만 것이다.

"아랑을 잡아와라!"

국왕의 군사들이 수색하니 일개 평민의 부인인 아랑이 숨을 도리가 없었다. 아랑이 잡혀오자 개루왕은 바로 그녀를 덮치려 했다.

아랑이 다급하게 말했다.

"제가 남편을 잃고 홀몸이 되었는데 어찌 대왕을 모시지 않을 수 있겠습니까? 하지만 하필이면 제가 월경 중이라 몸이 더러우니 며칠만 말미를 주시옵소서. 목욕재계한 뒤에 대왕을 모시겠습니다."

개루왕도 직접 아랑을 보니 생각보다 더 아름다운지라 그녀의 부탁을 들어주었다. 하지만 아랑은 결코 호락호락한 여인이 아니었다. 왕의 침소에서 물러 나오자마자 달아나 강으로 도망쳤다. 강가에 도착은 했는데 배가 없었다. 아랑은 그만 참았던 눈물을 터뜨렸다. 이제는 방법이 없을 것 같았던 그때, 하늘의 도움인지 주인을 잃은 낡은 배 하나가 떠내려 오고 있었다. 아랑은 그 배에 올랐다. 강의 흐름을 따라 내려가 천성도라는 섬에 도착하게 되었다. 남편 도미도 이곳에 있을지 모르는 일인지라 아랑은 섬을 뒤지기 시작했다. 그리고 도미를 찾았다. 도미는 풀뿌리를 캐어 먹으며 간신히 버티고 있는 중이었다. 천우신조로 다시 만난 부부는 지긋지긋한 왕을 피해 다른 나라로 달아났다. 아랑은 남편과 함께 배를 타고 고구려로 향했다. 고구려 사람들은 이 불쌍한 난민 부부를 따뜻하게 맞아주어 옷과 음식을 나눠주었다. 비록 객지에 머무는 이방인의 삶을 살아야 했지만 드디어 권력에서 벗어난 삶을 되찾을 수 있었다.

소설가 최인호는 도미와 아랑의 이야기를 개루왕 때가 아니고 근개루개루와 비슷하다는 뜻라고도 불리는 제21대 개로왕재위 455~475년때로 추정해서『몽유도원도』를 썼다. 개로왕은 방탕한 생활을 하다가 고구려의 침공으로 참수형을 당한 왕이다.

개로왕은 일명 근개루라고도 한다. 백제의 왕들은 전대의 왕 이름을 따서 앞에 '근'이라는 수식어를 넣는 경우가 종종 있었다. 이 때문에 백제 최악의 왕인 개로왕에게 도미의 아내 이야기도 붙여 넣는 경우가 있었던 모양이다.

역사적 인물의 이름을 후대의 소설에서 취해서 알려지는 경우가 가끔 있다. 안시성주 양만춘의 이름은 명나라 소설에서 지은 것이고, 명성황후 이름 민자영은 정비석(1911~1991)의 소설에서 나온 것이다.

고구려를 뒤흔든
왕비 우씨

제나부 우소의 딸 우씨는 고국천왕의 왕비였는데 시동생과 결혼하여 두 번의
왕비를 지냈다. 이것을 유목민의 형사취수 풍습이라고 보기도 한다.

고구려 제9대 고국천왕재위 179~197년은 왕위에 오른 다음 해에 우씨를 왕후로 삼았다. 왕후는 제나부 귀족 우소의 딸이었다. 고구려에는 5부가 있었는데 제나부는 5부의 이름이 아니다. 보통은 5부 중 가장 힘이 셌던 연나부라고 생각한다. 이때 우씨는 십대 후반이었거나 스물쯤 되었을 것이다.

왕후 일족은 나라의 권력을 잡고 무례하고 거만하게 굴었다. 다른 사람들의 자녀를 종으로 삼고 집과 논밭을 빼앗았다. 고국천왕이 원망의 소리를 듣고 이들을 죽여 버리려고 했다. 그러자 이들은 세력을 모아서 반란을 일으켰다. 우씨가 왕후가 된 지 8년차의 일이었다.

반란은 진압되었다. 하지만 우왕후는 건재했다. 일찌감치 선을 그었던 모양이다. 현명하고 빠른 판단이었다.

고국천왕은 갈라진 인심을 보살피기 위해 숨어살던 현자 을파소?~203를 기용하였다. 을파소는 구 세력이 모두 미워했지만 고국

천왕의 강력한 신임 아래 개혁을 시행하였다.

고국천왕은 재위 19년에 사망하였다. 그에게는 자식이 없었고 강력한 힘을 가진 아우들이 있었다. 누가 왕위에 오르느냐에 따라 큰 사고가 벌어질 수도 있었다.

우왕후는 왕의 죽음을 아무에게도 알리지 않고 몰래 왕의 동생 (형이라는 설도 있다) 발기를 만나러 갔다. 삼십대 후반으로 아직 미모가 살아 있는 왕후가 한밤중에 자신을 만나러 온 탓에 발기는 당황하고 말았다. 더구나 우왕후는 이런 말을 하는 것이 아닌가!

"대왕에게는 후손이 없으니 그대가 왕위를 이어야 합니다."

고국천왕이 죽었는지 알 수 없는 상태에서 이런 대역무도한 발언을 듣자 발기는 발끈하고 말았다.

"왕위는 하늘이 내리시는 바, 함부로 논할 것이 못 됩니다. 하물며 왕비께서 밤에 다른 사람의 집에 방문하는 것은 예의에 어긋나지 않겠습니까?"

면박을 받은 우왕후는 발길을 돌려 둘째 동생인 연우를 찾아갔다. 고국천왕이 위독한 상태라는 정도는 알려져 있었을 것이니 연우는 우왕후의 방문이 의미하는 바를 금방 눈치 챌 수 있었다. 연우는 왕비를 정중하게 맞아서 집 안에 들였다. 술자리가 갖춰지자 우왕후가 입을 열었다.

"대왕께서 돌아가셨습니다. 후사가 없으니 발기가 그 뒤를 잇는 것이 당연하지만, 이 몸에게 무슨 다른 뜻이 있는 것처럼 난폭하고, 거만하고 무례하게 굴기에 이곳으로 찾아온 것입니다."

연우는 더욱 공손하고 정중한 모습으로 일어나 우왕후를 위해 직접 음식을 만들기 시작했다. 그는 고기를 썰다가 실수하여 손가락을 베었다.

"어머!"

우왕후는 바로 일어나더니 자신의 치마끈을 풀러 연우의 다친 손가락을 싸매주었다. 두 사람의 눈빛이 서로를 탐하며 흘러갔으리라.
술자리를 마치자 우왕후가 말했다.

"벌써 밤이 깊었습니다. 늦은 밤에 환궁하다 무슨 일을 당할까 무서우니 그대가 궁까지 저를 호위해주면 좋겠습니다."

연우는 우왕후의 손을 잡고 궁으로 들어갔다. 다음 날 새벽, 우왕후는 선왕의 유언을 발표했다. 다음 왕으로 연우를 옹립한 것이다.
발기는 연우를 왕으로 선언한 것을 듣고서야 우왕후가 한밤에 자신을 찾아온 뜻을 알았다. 분기탱천하여 사병을 이끌고 궁으로 쳐들어갔다. 하지만 궁문은 굳게 닫혀 있었다.

"형이 죽으면 아우가 대를 잇는 것이 예법이다! 연우, 네 놈은 감히 순서를 건너 뛰어 왕위를 찬탈하였다! 대역무도한 연우는 썩 나와라! 나오지 않으면 네 놈의 처자식도 모두 죽이리라!"

하지만 연우는 상대하지 않았다. 이미 군권은 연우의 손에 넘어 갔다. 발기가 거느린 사병으로도 어떻게 할 수가 없는 상태였던 것이다. 사흘을 궁문 앞에 있던 발기는 호응하는 세력이 없자 어쩔수 없이 요동으로 도망쳤다. 도망치면서 발기는 공언한 대로 연우의 처자식을 모두 죽였다. 그는 요동태수 공손탁에게 사정해서 군사 3만을 빌려서 고구려로 재침공했다.

연우는 동생 계수를 보내 발기를 상대하게 했다. 큰 의욕이 없이 남의 전쟁에 나왔던 한나라 병사들은 고구려와 싸움이 벌어지자 일패도지하고 말았다. 발기는 희망이 없는 것을 알고 자살했다. 연우는 안심하고 즉위하니 그가 고구려의 산상왕이다.

산상왕은 원래 아내와 자식이 있었던 모양인데 딸만 있고 아들은 없었던 모양이다. 어쩌면 발기가 정말 산상왕의 식구들을 죽였을 가능성도 있다. 아무튼 산상왕이 왕이 되었을 때 왕후의 자리는 공석이었다. 이 자리를 우왕후가 다시 차지했다.

북방 유목민족에는 '형사취수'라는 제도가 있다. 형이 죽으면 아우가 형수와 결혼하는 풍습으로 초원의 재산을 지키기 위한 방편이다. 고구려에도 이런 풍습이 남아있어서 형수와 결혼하는 것이 이상한 것이 아니었다고 보는 견해도 있다. 그러나 이런 사례가 더 보이지 않으므로 이렇게 보는 것은 조심스러운 점이 있다.

산상왕 역시 왕위를 아들에게 물려주고 싶어 했다. 하지만 우왕후는 자꾸 늙어 가는데 임신할 기색이 없었다. 우왕후가 사십줄에 접어들자 초조해진 산상왕은 명산대천을 찾아다니며 아들 기원 기도를 올린다. 그러다 3월 15일 하늘에서 소리가 들리는 꿈을 꾸었다.

"내가 너의 소후에게 아들을 낳게 하겠다. 걱정하지 말라."

천만다행이었지만 문제가 있었다. 그에게는 소후, 즉 다른 첩실이 없었다. 감히 우왕후를 두고 다른 첩실을 둘 수가 없었던 것이다. 왕은 대신들을 불러서 자신의 꿈을 들려주고 물었다.

"내겐 소후가 없으니 어떻게 해야 하겠느냐?"

다른 여자를 후실로 들이고 싶다는 이야기지만 신하들은 얼굴만 쳐다보고 말을 못했다. 누군들 우왕후의 분노를 사고 싶겠는가. 드디어 국상 을파소가 용감하게 말했다.

"하늘의 명은 예측할 수 없으니 대왕께옵선 기다려 보시기 바랍니다."

첩실을 들여 줄 순 없으니 일단 뒤로 미루자는 이야기다. 산상왕은 입맛이 썼지만 대신들이 총대를 메주지 않으니 자신도 어쩔 수 없었다.

그런데 뜻밖의 일이 벌어졌다. 11월이 되어 하늘에 제사를 지내려던 때에 희생물인 돼지가 달아나는 일이 생겼다. 돼지 담당은 놀라서 추격을 시작했는데 주통촌이라는 곳에 이를 때까지 잡지를 못했다. 그런데 그때! 스무 살쯤 된 아리따운 여자가 웃음을 터뜨리며 돼지를 척 잡아내는 것이 아닌가. 돼지를 찾아온 관원이 얼마나 미모 칭찬을 하는지 산상왕도 신기한 느낌에 변복을 하고는 그 집을 찾아갔다. 왕이 찾아왔으니 거절할 명분 같은 건 없었다. 여인은 다만 이렇게 말했다.

"대왕의 명을 감히 피할 수 없으나, 만일 첩이 아들을 낳으면 버리지 마시옵소서."

왕은 운우지락을 나누고 한밤중에 다시 궁으로 몰래 돌아왔다. 이 한 번의 정사로 여인은 임신을 했다. 소문이 안 날 수가 없었다. 이 사실을 안 우왕후는 머리끝까지 화가 나서 병사들을 주통촌으로 보냈다. 왕도 가만 있을 수는 없으니 몸을 피하라고 전갈을 보냈다. 여인은 남장을 하고 달아났으나 왕비의 정예병들이 금방 따라잡았다. 목숨이 경각에 걸린 순간 여인이 큰소리로 호통을 쳤다.

"너희는 지금 누구 명을 듣고 나를 죽이려 하는 게냐! 대왕의 뜻이냐, 왕후의 명령이냐! 지금 내 뱃속에는 아들이 있는데 이 아들이야말로 대왕이 남겨준 것이다. 나를 죽이면 내 뱃속의 왕자도 죽이는 것이다. 해보겠느냐!"

관구검 기공비 탁본
동천왕 시기 고구려와 위의 전쟁에 관해 기록하고 있다.
이 시기는 소설 『삼국지』로 잘 알려져 있는 중국의 삼국시대다.

병사들이 기가 죽어 물러나고 말았다. 우왕후는 그 후에도 여인을 죽이려 했으나 뜻을 이루지 못했다. 산상왕도 이 사실을 알고 다시 그 집을 찾았다.

"뱃속의 아이가 정말 내 아이냐?"

"저는 오빠, 동생하고도 자리를 같이 하지 않았는데 하물며 다른 성씨의 사람들을 만났겠습니까? 제 뱃속의 아이는 분명히 대왕마마의 자식입니다."

산상왕은 기뻐서 큰 상을 내리고 돌아와 우왕후에게 이 사실을 고했다. 왕의 아이를 임신한 것이 공식화되어버리니 우왕후도 더는 손을 쓸 수 없었다.

가을이 되어 주통촌의 여인이 아들을 낳았다. 하늘이 점지해준 아들이 생긴 것이다. 제사 지낼 돼지로부터 얻었다 하여 아들 이름도 교체성 밖의 돼지라는 뜻라고 지었다. 여인은 하늘의 명대로 소후에 임명하고 이름을 후녀라 하였다.

우왕후는 교체를 때때로 시험했다. 하지만 후녀가 절대 왕후 앞에서 화를 내지 못하게 잘 가르쳐놓았다. 교체가 타는 말의 갈기를 잘라버리게 했지만 교체는 "말이 춥겠구나, 불쌍하다"라고만 말했고, 교체의 옷에 일부러 국을 쏟게 했지만 교체는 화를 내지 않았다. 책 잡히지 않고 일찍 결혼하여 16세에 이미 아들을 낳았다. 국본이 튼튼해진 것이다. 그는 19세에 왕위에 올랐다. 고구려 11대왕 동천왕이 바로 그다.

우왕후는 육십대 후반이 되었지만 여전히 그녀의 세력은 튼튼했기에 동천왕은 어머니 후녀가 아니라 우왕후를 태후로 삼았다.

동천왕 8년 칠십대 중반의 우태후가 숨을 거뒀다. 그녀는 두 왕의 왕비였기에 어디에 합장할 것인가가 문제였다. 이때 우태후는 두 번째 남편인 산상왕을 택했다.

"내가 도의에 어그러진 행동을 하였으니 무슨 낯으로 고국천왕을 보겠는가?"

도의에 어그러진 행동이란 무엇일까? 동생과 결혼한 것을 가리키는 것은 아닐까? 형사취수가 과연 일반적인 고구려의 제도였을까 의문을 가지게 만드는 대목이다. 그런데 고국천왕은 죽어서 우왕후가 오기를 고대했던 모양이었다.

장례식을 치른 다음 날 무당이 와서 고국천왕의 말을 전한 것이다.

"어제 우씨가 산상왕 무덤에 들어가는 것을 보고 분하고 화가 나서 견딜 수가 없었다. 결국 동생과 한바탕 싸우고 말았다. 이제 내 자리로 돌아와 생각해보니 차마 얼굴이 화끈거려 나라 사람들을 볼 수가 없구나. 내 무덤을 가려 사람들이 보지 못하게 하라."

동천왕은 이 말에 따라 고국천왕 무덤 앞에 소나무를 일곱 겹으로 심었다. 정말 대단한 우왕후가 아닐 수 없다.

우태후가 도의에 어그러진 행동을 했다는 것을 둘째 동생인 발기를 건너뛰고 연우와 혼인한 것으로 보는 견해도 있다. 이렇게 해석하면 형사취수 제도가 고구려의 기본적인 혼인 관계였다고 해석할 수도 있다.

연오랑, 세오녀와
신라왕자 천일창

연오랑과 세오녀는 신라 사람으로 일본에 건너가서 왕이 되었다. 비슷한 내용이 일본 역사책인 『일본서기』와 『고사기』에도 전해진다.

고대에는 사람들이 이동하는 데 어려웠을 것이라는 생각을 하는 경우가 많다. 고속도로도 없고 KTX도 없고 여객선도 없었으니 그렇게 생각하기 쉽다. 하지만 인류는 원래 아프리카에서 발생해서 걸어서 세계 구석구석까지 이동했다. 인구가 훨씬 적었던 그 시기에도 생각보다 빨리 이동할 수 있었고 인간이 새로운 발명을 하면 그 전파도 재빠르게 이루어졌다.

고대에도 사람들은 잘만 이동한다. 중국이 전국시대라는 혼란의 전쟁기를 맞자 수많은 사람들이 고조선으로 이동했다. 산 넘고 물 건너 말도 통하지 않는 낯선 곳으로 도망쳤던 것이다. 오늘날처럼 국경도 없고 이민 관리를 하는 기구도 없던 시절이었으니 더욱 쉬웠을 수도 있다. 우리와 중국 사이에서만 이동이 있었던 것이 아니다. 우리와 일본 사이에도 수없이 많은 이동이 있었다.

신라 건국 초기부터 고위 관리를 지내며 신임을 받은 호공이라는 인물이 있는데 왜에서 온 인물이라고 나온다. 고대는 생각보다

『일본서기』

현존하는 일본 정사 중 가장 오래된 것으로 한국사 특히 백제에 관해 많은 사료를 담고 있으나
연대 문제를 비롯해 신중한 교차검증을 필요로 한다.

다른 지역 사람들을 배척하는 일이 별로 없었던 것이다. 신라를 건국한 사람들은 자신들이 고조선에서 왔다고 생각하고 있었고, 백제를 건국한 사람들은 고구려에서, 고구려를 건국한 사람들은 부여에서 왔다. 고조선조차 건국한 사람들은 하늘나라에서 온 거라고 주장하고 있었다. 모두 외부에서 온 것이다.

이렇게 고대인들은 수없이 이동했는데 오늘날 국가와 고대의 나라를 연관시켜서 생각하는 버릇은 가지지 않는 것이 좋다. 오늘날의 한국인, 중국인, 일본인은 그동안의 온갖 역사적 경험이 농축된 실체이기 때문에 그 실체를 그대로 고대에 가져가서 비교하면 곤란하다.

어려서 『삼국유사』를 읽다가 이상한 이야기로 보았던 것이 연오랑 세오녀 이야기였다. 그 이야기는 이렇다.

신라 제8대 아달라 이사금재위 154~184년 때 바닷가에 연오랑延烏郎과 세오녀細烏女라는 부부가 살고 있었다. 연오가 바닷가에서 해초를 따고 있었는데 올라타고 있던 바위가 갑자기 움직여서 그를 왜 지방으로 데려갔다. 왜인들은 그를 보고 보통 인물이 아니라고 생각하여 자신들의 왕으로 삼았다.

아내인 세오는 남편이 돌아오지 않자 바닷가에 가서 남편의 흔적을 찾았다. 그러다 한 바위 위에 남편의 신이 있는 것을 보았다. 그 바위 위에 올라가자 바위가 또 왜로 이동했다. 그곳 사람들이 세오가 온 것을 보고 놀라 왕에게 고해서 부부가 다시 만날 수 있었다. 그런데 이렇게 되자 신라에서는 이변이 일어났다.

해와 달이 광채를 잃은 것이다. 아달라 이사금 13년에 일식 관측 기록이 있다. 이 설화는 그 기억에서부터 나온 것일 수 있다. 아달라가 무슨 일인지 일관에게 물었다. 일관은 천문을 보고 점을 치는 관리다. 고대의 천문학은 점성술과 차이가 별로 없었다.

"해와 달의 정기가 왜로 가버렸습니다. 해와 달이 빛을 잃은 것은 그 때
문입니다."

아달라는 왜에 사신을 보내 연오와 세오에게 돌아와 달라고 청했다. 하지만 그 청은 거절당했다.

"내가 이곳에 온 것은 하늘의 뜻이다. 지금 어찌 돌아갈 수 있겠는가. 왕
비가 짠 비단이 있으니 이것을 가지고 가 하늘에 제사를 지내면 해와 달
이 다시 돌아올 것이다."

신라에서는 비단을 받아서 해를 맞이하는 제사를 지냈다. 이곳이 경상북도 포항시 남구 연일읍으로 과거 지명은 해를 맞이한다는 영일현이었다. 연오의 이름도 해 속에 까마귀가 산다는 양오陽烏의 이름과 흡사해서 해를 가리키는 상징적인 이야기처럼 보인다.

그런데 일본 쪽에 연오랑 세오녀 설화와 비슷하게 보이는 이야기가 있다. 신라 왕자 천일창 혹은 천지일모 설화인데『고사기』에는 이런 내용이 전한다.

신라에 아구노마라는 늪지가 있었는데 한 여인이 이곳에서 자다가 햇빛이 내려와 임신을 하게 되었다. 그녀는 붉은 옥구슬을 낳았는데 지나가던 남자가 구슬을 얻어서 늘 허리에 차고 다녔다. 하루는 남자가 소를 끌고 산으로 가다가 신라 왕자 천지일모를 만났다. 천일창은 남자를 수상히 여겨 가뒀고 남자는 구슬을 바치고 풀려났다. 왕자가 구슬을 가지고 궁으로 돌아오자 구슬은 아름다운 여자로 변했다.

구슬 여자는 늘 맛있는 음식을 만들어 천일창에게 바쳤는데 천일창이 오만해져서 폭언을 하는 일이 생겼다. 여자는 화를 내고 부모의 나라로 돌아가겠다고 하고는 왜로 떠나버렸다. 여자는 오사카 지방으로 갔고 뒤늦게 후회한 천일창이 뒤따라갔으나 다른 신이 방해하는 바람에 여자를 찾을 수 없었다. 천일창은 다른 여자와 결혼하여 왜 땅에 머물렀다. 그럴 거면 왜 찾으러 간 걸까? 한 번 잘못하면 다시는 회복할 수 없으니 있을 때 잘하라는 교훈을 우리에게 남겨주는 것일까?『일본서기』는 이런 신화적 요소들을 빼버리고 천일창이 천황을 흠모하여 왕위를 동생인 지고에게 넘겨주고

이즈시 신사

일본 효고현에 있는 신사로 천일창(아메노히보코)을 제신으로 모시고 있다.

왜 지방으로 건너온 것으로 묘사하고 있다.

이런 설화는 신라의 중요 인물이 왜 지방으로 떠나간 것에서 만들어진 이야기일 것이다. 만일 근대처럼 민족 감정이 앞세워진 상태로 이 이야기가 만들어졌다면 연오랑과 세오녀는 일본으로 건너갔다는 식의 이야기가 되지 않고 『일본서기』에 실린 천일창 기록과 같이 조잡한 형태가 되었을 것이다. 이런 점으로 볼 때도 『일본서기』는 목적의식이 뚜렷한 상태에서 만들어진 책이라는 점을 자연스럽게 알 수 있다.

다만 『일본서기』에는 백제의 여러 기록들이 상세히 들어 있는 부분도 있기 때문에 마치 가시 많은 생선처럼 잘 발라서 역사의 재구성에 활용해야 하는 문제가 있다. 이 부분은 한편으로는 사료의 취사선택이라는 문제가 되어버려서 비판 받을 수도 있다. 고대 사료 중 가장 까다로운 사료가 바로 『일본서기』라고 할 수 있다.

『일본서기』 등을 잘 보면 한반도에서 사람들이 끊임없이 찾아오고 있다는 것을 알 수 있다. 때로 어떤 사람들은 이런 것을 놓고 우수한 한반도 사람이 미개한 일본에 가서 가르침을 줬다는 식으로 우월감을 느끼려고 한다. 그런 사람들은 중국에서부터 한반도로 넘어오는 사람들의 이야기를 보면서는 동일한 잣대를 놓고 싶어 하지 않는다. 살기 좋은 한반도를 찾아서 사람들이 넘어온 것이라고 해석하려고 든다. 그 시절에는 민족과 국가라는 정체성이 지금과 같지 않았다는 것으로 이해하면 되는 문제를 현재의 시선으로 자꾸만 보기 때문에 생기는 일이다.

『일본서기』는 일본의 건국신화로부터 지토천황(재위 686~697년)에 이르는 7세기말까지를 시간 순으로 쓴 책이다. 덴무천황(재위 673~686년) 때인 680년에 편찬을 시작해서 720년에 완성되었다. 대표 편자인 도네리친왕은 덴무천황의 아들이다. 이 책에는 백제 관련 내용이 풍부한데, 『백제기』, 『백제본기』, 『백제신찬』이라는 책들이 인용되었다. 일본 위주로 날조한 부분이 많아서 철저한 사료 비판이 필요한 책이다. 『고사기』는 덴무천황 때 편찬이 시작되어 712년에 오노 야스마로가 완성한 책으로 고대 신화를 많이 담고 있으며 우리나라 관련 내용은 많지 않다.

불패의 명장
우로의 죽음

나해 이사금의 태자 석우로는 명장이었다. 포상팔국의 난을 진압하고
감문국과 사량벌국을 멸망시키고 왜적을 무찔렀으며 고구려군을 막아냈다.
하지만 왜와 불화를 일으키고 비극적인 죽음을 맞이했다.

우로는 신라 10대 나해 이사금재위 196~230년의 태자였다. 나해 이사금은 석씨 왕조의 왕이었다. 우로가 아마 처음부터 태자는 아니었던 것 같다. 그에게는 이음이라는 형이 있었고 그가 먼저 태자가 된 것 같다.

우로가 처음 등장한 것은 포상팔국의 난 때였다. 포상팔국은 지금의 남해안 일대에 있던 작은 나라들로 가야에 속한 나라들로 보고 있다. 이들의 공격을 예상한 '나라'에서 신라에게 원군을 요청했다. 학자들에 따라 이 '나라'가 김해에 있던 금관가야라고 주장하는 경우가 있고 함안에 있는 아라가야라고 주장하는 경우가 있다.

어떤 나라인가에 따라 전쟁이 발발한 원인도 달라지는데, 신라의 입장에서 중요한 것은 가야 지방에 신라의 영향력을 확대하는 데 목표가 있었다는 점은 달라지지 않는다. 포상팔국은 당시 낙랑에게 철을 공급하는 주요 국가들이었고 이들을 신라의 영향력 아래 두는 것은 신라에게는 아주 중요한 일이었다. 따라서 신라는 태

자와 왕자를 파견하여 구원에 나서야 했고 이 구원 작전은 우로의 활약에 힘입어 대승으로 이어졌다. 이때 물계자라는 평민이 참전하여 큰 공을 세웠다. 하지만 그는 이음에게 밉보여서 아무런 상도 받지 못했다.

3년 후 포상팔국 중 세 나라가 이번에는 신라를 직접 공격했다. 나해 이사금이 직접 출전하여 역시 대승을 거뒀다. 물계자는 이 전쟁에도 참전하여 수십 명의 목을 베는 큰 공을 세웠지만 이번에도 논공행상에서 제외되었다. 물계자는 분하고 억울한 마음을 토로하고는 산으로 들어가 은둔해버리고 말았다.

이음은 몇 해 지나서 죽었다. 그 후 어떤 일이 벌어졌는지 잘 알 수는 없는데, 왕위가 태자인 우로에게 이어지지 않고 사위인 조분에게 넘어갔다. 조분은 작은 부인인 박씨에게서 낳은 딸을 우로에게 시집보냈다.

조분 이사금재위 230~247 때도 우로는 활약을 한다. 감문국을 쳐서 멸망시켰고 바다 건너 쳐들어온 왜와 싸워 그들의 배를 불태웠다. 북방에서 고구려가 쳐들어왔을 때 대군을 홀로 막았다. 목책을 세워 방어를 하면서 추위가 밀어닥치자 몸소 땔감을 들고 다니며 병사들을 위로했다. 병사들은 그의 헌신에 마치 솜옷을 입은 것 같다고 말하며 감격했었다.

조분 이사금이 죽고 그의 동생이 왕위에 올랐다. 첨해 이사금재위 247~261이다. 이번에도 우로는 왕이 될 수 없었다.

경북 상주에 있던 사량벌국이 신라를 배신하고 백제에 붙는 일이 생기자 첨해도 우로를 찾았다. 우로는 사량벌국을 멸망시키고 신라의 영토로 만들었다.

불패의 명장 우로. 그의 명성은 점점 커지고 있었다. 첨해 이사금은 불안하지 않았을까? 첨해 이사금 2년에 장훤을 서불한에 임명했다. 우로는 이미 조분 이사금 때 서불한의 지위에 있었다. 우로를 견제하기 위해서 장훤이라는 인물을 내세웠을 수도 있다. 또한 그에게 장군으로서의 임무가 아닌 사신 접대를 명했다. 왜국의 사신 갈나고가 왔을 때 우로가 접대를 맡았다. 거친 장군에게 접대는 적합한 임무가 아니었다. 더구나 우로는 왜군을 토벌하면서 불바다를 만들었던 전력도 있었다. 둘 사이에 편한 공기가 오갈 리가 없었다. 어디선가 부아가 난 우로가 못할 말을 내뱉고 말았다.

"언젠가는 네 왕을 소금 만드는 노예로 삼고 왕비는 밥 짓는 여자로 삼을 것이다."

갈나고의 안색이 파랗게 질렸지만 우로 앞에서는 입도 떼지 못했다. 그는 돌아가 왜왕에게 우로의 말을 고했다. 왜왕이 격분하여 군사를 거느리고 쳐들어왔다. 첨해왕은 군사로 맞서려 하지 않았다. 우로는 본인이 책임을 지겠다고 말했다.

"이 재앙은 신이 말을 조심하지 못해서 일어난 것이니 신이 감당하겠습니다."

우로는 홀로 왜군의 진지로 걸어 들어갔다.

"일전의 말은 그저 농담이었는데 군사를 일으킬 줄은 몰랐구나."

왜장 우도주군은 대꾸도 하지 않고 우로를 포박했다. 우도주군은 장작을 쌓아 올리고 우로를 거기에 앉게 했다.

"내 한 몸으로 전쟁을 막아낼 수 있다면 그것도 괜찮은 일이겠다."

우로는 한 덩어리의 불로 변했다. 우로의 아내인 명원부인은 아직 어린 아들 흘해를 안아 올렸다. 아버지의 마지막 모습을 보여주어야만 했다.

우로는 평소에 아들을 예뻐하며 이렇게 말하곤 했다.

"우리 집안을 일으킬 사람은 반드시 흘해일 것이다."

첨해 이사금 다음에는 김씨인 미추재위 262~284가 왕위에 올랐다. 김씨로서는 첫 왕이었다. 미추는 명원부인에게 형부가 되는 사람이었다.

왜에서 갈나고가 즉위를 축하하기 위해 왔다. 명원부인은 그를 집으로 초대해서 술을 먹였다. 그가 술에 취해서 정신을 못 차릴 때 끌어내서 마당에 쌓아놓은 장작더미에 던져 넣고 불태워 죽였다.

왜국에서는 분개해서 군사를 일으켰다. 하지만 신라군에게 이기지 못하여 결국 물러나고 말았다.

같은 이야기가 『일본서기』에도 적혀 있는데, 일본에게 유리하게 각색이 되어 있다. 우로가 신라왕으로 나온다. 그리고 우로의 부인이 복수를 했을 때 왜에서 항의하자 신라왕이 부인을 죽여 사죄한 것으로 되어 있다. 그런데 여기에는 앞뒤가 맞지 않는 부분이 많다. 임신한 황후가 쳐들어왔다는 부분부터가 이상하다. 신라가 항복하자 왕을 죽여 놓고 신라 사람을 재상으로 삼아서 나라를 다스리게 했다거나, 우로의 부인이 그 재상을 죽였는데, 죽인 이유는 우로가 어디에 묻혔는지 알지 못해서 그것을 알아내기 위해서였다고 말하고 있다. 그야말로 어처구니없는 이야기다. 또한 신라가 항복하자 고구려, 백제가 무서워서 달려와 항복했다고 말하고 있다. 이것이 바로 진구神功 황후의 삼한 정벌이라는 이야기다. 그 이야기 속에서도 신라는 부가 넘쳐흐르는 잘 사는 나라로 나온다. 신라 공격을 반대했던 천황은 신벌을 받아 죽는 등, 신라와 싸우는 일에 엄청난 부담감을 지니고 있었다는 것도 알 수 있다.

어쨌거나 우로가 왕위 다툼에 말려들어 왜군에게 죽은 것은 역사적 사실일 것이다. 이런 내분의 결과는 『일본서기』에 신라가 왜에 점령당했다는 이야기로 둔갑하게 되었다.

석씨 왕조는 4대 탈해 이사금 후 한참 있다가 성립되었다. 9대 벌휴 이사금으로부터 시작해서 16대 흘해 이사금까지 이어졌다(이 중간에 13대 미추 이사금이 김씨로 처음 왕이 되었다). 벌휴 이사금에게는 장남 골정과 차남 이매가 있었는데 석씨 왕들은 모두 이들의 후손으로 양 계열이 서로 권력을 다투었던 것으로 보인다.

근초고왕과
태자 근구수

근초고왕에서 근구수왕으로 이어지는 백제는 크게 발전했다. 낙랑의 멸망으로 유민들이 들어와 발전에 박차를 가한 것 같다. 이 기간에 고흥이 백제의 역사를 다룬 『서기』를 작성했고 도교가 유행했다. 근구수왕 사망 직후에 중국에서 마라난타라는 승려가 와서 불교를 전파했다.

백제의 제13대 근초고왕재위 346~375년 즉위까지 백제는 고난의 길을 헤쳐 왔다. 백제는 마한의 틈바구니로 들어와 마한의 여러 나라들과 경쟁하면서 성장하였고 북쪽으로는 한의 동방변군인 낙랑·대방과 대결해야 했다. 그러나 근초고왕 대에 이르러 이 문제들이 해결되었다. 북방의 문제는 고구려가 해결했다. 고구려의 남진 정책에 의해 동방변군들이 한반도 내에서 쫓겨나게 된 것이다. 물론 동방변군과 백제가 늘 적대적인 것은 아니었다.

백제 제9대 책계왕재위 286~298년은 대방태수의 딸과 결혼한 사이로 고구려가 대방을 공격했을 때 원군을 보내 구원해주기도 했었다. 그러나 낙랑과 대방은 몰락하는 중이었으므로 점차 백제와도 사이가 틀어지기 시작한 것 같다. 책계왕은 낙랑의 군사와 싸우다가 전사했고 그 아들 분서왕재위 298~304년은 낙랑 태수가 보낸 자객에게 죽임을 당하기까지 했다.

낙랑과 대방이 멸망하자 백제는 그 인적자원을 흡수했다. 그로부터 큰 발전을 이룩했을 것이다. 백제도 신라와 마찬가지로 이 시기에 서로 다른 가문이 왕위를 놓고 다퉜던 것으로 보인다. 결국 초고왕재위 166~214 계열이 정권을 장악했던 것으로 보이는데 그 발전의 기틀을 놓은 왕이 근초고왕이었다. 근초고라는 이름 자체가 초고의 후예임을 가리킨다. 근초고왕의 태자는 근구수재위 375~384년였는데, 이 이름도 백제 초기 구수왕의 이름에서 가져온 것이다.

근초고왕 때 남방을 정벌했는데 이 기록은 우리나라 사서에는 나오지 않고『일본서기』에 들어 있다. 『일본서기』에는 백제에 대한 이야기가 굉장히 많고 백제 초기 사서를 인용한 것으로 나오는 경우도 많다. 문제는『일본서기』를 만들면서 주어 바꿔치기가 일어나 버려서 생긴다. 백제가 한 일을 왜가 했다고 기술하는 일이 많았고 그러다 보니 왜 중심으로 이야기가 왜곡되면서 사건을 재구성하기가 매우 어려워진다.

『일본서기』에 따르면 목라근자라는 백제 장군이 왜군과 협력하여 신라를 공격하고 가야 7국을 정벌한 것으로 나온다. 그리고 남쪽의 침미다례를 정벌하였는데, 정벌한 뒤 그 땅을 백제에게 주었다고 한다. 군사를 이끌고 전쟁을 벌였는데 왜는 얻은 것이 하나도 없고 이득은 백제만 보았다. 주목할 점은 침미다례를 가리켜 남쪽 오랑캐라고 쓴 부분이다. 왜의 입장에서 보면 침미다례도 북쪽에 있는 나라다. 이 나라를 남쪽 오랑캐라고 부를 수 있는 나라는 백제밖에 없다. 즉 이 기록은 백제가 쓴 사서의 내용 중 일부를『일본서기』에 가져간 것이다.

한때 이 기록을 바탕으로 임나일본부라는 학설이 나온 적이 있었다. 하지만 오늘날 이런 주장을 하는 학자는 거의 없다고 봐도 무방하다. 임나일본부가 존재했다는 시절에는 아직 일본이라는 이름도 없었고, 왜의 정치 역량으로 이를 운영할 수도 없던 때였다는 것이 역사학계의 공통적인 의견이다.

그런데도 여전히 임나일본부에 집착하며 우리나라 역사학계가 임나일본부를 지지하고 있다는 등의 헛소리를 하는 사람들이 있는데 정말 특이하게도 일본인들이 아니고 한국인들이다. 이 사람들은 유사역사학 신봉자들로, 한국 역사학계가 식민사학에 물들어 있다 주장해야 자신들의 주장이 대중들에게 먹혀든다고 생각하고 있기 때문에 역사학계에서 주장하지도 않는 내용을 역사학계가 주장한다고 자꾸만 선전선동을 한다. 심지어 명시적인 문구 같은 것을 찾아낼 도리가 없기 때문에 속마음은 임나일본부를 따르는데 겉으로는 표현하지 않는다는 말까지 하고 있다.

『일본서기』의 침미다례 정벌 기사는 249년에 일어난 것으로 되어 있으나 이것은 연대를 과거로 보내는 『일본서기』의 과장법에 따른 것으로 보고 120년2갑자을 더해서 근초고왕 때인 369년으로 보는 것이 일반적이다. 학자에 따라서는 5세기나 6세기에 일어난 일로 생각하는 경우도 있다.

369년에 근초고왕은 고구려와도 싸웠다. 고구려의 16대 고국원왕재위 331~371년이 2만 대군을 이끌고 쳐들어왔을 때 근초고왕은 태자 근구수에게 반격을 명했고, 근구수는 고구려군이 모르는 지름길로 달려가 불시에 기습을 가했다. 고구려군은 대패하여 5천여 명의 병사가 전사하고 말았다.

고구려의 대패는 중대한 정보가 샜기 때문이었다. 백제에게 사기斯紀라는 사람이 고구려군의 허실을 알려온 것이다. 그는 본래 백제인이었는데, 실수로 왕이 타는 말의 말발굽에 상처를 냈다가 처벌이 두려워 고구려로 달아났다가 이번에 원정군에 끼어서 돌아온 것이었다.

"고구려군의 수가 많지만 정예병은 얼마 되지 않습니다. 붉은 깃발을 든 부대만 처치하면 나머지는 저절로 무너질 것입니다."

사기는 고구려군의 진군로와 군대의 허실을 모두 고했다. 근구수는 패주하는 고구려군을 쫓아 예성강 너머까지 쫓아갔다. 그곳의 수곡성 부근에서 장군 막고해가 태자에게 말했다.

"도가道家에서 말하길 만족할 줄 알면 치욕을 당하지 않고, 그칠 줄 알면 위태롭지 않다고 했습니다. 이미 충분히 얻었으니 더 많은 것을 바라지 마십시오."

근구수가 그 말에 추격을 멈추었다.

"오늘 이후 누가 다시 이곳에 올 수 있겠는가?"

근구수가 다녀간 곳에는 바위에 말발굽 같은 흔적이 남아서 후대까지 태자의 말굽 자국이라 불렸다.

칠지도와 이소노카미 신궁
칠지도는 일본 나라현의 이소노카미 신궁에서 보관하고 있으며
1953년에 일본 국보로 지정되었다.

하지만 근구수는 두 번이나 그곳을 지나가게 된다. 2년 후 겨울 근초고왕이 3만 대군으로 평양성을 공격했으니 이때 현장 지휘관이었던 근구수도 참전했을 것이다. 그리고 당연한 말이지만 평양성은 근구수가 도착한 수곡성보다 훨씬 북쪽에 있다. 이 때문에 근초고왕이 공격한 평양성을 대동강의 평양성이 아니라 황해도에 있던 남평양으로 보는 견해도 있다. 이때 근초고왕의 공격으로 고국원왕재위 331~371년까지 전사하고 만다. 근구수는 왕이 된 뒤에 3만 대군을 거느리고 평양성을 공격하기도 했다. 이때 고구려왕은 소수림왕재위 371~384년이었다. 그야말로 백제의 눈부신 전성기였다.

다음 해 근초고왕은 중국 남조의 동진에 사신을 보냈다. 동진은 근초고왕에게 진동장군 영낙랑태수라는 관직을 내려주었다. 낙랑은 오랫동안 한반도 지배의 상징이었다. 그 직위를 백제왕이 차지한 것이었다. 그보다 앞서 355년에 고국원왕이 중국 북조의 전연으로부터 낙랑공 작호를 받았었다. 낙랑군은 멸망했지만 진나라의 군현이었으므로 그 계승국인 동진으로부터 인정받은 것이 더 영향력이 있었을 것이다.

고구려의 복수는 고국원왕의 조카 광개토왕과 조카손자인 장수왕 대에 이르러서야 풀린다.

『일본서기』에는 근초고왕이 왜에 칠지도를 바쳤다고 나온다. 칠지도는 실물이 존재하고 여기에 명문이 새겨져 있어서 크게 주목받았다. 일본에서는 동진에서 백제를 거쳐 왜에 하사한 것이라고 주장하고 있으나, 우리나라는 백제에서 제작해 왜에 하사한 것으로 파악한다. 언제 제작되었는가에 대해 의견이 분분한데 명문에 나오는 "태○泰 4년"에 주목해서 동진의 연호 태화(太和)로 보고 369년에 제작된 것으로 보는 견해가 많은데, 홍성화 교수는 X-레이 판독 결과를 바탕으로 전지왕 4년(408년)설을, 주보돈 교수는 이병도의 학설을 이어받아 근초고왕 27년(372년)설을 주장했다. 세 사람 다 "태○(泰) 4년"을 중국 연호가 아닌 백제 고유 연호로 보았다.

백제의 요서 경략은
정말 있었을까?

문제는 이런 희박한 가능성의 이야기를 오직 영토가 넓고 강대하면 좋다는
관념으로 교과서에 싣고 그 결과 국수주의적 사고를 강화시키는 결과를 빚은
한국사 교육에 있는 것이 아닐까 한다.

백제의 근초고왕 때 백제가 서해를 건너가 요서 지방을
점령했다는 이야기가 있다. 정말일까? 중국 역사책인 『송서』에 이
런 구절이 있다.

백제국은 본래 고려와 함께 요동의 동쪽 천여 리 밖에 있었다. 그 후 고
려가 요동을 쳐서 차지하자 백제는 요서를 쳐서 차지했다. 백제가 다스
린 곳을 진평군 진평현이라고 일컫는다.

비슷한 내용이 『양서』에도 적혀 있다.

그 나라는 본래 구려와 함께 요동의 동쪽에 있었다. 진나라 때 고구려가
요동을 쳐서 차지하자 백제 요서와 진평 2군의 땅을 점거하고 스스로
백제군을 설치했다.

〈양직공도〉라는 사신들 그림 속 설명글에도 이런 내용이 나온다.

백제는 옛날 동이 마한에 속하였는데 진나라 말기에 구려가 요동을 쳐서 차지하자 낙랑 또한 요서와 진평현을 차지하였다.

문제는 송이나 양이라는 이 중국의 나라들은 남조에 속하는 나라들로 모두 중국 남부에 있었다는 점이다. 백제가 점령했다는 요서는 북조가 관할하는 곳인데 북조의 사서에는 이런 내용이 전혀 보이지 않는다. 조선 시대 학자들도 이 기록을 놓고 어떤 사람은 중요한 기록이라고 보고, 어떤 사람은 잘못된 기록이라고 말했다.

위 기록들을 보면 고구려가 고려, 구려 등으로 표현되고 있다. 고구려는 장수왕재위 413~491 때부터 고려로 나라 이름이 바뀐 것이 분명한데 왕건이 세운 고려와 혼동이 되기 때문에 그냥 습관적으로 삼국시대 전체에 걸쳐 고구려라고 쓸 뿐이다.

백제의 요서경략설을 생각해보면 〈양직공도〉가 백제가 아니라 낙랑이라 적고 있는 점이 대단히 이상한 점이다. 낙랑은 이미 멸망한 뒤가 아니던가? 그런데 여기서 주목할 부분이 있다. 한반도에 있던 낙랑군은 축출되었는데 이 낙랑군이 요서 지방에 옮겨져 새로 설치됐던 것이다.

고구려의 미천왕에 의해 낙랑이 멸망당했을 때 요동에 있던 세력가 장통이라는 사람이 낙랑과 대방 사람들을 이끌고 선비족 추장 모용외에게 붙었다. 모용외는 이들을 요서 지방에 정착하게 하고 장통을 낙랑군 태수에 임명했다. 모용외는 전연의 시조인데 일종의 군벌이라고 생각하면 된다.

백제가 요서 지방을 차지하고 있었다는 것의 방증으로 사용되는 것은 『남제서』의 기록이다.

양직공도(일부)
백제 사신의 모습과 설명을 담은 부분이다.

이 해490년에 위로魏虜가 또 기병 수십만을 동원하여 백제를 공격해서 그 경계를 침입했다. 모대가 장군 사법명, 찬수류, 해례곤, 목간나를 보내 무리를 이끌로 로虜의 군대를 습격하여 크게 격파하였다.

이는 백제 동성왕재위 479~501 12년의 일이다. 진나라 말기라고 나온 위 기록을 보면 백제가 요서를 장악한 때는 진나라가 멸망한 316년 이전이 될 것이다. 만일 위에 나온 위나라 오랑캐魏虜 즉 북위가 백제의 요서 지방을 쳐들어온 것이라면 170여 년을 유지한 것이 된다. 과연 가능한 일일까?

하지만 그렇지 않다면 북방 종족인 북위가 바다를 건너서 백제를 공격한다는 것은 가능하겠는가? 북위가 난데없이 백제를 공격할 이유도 없지 않은가?

그런데 『남제서』의 기록은 『남제서』를 편찬한 양나라 때 역사가 소자현489~537이 쓴 내용이다. 마침 『남제서』에는 백제의 동성왕이 보낸 표문이 그대로 실려 있다. 그 표문을 살펴보면 위로魏虜라는 단어가 없다는 것을 알 수 있다. 동성왕의 표문에는 위로魏虜 대신 험윤獫狁, 흉리匈梨라는 단어가 들어 있다. 험윤과 흉리는 지금으로 보자면 '북쪽 오랑캐'라는 뜻이다. 앞서도 말한 바 있지만 백제는 남쪽 침미다례를 가리켜 '남만'이라고 쓴 바 있다. 그렇다고 백제가 중국 남방의 남만을 공격했다고는 아무도 보지 않는다. 남제 쪽에서는 동성왕이 보낸 표문에 나오는 '북방 오랑캐'라는 말을 보고 북위를 연상했던 것이다.

동성왕이 보낸 표문은 백제 당대의 기록이고 역사학에서는 이런 사료를 1차 사료라고 한다. 이 소자현은 이 1차 사료를 보고 해당 상황을 기록했는데 이렇게 만들어진 것을 2차 사료라고 한다. 1차 사료의 내용이 2차 사료에서 변형되어 버린 것이다.

그러면 백제의 요서경략은 어떻게 된 것일까? 이에 대해서는 학자들마다 여러 견해가 있지만 이 무렵 여암餘巖이라는 인물이 일으킨 반란을 주목할 필요가 있다.

여암은 전연의 건절장군으로 385년에 반란을 일으켜 요서 일대를 장악했다. 후연의 황제 모용수는 아들 모용농을 보내 진압했다. 이 반란은 불과 4개월만에 진압되었다. 여암의 성이 백제 왕성과 같은 여餘씨인데다가 이 지역은 낙랑군이 있는 자리였고 백제는 낙랑태수 관직을 가지고 있기도 했다.

후연의 건국에는 부여의 왕족 여씨가 참여한 바 있다. 부여왕으로 책봉된 여울이 있고 같은 성씨로 여숭 부자가 기록에 나온다. 여암도 부여인일 가능성이 높다.

그런데 여암의 반란이 있던 385년에 고구려가 요동과 현도를 함락시켰던 일이 있었다. 즉 고구려가 요동을 차지했던 그 때 요서를 차지했던 것은 여암이었던 것이다. 여암의 반란을 진압한 모용농은 그 길로 고구려에게 점령당한 요동과 현도도 수복했다.

여암이 고구려나 부여와 손을 잡으려 했을 수도 있고 그런 것이 총체적 난국으로 기록에 남았을 가능성도 있다. 역사학자 중에는 여암과 백제가 손을 잡았을 가능성을 이야기하는 경우가 있지만 그럴 가능성은 낮다고 생각한다.

문제는 이런 희박한 가능성의 이야기를 오직 영토가 넓고 강대하면 좋다는 관념으로 양념을 쳐가면서 부풀리는 사람들에게 있는 것이 아닐까 한다.

양직공도는 중국 남북조 시대 남조 양나라에 온 사신들을 그린 것이다. 원본은 없어지고 모사본들만 남아 있다.

광개토왕의
정복 활동

고구려 제19대 광개토왕은 우리나라 최초로 연호가 확인되는 왕이다. 광개토왕비에는 영락永樂이라는 연호가 나온다. '광개토廣開土'라는 말 자체가 널리 땅을 얻었다는 뜻이기도 하다. 소수림왕–고국양왕대를 거쳐 안정과 발전을 얻은 뒤, 광개토왕 때 군림천하에 나서게 되었다.

고구려는 17대 소수림왕재위 371~384 때 국가의 기본법인 율령을 반포하고 불교를 수용하였으며 국립 교육기관인 태학을 설립하여 국가의 내치를 다졌다. 소수림왕 다음으로 왕위에 오른 이는 동생인 고국양왕재위 384~391이었다. 이 시기에 중국 북동부를 차지한 후연384~409과 요동을 놓고 겨루었으며 백제와도 계속 대립 관계에 있었다. 신라에서는 내물이사금이 조카 실성을 인질로 보내오기도 했다. 391년, 긴장과 갈등 속에 제19대 광개토왕재위 391~413이 18세의 나이로 즉위했다.

광개토왕의 첫 번째 공격 대상은 원한이 사무친 백제였다. 7월, 고구려는 백제의 성 십여 개를 함락시켰다. 두 달 후인 9월에는 거란을 공격해서 잡혀갔던 포로 1만 명을 구출해왔다.

쉴 틈도 없이 바로 다음 달인 10월에 고구려는 백제의 관미성을 공격했다. 관미성은 바닷가 근처의 험준한 곳에 있는 성이어서 공략이 쉽지 않았다. 고구려군은 20일 동안의 격렬한 공격 끝에 성을 함락시켰다.

광개토왕비에 따르면 『삼국사기』와 1년의 차이가 있다. 『삼국사기』에는 광개토왕이 392년에 즉위한 것으로 나온다. 하지만 당대 기록인 광개토왕비의 연도를 따르는 게 맞다. 비문에 있는 광개토왕의 연호인 영락 연도와 60간지의 순서가 맞기 때문에 당대 기록을 우선해야 한다.

문제는 이렇게 되면 『삼국사기』「백제본기」 기록도 이상해지는 면이 있다. 관미성 함락 후에 백제의 진사왕^{재위 385~392}은 사냥터 행궁에서 갑자기 죽고 본래 왕위 계승자였던 아신왕^{재위 392~405}이 왕위를 이어받았다. 진사왕은 광개토왕을 두려워하여 맞서질 못하고 십여 개의 성에 이어 관미성까지 잃었는데, 이런 일로 민심을 잃었을 가능성이 있다.

아신왕은 외삼촌 진무를 좌장^{左將}에 임명해 군사를 통솔하게 하고 고구려에 대한 대반격에 나섰다. 하지만 진무가 앞장서서 싸워도 관미성을 되찾을 수는 없었다. 이후 계속 고구려와 사생결단을 하는 전쟁을 벌였지만 번번이 광개토왕에게 지고 말았다.

아신왕은 백제의 힘만으로는 안 된다는 것을 통감하고 태자 전지를 왜에 보내 우호를 맺었다. 바로 이때가 광개토왕비의 그 유명한 신묘년 조가 나오는 때다.

광개토왕비에 이런 기록이 있다.

백제와 신라는 옛날부터 속민(=속국)으로 조공을 바쳐왔다. 그러나 신묘년 이래로 왜가 바다를 건너 백제와 신라를 쳐서 신민으로 삼았다. 때문에 영락6년 병신년에 왕이 몸소 수군을 인솔하여 백제를 토벌했다.

이 대목으로 인해서『일본서기』에 나오는 임나일본부가 증명이 되었다는 이야기가 있었다. 하지만 이건 앞뒤가 하나도 맞지 않기 때문에 성립할 수 없는 이야기이다. 비문의 저 내용 자체가 모두 있을 수 없는 이야기인 것이다.

백제는 고구려를 공격해서 고구려 국왕을 죽일 정도로 강한 나라였다. 언제 백제가 고구려의 속국이 되었단 말일까?

신묘년은 광개토왕이 즉위한 해다. 일부러 그 해를 선택한 것이라 볼 수 있겠다. 실제로『삼국사기』에 따르면 신라가 392년에 조카 실성을 인질로 고구려에 보냈는데, 이 해는『삼국사기』상으로는 광개토왕의 즉위년이다. 즉 연대상의 착오로 본다면 광개토왕이 즉위한 해, 즉 신묘년에 신라가 인질을 보내왔다는 이야기가 된다. 때문에 광개토왕비에도 신라가 속국이었다는 기록을 남긴 셈이라 하겠다.

393년에 왜가 쳐들어와서 신라의 수도 금성을 포위 공격했는데 내물 이사금은 수성을 하다가 반격에 나서 왜군을 크게 무찔렀다. 이런 왜의 습격을 광개토왕비에서는 크게 과장해서 왜가 백제와 신라를 속국으로 삼았다고까지 한 것이다.

전쟁에서는 명분이 중요하다고 이미 말한 바 있다. 백제를 토벌해야 하는 명분이 이 대목에서 언급되어 있는 것이다. 광개토왕비에 따르면 백제왕은 이 전쟁에서 져서 영원히 충성을 맹세했는데, 399년에 맹세를 깨고 왜와 다시 손을 잡았다.

그리고 다음해 왜는 신라를 침공했다. 광개토왕은 이 궁극의 적을 토벌하기 위해 군사 5만을 보내 왜를 무찔렀다. 이들은 임나가라까지 도망쳤는데 고구려군은 악착같이 쫓아가 무찔렀으며 성은 신라에게 넘겨주었다.

이 대목은 좀 이상하다. 고구려군이 피땀을 흘려 얻어낸 성인데 왜 신라에게 무상으로 넘겨주었을까? 사실 이런 식의 기술을 종종 볼 수 있는 사서가 『일본서기』다. 앞서도 목라근자 이야기 때 말한 바 있다.

『삼국사기』「박제상 열전」에는 시기적으로 다소 차이는 나지만 418년에 왜의 군사들이 신라에 들어왔을 때 고구려군이 그들을 모두 죽였다는 이야기가 나온다. 고구려가 신라를 도와준 것은 분명하지만 광개토왕비에 어느 정도 과장이 들어 있을 가능성도 있다.

404년에 백제는 왜와 연합해서 고구려를 다시 공격했고 광개토왕은 친히 출정해서 무찔렀다. 결론적으로 왜는 한반도에서 고구려에게 격퇴 당했다는 것이 광개토왕비의 내용이다. 임나일본부가 들어설 곳이 없다.

이렇듯 남쪽의 일은 잘 처리가 되고 있었으나 북방은 또 다른 기류가 흐르고 있었다.

395년에 고구려는 북방 거란의 비려 지방을 쳐서 크게 이겼다. 391년의 공격에 이은 두 번째 전과였다. 어쩌면 391년 공격은 이 395년 공격의 연도 착오에 의한 기록일 수도 있다.

398년에는 숙신을 공격하여 굴복시켰다.

그러나 북방의 전쟁이 계속 잘 나갔던 것은 아니었다. 400년, 즉

광개토왕비 탑본

광개토대왕비는 아들인 장수왕이 아버지 광개토왕의 공적을 기리기 위하여 세웠다.
이 탁본은 원석 탁본이 아닌 석회 탁본이다.

신라에 구원군을 보냈을 때 후연384~407이 쳐들어와서 신성과 남소성을 함락시키고 영토를 빼앗았다. 2년 후 광개토왕은 후연의 숙군성을 점령했다. 404년, 후연이 다시 쳐들어와 요동성을 공격했으나 함락시키지 못했다. 이때도 고구려는 남쪽과 북쪽을 모두 방비해야 했다. 후연은 다음 해에 또 쳐들어 왔으나 이번에도 성과 없이 물러나야 했다.

광개토왕비에는 407년에 5만 군의 대규모 전쟁 이야기가 나오는데 이 대목은 후연을 공격한 것으로 볼 수 있다. 이 해에 후연이 멸망했다. 그 뒤를 이어 고구려계 고운高雲이 북연을 세웠다. 동족이 세운 나라라 우호 관계가 쉽게 맺어졌다.

410년에 광개토왕은 직접 지휘하여 동부여를 토벌했다. 광개토왕 비문에는 이때도 동부여가 추모왕**주몽**의 속민**속국**이라고 우기고 있다. 고구려는 부여로부터 나왔고 특히 주몽 시절에는 부여에 우위를 전혀 가지지 못했었다. 그래도 명분이 필요해서 이런 말을 지어낸 것이다. 이때 64개의 성과 1400 촌을 얻었다. 동부여는 궤멸적 피해를 입었다.

광개토왕비가 일본 군인이 일본에 알렸기 때문에 비문이 변조되었을 거라는 주장이 있었다. 실제로 비문에서 석회가 발견되면서 이 의문은 설득력도 얻게 되었다. 하지만 나중에 밝혀진 바로 석회는 그 동네 탁본 판매업자가 비면을 평평하게 만들어서 탁본 뜨기 편하게 하려고 발랐던 것이었다. 애초에 비문은 판독도 쉽지 않아서 일조일석에 비문을 보고 뭘 고칠지 판단할 수는 없다. 비문변조설은 잘못된 학설로 남았다.

신라,
고구려의 손에 들어가다

백제가 왜와 손을 잡자 신라는 고구려에 구원을 요청했다. 고구려는 5만의 군사를 끌고 와 신라 내의 왜적을 몰아냈고, 그들을 임나가라까지 추격하여 섬멸했다. 이제 고구려의 영향력은 신라 안에서 절대적인 것이 되었다.

신라는 약한 나라였다.

신라는 백제, 고구려, 왜와 모두 화친을 맺고자 노력했는데, 그것은 이들이 평화를 사랑한 사람들이어서가 아니라, 약한 나라였기 때문에 벌인 일이었다.

신라의 가장 오래된 숙적은 일본이었다. 아직은 왜倭라고 불리는 이들이 신라 역사상 가장 먼저 나타난 외적外敵이었다. 신라를 세운 박혁거세가 상당한 인물이었던 것은 분명한 것 같다. 기록을 남긴 최초의 왜적은 박혁거세의 성덕에 굴복하여 물러났다. 이런 박혁거세를 흠모하여 신라에 귀부한 왜인도 있었다. 그가 신라 최초의 외교관으로 이름은 호공瓠公이었다.

그러나 왜적의 침입은 그치지 않았다. 왜적에 시달리다 못해, 왜적이 온다는 소문만 돌아도 공포가 서라벌을 휩쓸었다.

123년, 지마 이사금재위 112~134년 때 신라는 왜국과 화친에 성공했다. 백제와는 이미 파사 이사금 때105년 화친한 바 있었다. 60년간 지속되었던 백제와의 평화는 165년에 깨졌다. 이찬 길선이 반역을 도모하다가 발각되자 백제로 달아났다. 신라는 죄인의 송환을 요구했지만 백제는 거부했고, 결국 이 일은 전쟁으로 이어졌다. 백제는 화친을 청했지만 신라는 이에 응하지 않았다. 왜와 화친을 이루었기 때문에 대백제 전선에 집중할 수 있었기 때문이었다.

그러나 왜와의 평화도 결국 깨졌다. 208년, 왜군의 침략이 시작됐다. 왜군은 금성을 포위 공격할 정도로 기세가 등등했다. 백제와 왜에 시달리는데, 고구려까지 신라를 공격했다. 248년, 첨해왕 2년에 고구려로 사신을 보내 화친을 청했다. 왜국과도 화친을 기도했으나, 뻣뻣한 성질의 장군 석우로가 문제를 일으키고 말았고 격노한 왜왕은 군사를 보내 신라를 쳤다.

249년, 석우로는 입방정의 책임을 지고 왜군에게 나아가 화형을 당했다. 석우로의 죽음으로도 화친을 할 수는 없었지만 왜는 그 후 당분간 신라를 괴롭히지 않았다.

286년, 신라는 백제와 화친을 하고 왜와의 싸움에 집중하기 시작했다. 그 다음 해부터 왜의 공세가 드세진 것으로 『삼국사기』는 전하는데, 왜의 공세가 드세졌기 때문에 백제와 화친한 것으로 보는 것이 옳겠다. 백제는 261년에도 화친을 청했지만 신라가 들어주지 않았으니까.

295년, 유례 이사금재위 284~298년이 바다를 건너 왜를 칠 계획을 세웠으나 신하들의 만류로 포기하고 말았다. 백제를 완전히 믿을 수 없다는 것이 큰 걸림돌이었다. 그렇다면 왜와 화친을 하는 수밖에 없었다. 300년, 기림 이사금재위 298~310년이 왜와 화친을 맺었고,

312년, 흘해 이사금재위 310~356년은 아찬의 딸을 왜에 시집보내기까지 했다.

흘해 이사금은 왜군이 불태워 죽인 석우로의 아들이었다. 아직 걷지도 못하는 나이에 아버지가 불에 타 죽는 것을 보아야 했던 흘해 이사금이 이런 일을 좋아했을 리는 만무하다. 흘해 이사금 35년, 왜는 또 신라의 딸을 청했으나 흘해는 여자를 보내지 않았다. 다음 해345년 흘해 이사금은 왜와 수교를 단절했다. 이로써 45년간의 해빙 무드는 사라지고 말았다.

373년, 내물 이사금재위 356~402년 18년에 과거와는 정반대의 일이 일어났다. 백제 독산성주가 신라에 투항했고, 백제는 그의 송환을 요구했다. 그러나 신라는 이를 거부했고, 오랜 기간 지속되었던 백제와의 화친도 깨졌다. 이제 신라는 또다시 백제와 왜, 두 적을 동시에 상대해야 했다.

그리고 391년 왜는 대대적으로 신라를 공격했다.

신라가 의지할 수 있는 곳이라고는 고구려뿐이었다. 하지만 고구려가 왜 신라를 위해 움직이겠는가? 신라는 약속의 징표로 볼모를 보냈다. 미추 이사금의 동생 대서지의 아들 실성實聖을 볼모로 보낸 것이다. 내물 이사금은 미추 이사금의 동생 말구의 아들이고, 실성과는 사촌지간이다. 둘 다 어머니는 석씨 집안사람이었다.

왜적의 공격은 날로 거세어졌다. 내물 이사금은 정면충돌을 피하고 성문을 걸어 잠그고 농성을 하는 전략을 선택했다. 왜적이 물러나면 그 뒤를 쫓아 공격했다.

고구려는 당장 신라를 구원해 주지는 않았다. 고구려는 백제부

내물왕릉

경주시 교동에 있다. 왜의 공격을 견디지 못한 내물왕은 고구려의 광개토왕에게 도움을 요청하고,
이후 신라는 고구려의 영향력 아래 놓이게 되었다.

터 공격했다. 왜가 이때 백제에 어떤 영향을 미쳤는지는 불분명하다. 지금 알 수 있는 것은 다만 고구려가 왜를 트집 잡아 백제를 쳤다는 사실이다. 백제는 고구려군에게 굴복하고 말았다.

백제의 아신왕은 당장 왜와 손을 잡았다. 왜의 영향력을 제거하고자 출동했던 고구려군의 위상에 문제가 생기는 일이었다. 아신왕은 왜에 태자 전지를 보낼 정도로 왜와의 협력을 갈구했다. 백제의 입장에서는 신라와 왜, 두 나라 중 하나를 선택하는 수밖에 없었으며, 이 경우 누가 보더라도 왜와 손을 잡는 것이 당연한 일이었다. 왜는 이미 신라와 적대적 관계였다.

백제가 왜와 손을 잡은 것은 신라에게는 치명적인 일이었다. 신라는 고구려에 긴급 구원을 요청했고, 고구려는 군사를 보내 그 부름에 응답해 주었다. 고구려군은 신라로 쳐들어온 왜적을 몰아냈고, 그들을 임나가라까지 추격하여 섬멸했다. 이제 고구려의 영향력은 신라 안에서 절대적인 것이 되었다.

『삼국사기』 신라본기에는 이런 과정을 은유적인 말로 감춰놓았다.

45년400년 가을 8월에 살별이 동쪽에 나타났다. 겨울 10월에 왕이 타던 말이 무릎을 꿇고 눈물을 흘리면서 슬피 울었다.

살별이 언제나 전쟁을 의미하는 것은 아니나, 이번에는 왜와의 전쟁을 가리킨 것이 분명하다. 그리고 왕의 말이 무릎을 꿇었다는 것은 왕이 무릎을 꿇었다는 표현의 왜곡이다. 신라는 고구려의 손아귀에 들어간 셈이었다.

내물왕은 『삼국사기』에는 '이사금'으로 나오고 『삼국유사』에는 '마립간'으로 나온다. 『삼국사기』는 이사금이 이가 많은 사람을 가리키는 말이라고 설명하고 있지만 임금을 뜻하는 말의 고어로 생각하고 있다. 마립간은 17대 내물왕 혹은 19대 눌지로부터 22대 지증까지 사용한 호칭으로 뒤에 '마님'으로 변한 것으로 보고 있다. 보통 왕권 강화로 호칭이 바뀐 것으로 판단하고 있다.

절망과 희망이 교차하는 신라의 5세기

실성에게 살해될 위기를 넘기고 눌지가 신라의 왕위에 오른다.
『삼국사기』에서는 눌지가 최초로 마립간이라는 칭호를 쓴 것으로 나온다.
눌지 마립간으로부터 신라는 장자 상속이 확립되었다.

이미 살펴본 바와 같이 암담한 처지에서 시작된 세기가 신라의 5세기였다. 아무 희망이 보이지 않았던 세월이었다.

401년 고구려의 위세를 등에 업고 볼모였던 실성재위 402~417년이 돌아왔다. 다음 해, 우연인지는 몰라도 연로한 내물왕이 어린 아들을 남겨두고 죽었다. 실성은 왕위에 올랐다. 실성이 왕위를 차지한 뒷배경에 고구려 광개토왕이 있다는 것은 당연한 이야기겠다.

비록 고구려의 위세를 빌려 왕위에 오르긴 했지만, 실성에게도 나름 원대한 뜻이 있었다. 실성은 우선 왜와 화친을 추구했다. 내물 이사금의 아들 미사흔을 볼모로 제공했다. 전왕의 아들을 볼모로 제공했으니 나름 성의를 보인 셈이다.

이 시기, 백제는 왜와 우호관계를 돈독히 하고 있었다. 404년, 아신왕은 왜와 연합하여 고구려를 침공했다. 광개토왕은 즉각 군사를 보내 백제-왜 연합군을 박살냈다.

그런데 이 시기에 신라는 여전히 왜적의 침공에 시달리고 있었다. 실성 이사금 4년, 실성 이사금 6년에 계속 왜적이 공격을 했던 것이다. 이 습격으로 왜적도 적잖은 피해를 입었다. 그럼 대체 볼모로 간 미사흔은 어찌 된 것일까? 그리고 왜는 백제와 연합하여 고구려를 공격함과 동시에 신라를 습격할 수 있을 정도의 국력을 어떻게 유지했던 것일까?

이에 대한 해답은 실성왕 7년408년의 기사에서 찾아야 할 것 같다. 실성 이사금은 왜가 대마도에 병영을 설치하고 신라를 침공하고자 한다는 첩보를 받고 선수를 쳐서 대마도를 정벌하고자 한다. 대마도는 후대에도 그렇지만, 이 시기에도 해적의 소굴이었다. 어쩌면 실성 이사금 대에 신라를 공격하고 있던 왜적은 왜국의 군사가 아니라, 대마도를 근거로 하고 있는 왜구였던 것이 아닐까?

이 무렵 아신왕이 죽고405년, 왜에 있던 태자 전지가 백제의 왕이 되기 위해 바다를 건넜다. 그러나 아신왕의 막내가 둘째를 죽이고 스스로 왕을 자처하고 있었다. 전지는 호위병으로 따라온 왜병의 호위를 받으며 반란을 선동했고, 왜인들은 전지를 지켜줌으로써 백제 내에서 왜의 입지를 한층 더 굳건하게 만들어냈다.

백제와 왜의 결속은 실성에게는 더 큰 위협이었다. 실성은 내물 이사금의 또 다른 아들인 복호를 고구려에 볼모로 보냈다. (『삼국유사』에 따르면 복호가 고구려에 볼모로 간 것은 눌지 마립간재위 417~458년 때 장수왕의 요청에 의한 것이었다. 어찌되었든 당시 신라는 고구려의 원조가 절대적으로 필요한 상황이었다는 점에는 변함이 없다.)

실성은 나이가 들었고, 왕위는 내물 이사금의 장남인 눌지에게 넘어갈 공산이 컸다. 실성은 여기서 무리수를 두고 만다. 고구려 군에게 눌지의 제거를 의뢰한 것이다. 실성은 눌지에게 부계로는 5촌 당숙이 되지만, 눌지의 어머니가 실성의 부인과 자매간으로 실성은 눌지의 이모부이기도 하며, 눌지의 아내는 실성의 딸이므로 장인—사위 간이기도 한, 매우 복잡한 관계였다. 실성이 특이한 게 아니라 신라의 왕실은 대개 이 모양이었다.

실성은 본래 왕위에 오를 사람이 아니었으나 고구려의 위세로 왕위에 올랐고, 그만큼 기존의 귀족들에게 큰 지지를 받지 못했을 것이 분명하다. 실성의 모계도 다른 기록에 등장하지 않는 것으로 보아 전대 왕조인 석씨 집안이기는 해도 한미한 집안이었을 것이 분명하다. 반면 눌지는 정통 가문의 적장자로 실성과 맞먹는 세력을 가지고 있었다. 실성이 자신의 힘으로 눌지를 제거하지 못하고 고구려의 힘을 빌리려 한 시점에서 실성의 패배는 예정되어 있었다.

고구려의 입장에서 신라를 보면, 노쇠한 실성은 정권 지지 기반이 불안정한 상태였다. 눌지는 기반이 탄탄한데다 젊었다. 실성의 뒤를 봐주느니 차라리 눌지를 편들어 자신들의 영향력을 유지하는 것이 백번 유리한 상황이었다. 광개토왕은 결정을 내렸다. 실성을 버리고 눌지를 택한 것이다.

왕위에 오른 눌지는 고구려에 볼모로 가 있던 복호를 찾아왔다. 『삼국유사』에서는 복호를 찾아오는 과정에서 속임수를 썼고, 복호가 덕이 있어서 고구려 군사가 빈 화살을 쏘아 살아 돌아올 수 있었다고 말하지만, 이 경우는 『삼국사기』의 기록이 더 정확하다고 생각한다. 박제상은 장수왕에게 양국의 이해관계를 들어 복호를 돌려주는 것이 더 이익이라고 설득했다. 이때 만약 속임수를 써서 고구려의 분노를 샀다면 왜에 있는 미사흔을 찾아올 수 없었을 것이다.

박제상이 왜에 갔을 때, 백제인이 참소하기를 신라가 고구려와 함께 왜를 칠 것이라고 했다. 왜왕이 신라 국경을 정탐하게 했는데, 이들은 신라에 진주하고 있던 고구려군에게 걸려 박살이 났던 모양이다. 이때 눌지는 박제상과 미사흔의 가족을 옥에 가두어 그들이 신라를 배반한 사람처럼 보이게 했다. 왜왕은 이에 속아서 박제상을 신임하게 되었다. 왜는 박제상과 미사흔을 향도로 삼아 신라 침공을 계획했다. 아마도 이들이 대마도에 도달했을 때 탈주가 일어났던 것 같다. 박제상은 미사흔을 떠나보내고 자신은 홀로 남아 미사흔이 아직 남아 있는 것처럼 꾸몄다.

이 모든 일은 고구려와 우호 관계가 지속되어야만 가능한 일이다. 따라서 박제상이 고구려를 설득했다는 것이 맞는 말일 것이다.

고구려는 이때 후연과의 전쟁이 한참이었다. 402년 숙군성을 함락시켰고, 405년에는 역습을 받아 요동성이 함락될 뻔하기도 했다. 북방의 전세가 긴급했으므로 고구려는 신라 쪽에는 큰 신경을 쓸 수 없는 상태였다. 이것은 신라에게는 기회였을 것이다. 고구려군이 언제 신라를 떠났는지는 알 수 없으나 눌지 초년 경에 떠나간 것이 분명하다. 눌지는 재위 8년424년에 고구려에 예물을 보냈는데, 이런 기록이 따로 남은 것은 고구려 군이 신라를 떠났다는 증거라 생각한다.

눌지는 재위 17년433년에 백제와 화친한다. 고구려와 철천지 원

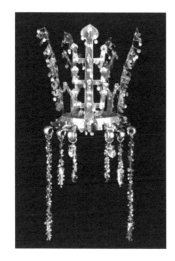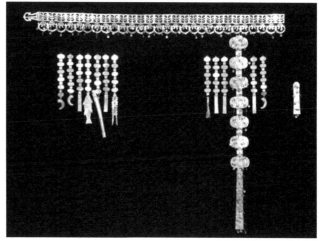

황남대총 금관과 허리띠
경주 황남대총 북분에서 출토된 것으로 금관과 허리띠 모두 왕비를 위한 것이다.
각각 국보 191호, 192호로 지정되어 있다. 황남대총은 경주 황남동 대릉원에 있으며
5세기경의 무덤으로 추정하고 있다.

수지간인(백제는 고구려의 왕을 죽인 바 있는 불공대천의 원수다. 훗날 장수왕은 개로왕을 죽임으로써 이 빚을 갚는다) 백제와 화친함으로써 반 고구려 정서를 드러냈다. 하지만 왜와는 여전히 적대 관계였다. 444년 왜적은 금성을 열흘이나 포위 공격했다. 물러가는 적을 추격했던 눌지가 역습을 받아 목숨을 잃을 뻔 한 일도 있었다.

고구려는 여전히 신라를 한수 아래의 속국처럼 생각하고 있었다. 고구려 장수는 남의 영토임에도 그곳에 들어가 사냥을 즐기곤 했다. 신라 하슬리 성주 삼직은 그런 고구려 장수를 잡아 죽이고 말았다450년. 반 고구려 정서가 표면화한 것이다.

장수왕은 당장 군사를 일으키고 신라를 응징했다. 아직은 고구려군이 두려웠던 눌지는 몸을 낮추고 사죄했다. 장수왕은 정벌을 중지했다. 이것이 오히려 신라에게 자신감을 주었다. 고구려도 사실은 신라를 만만히 보지 못하고 있다는 것을 알려주고 만 셈이었

다. 장수왕은 신라의 태도가 고쳐지지 않는 것을 알고 다음 해 정벌군을 다시 일으켰다. 신라는 이제 공공연히 고구려에게 반기를 들었다. 455년, 고구려가 백제를 쳤을 때 신라가 원군을 보낸 것이다.

458년, 42년간이나 왕위를 지켰던 눌지가 세상을 떠났다. 신라는 고구려의 영향으로부터 신라를 벗어나게 한 이 위대한 왕을 마립간이라 불렀다.

눌지 마립간이 맺은 신라와 백제의 화친은 진흥왕재위 540~576의 배반이 있기까지 120년 이상 지속되었다. 왜적의 침입은 더욱 심해졌지만 백제와 화친으로 안정을 찾은 신라는 왜적 격퇴에 전력을 기울일 수 있었다. 500년, 소지 마립간재위 479~500 때의 침공을 끝으로 왜적의 침공은 더 이상 기록에 나타나지 않는다. 5세기가 끝났다.

눌지 마립간 17년(433년)에 백제가 먼저 신라에 사신을 보내 화친을 요청했다. 눌지 마립간이 이 화친 요청을 받아들임으로써 나제동맹이 성립되었다. 나제동맹은 후일 한강 유역의 탈환까지 이루게 된다.

개로왕,
바둑에 빠져 나라를 잃다

백제는 오랫동안 고구려를 공격하며 우위를 점해왔다. 두 나라는 뿌리가 같기 때문에 정통성에서 더 경쟁심이 강했을 가능성이 있다. 광개토왕 때 고구려의 반격이 시작되었고 장수왕 때 결정적인 타격이 가해졌다.

고구려는 광개토왕의 아들 장수왕 때인 427년 평양 천도를 단행했다. 이 무렵 나라 이름도 고구려에서 고려로 바꾸었다. 새로운 국가로 거듭 나면서, 북방보다 남방을 중시하겠다는 의지였다. 450년 신라의 눌지 마립간이 반 고구려 정서를 보이다가 급기야 하슬라강릉의 성주가 고구려 장수를 죽이는 일이 발생했다. 장수왕은 분노하여 군사를 보냈고 눌지 마립간은 표면적으로 사과를 했다. 분이 풀리지 않은 고구려는 4년 후 다시 한 번 신라를 공격했다.

다음 해인 455년 9월, 백제에 이변이 벌어졌다. 사냥을 나갔던 비유왕재위 427~455년이 암살당하고 개로왕이 즉위한 것이다. 『삼국사기』에는 개로왕이 비유왕의 맏아들이라고 나오지만, 『삼국유사』와 『일본서기』는 비유와 개로 사이의 혈연을 표시하지 않고 있다. 개로왕이 저 멀리 제4대왕인 개루왕을 계승한 '근개루'라는 별칭을 가지고 있었다는 점도 의미심장하다.

백제도 신라처럼 여러 가문이 왕위에 올랐을 가능성이 높다. 개루왕의 혈통을 주장한 이는 5대 초고왕과 8대 고이왕 둘인데, 이후 이들의 후손들이 서로 번갈아 가며 왕위에 오르는 사태가 벌어진다. 따라서 각각은 서로 다른 계열이었다고 추정할 수 있다.

개로왕이 이들 계열 이전의 왕을 자처한 것은 이런 대립을 마치고 하나의 새로운 왕조를 만들고자 했던 것일 수 있다. 따라서 백제는 이때 큰 분열에 직면하고 국력이 소진되었을 것이 분명했다.

장수왕은 때를 놓치고 싶지 않았다. 즉시 백제 공격에 나섰다. 그러나 신라의 눌지가 나제동맹에 따라 백제에 구원군을 보내면서 이 공격은 무위로 돌아갔다. 그래도 완전히 실패는 아니었던 것이, 이때 반 개로왕 진영의 사람들이 고구려로 망명했던 것 같다. 후일 이름이 등장하는 재증걸루와 고이만년이 바로 그런 사람들이었을 것이다.

개로왕은 당장은 고구려를 신경 쓸 수 없었다. 내부를 화합시키는 것이 훨씬 중요했다. 그리고 내부의 불만은 외부의 위협을 이용할 때 효과적으로 잠재울 수 있었다. 북방의 위협 고구려를 중시하면서 개로왕은 내부를 다졌고 15년469년에 드디어 고구려 공격에 나섰다. 이것은 신라와 보조를 맞추었던 일인 듯싶다. 신라의 자비마립간은 고구려와 적대하고 있었다. 전 해에도 두 나라 사이에 전쟁이 있었다. 고구려를 양쪽에서 괴롭힌다는 것이 개로왕의 전술이었다.

개로왕은 472년에 북위에도 사신을 보내 고구려 공격을 제안했다. 개로왕은 즉위 초반기에는 남쪽의 송나라에게 지속적으로 사

백제가 성을 쌓는 장면
백제한성박물관에서 촬영.

신을 보내며 우호 관계를 돈독히 하고 있었다. 그런데 돌연 북위에 사신을 보낸 것이다.

개로왕의 국서에 보면 장수왕 때문에 고구려에 극심한 내분이 발생했다는 이야기가 들어 있다. 실제로 전 해인 471년에 고구려 백성들이 북위로 망명하는 사태가 있었다. 이때 고구려가 내분에 휩싸였던 것은 사실인 것 같다. 아마도 천도와 관련되었을 가능성이 높다. 천도가 되면 구 수도의 기존 세력과 신 수도의 신흥 세력 간에 알력이 없을 수 없게 마련이다.

고구려 역시 북방이 안정되어야 남쪽에 대응하기가 쉬웠기 때문에 북위와 관계를 개선하기 위해 공을 들이고 있었다. 북위 역시 남쪽의 송나라가 신경 쓰였으므로 개로왕의 포위 작전은 성공하지 못했다. 결국 개로왕은 북위를 움직이는 것은 불가능하다는 것을 알고 포기했는데, 이 시도는 고구려의 신경을 아주 날카롭게 건드렸다.

고구려는 이미 백제 내부를 잘 아는 투항자들을 거느리고 있었다. 이를 통해서 개로왕이 바둑을 좋아한다는 사실을 이용하기로 한다.

장수왕은 바둑 고수인 승려 도림을 백제로 밀파했다. 곧 그의 명성이 백제에 떠올랐고 몸이 근질근질해진 개로왕이 불러서 대국을 청했다. 상대를 해보니 과연 국수급의 실력이어서 개로왕은 이후 도림을 높이 대접하게 되었다. 개로왕의 신뢰를 얻은 도림은 왕실의 권위를 세우기 위해 큰 성을 쌓아야 한다고 조언을 하고 개로왕도 이에 따르게 된다.

이때 도림은 "선왕의 해골이 임시로 땅 위에 모셔져 있다"라는 말을 하는데, 개로왕이 비유왕의 아들이라면 있을 수 없는 이야기라 하겠다. 이렇게 비유왕의 시신이 소홀히 대접을 받은 것은 역시 왕실의 교체 때문이었을 것이다. 하지만 전 왕의 시체가 대충 처리되어 있는 상황이 왕실의 권위에 좋을 것은 없었다. 또한 이렇게 비유왕의 시신 문제가 굳이 대두된 것은 개로왕 즉위 초년 고구려의 침공 때 달아난 백제 귀족들의 염원이었을 가능성도 높다.

개로왕은 도림의 권유에 따라 웅장하고 화려한 궁궐을 지었다. 백성들은 강제 노역에 피폐해졌다. 도림은 작전이 성공한 것을 알고 고구려로 돌아가 장수왕에게 성과를 보고했다.

그동안 고구려는 북위와 우호 관계를 돈독히 하는 데 성공했다. 북방의 위협이 없어진 상태에서 고구려는 대군을 이끌고 9월에 백제 공격에 나섰다. 선봉은 투항한 백제인들이었고 이들의 활약으로 고구려군은 무인지경처럼 달려 백제의 수도 한성을 일주일 만에 무너뜨렸다.

개로왕은 민심이 흩어져 이길 수 없음을 알았지만 농성으로 들어가면서 유일한 희망인 신라에게 원군을 청하기로 했다. 태자 문주가 신라로 달려갔다. 신라는 즉각 1만 군을 동원해 백제 구원에 나섰지만, 이미 한성은 함락된 뒤였다. 백제의 망명객인 재증걸루와 고이만년은 개로왕을 무릎 꿇리고 그의 죄를 읊은 뒤 그에게 세 번 침을 뱉었다. 이들의 행동이 이렇게 과격했던 것은 보통의 원한이 아니었음을 알 수 있게 한다.

고구려군은 한성을 철저히 파괴한 뒤 물러났다. 한성에는 정치적으로 반 개로왕의 정서가 너무나 깊이 깔릴 수밖에 없는 상황이었다. 개로왕에게 충성한 인물들은 이 전쟁으로 모두 죽었을 것이 분명했고, 무리한 토목공사와 전쟁의 비참함을 겪은 백성들의 원망은 백제 왕실을 향할 수밖에 없었다.

문주왕재위 475~477은 신라군의 호위 아래 있다가 수도를 남쪽 웅진으로 옮겼다. 새로운 백제의 시작이었다.

충청북도 충주시에 충주고구려비가 있다. 예전에는 중원고구려비라 불렀는데 이름이 바뀌었다. 국보 제205호로 국내에서 발견된 유일한 고구려비이다. 장수왕이 백제 한성 점령 후 후퇴했다고 기록되어 있지만 그 후 여기까지 점령했다는 것을 알 수 있다. 이 비석에는 고구려의 이름이 '고려'로 표기되어 있어서 고구려가 고려로 나라 이름을 바꾼 것을 알 수 있다.

거문고 갑을
쏴라

『삼국유사』에는 '사금갑'이라는 제목의 설화가 실려 있다. 설화지만 그 안에 어떤 역사적 사실을 담고 있을 가능성이 있다. 왕위 계승 문제와 관련해서 이 설화를 읽어볼 수 있다.

　　신라 21대 소지 마립간 때의 일이다. 왕은 어려서부터 효자로 칭송이 높았고 태자임에도 늘 겸손하고 공손하여 사람들을 감동시켰다. 국정을 맡은 후 가뭄, 역병, 수해에 고구려와 말갈, 왜가 계속 침입해 오는 등 내우외환이 끊이지 않았으나 왕은 백제, 가야와 연합하고 창고의 곡식을 풀어 백성들을 보살폈다. 즉위한 지 8년486년 만에 왕비의 아버지인 내숙을 이벌찬으로 삼아서 국정을 맡게 했다. 내숙이 이때 이벌찬이 된 것을 보면 이 해에 소지 마립간이 결혼을 했을 가능성도 있다. 왕비의 이름은 선혜였다.

　　소지 마립간은 또 다시 쳐들어온 왜구의 침입을 무찌르고 군대를 재정비하고 시조를 모시는 신궁을 건립하는 등 국가 재정비에 박차를 가했다. 전국의 교통망을 정비하여 관용도로(오늘날로 보면 고속도로)를 만들었으며 소식을 전달하는 우편역을 각지에 설치했다. 월성도 새로 단장하여 그동안 머물던 명활산성에서 나와 월성으로 거처를 옮겼다. 그리고 거처를 옮긴 월성에서 일이 터졌다.

정월대보름 날이었다. 왕은 천천정이라는 곳에 거둥하였다. 그런데 난데없이 까마귀와 쥐가 달려와 왕 앞에 엎어져 울어대는 것이 아닌가. 신하들이 기겁을 해서 쫓아내려는데 쥐가 고개를 들더니 사람의 말을 했다.

"까마귀가 가는 곳을 찾아가 보십시오."

그러자 까마귀가 푸드득 날아올랐다. 왕은 말 탄 병사에게 까마귀를 뒤쫓게 했다. 까마귀는 남쪽으로 날아갔고 병사는 까마귀를 놓칠세라 정신없이 쫓아갔다. 그러다 그만 한눈을 팔고 말았다. 돼지 두 마리가 서로 싸우는 중이었는데 얼마나 흥미진진했는지 그걸 바라보다가 까마귀를 놓치고 만 것이다.

가슴이 철렁한 병사가 넋이 나간 채 사방을 살펴보는데 한 연못이 있어서 발걸음을 멈췄더니만 그 연못 속에서 신선 같은 노인이 솟아올랐다. 노인은 말없이 밀봉된 봉투 하나를 건네주었다. 까마귀는 찾지 못했지만 아마도 이 봉투를 전달하는 게 목적이겠거니 싶었던 병사가 봉투를 챙겨서 돌아왔다.

소지 마립간이 봉투를 살펴보니 겉면에 글이 적혀 있었다.

열어보면 두 사람이 죽을 것이요, 열어보지 않으면 한 사람이 죽을 것이다.

착한 마음이 가득한 왕은 봉투를 밀어버렸다.

"열어보면 두 사람이 죽는다 하니 열어보지 않고 한 사람만 죽는 것이 낫겠다."

궁중에서 예언과 천문을 담당하는 신하가 나와서 간했다.

"두 사람은 보통 사람을 가리키고 한 사람은 폐하를 가리키는 것이옵니다."

그 말에 놀란 왕이 봉투를 열어보았다. 봉투 속의 글은 간단했다.

거문고 갑을 쏴라!

왕은 궁으로 돌아와 지체 없이 거문고 갑을 쏘아버렸다. 거문고 갑 안에서는 비명이 흘러나왔다. 선혜 왕비와 궁에서 향을 피우며 불교 행사를 진행하는 스님이 함께 들어 있었다. 알고 보니 왕비와 스님이 사랑에 빠졌고 왕을 죽이기 위해 흉계를 꾸몄던 것이다. 왕은 신비로운 힘이 자신을 지켜준 것에 감사하기 위해 매년 첫 돼지날, 쥐날, 말날에 찰밥을 만들어 까마귀에 바치게 했다. 봉투를 건네 준 연못은 '서출지'라는 이름으로 부르게 되었다.

그런데 정말 이렇게 되었던 것일까?

소지 마립간 사후에 처남이 왕위를 계승했다. 처남이라고 해도 왕실이 근친혼을 하던 때인지라 왕족의 혈통이다. 처남이라고 하니까 선혜 왕비의 남자형제 같지만 선혜 왕비가 죽은 후에 새로 결혼한 왕비의 동생으로 보는 것이 타당하다. 신왕의 어머니(소지 마립간의 장모 되겠다) 이름은 '오생烏生'부인이다. 왜 하필 까마귀를 뜻하는 오烏가 이름에 있는 것일까?

죽은 자는 말이 없다. 심문 과정도 없이 확인 절차도 없이 그냥 죽여 버렸으니 그 뒤의 일은 남은 사람들이 짜 맞추기에 달린 셈이다. 궁궐 안에서 은밀히 벌어진 간통과 왕의 시해 음모를 누군가 알아차렸다고 해도 쥐와 까마귀, 돼지와 노인까지 등장하는 한바탕 연극 끝에 왕비를 죽이는 것이 어떻게 가능했을까? '거문고 갑을 쏴라!'는 봉투는 까마귀 부인오생부인이 전달한 편지는 아니었을까?

소지 마립간은 왕비와의 사이에서는 아이가 없었다. 말년에서야 자신의 사랑을 찾았는데, 신라 최북단 날이군의 유지 파로의 딸 벽화였다. 벽화는 당시 16세로 절세의 미녀로 이름이 높았다. 파로는 소지 마립간이 날이군에 행차했을 때 딸을 색동비단으로 감싸서 소지 마립간의 거처로 들여보냈다.

소지 마립간은 음식이 온 줄 알고 펼쳤다가 아름다운 소녀가 나오자 놀라서 되돌려 보냈다. 하지만 그 미모가 도무지 눈에서 떠나지 않았다. 결국 서라벌에 돌아온 뒤에도 잊지 못해서 날이군에 몰래 다시 가서 벽화를 만났다. 몰래 몰래 행차를 했지만 꼬리가 길면 밟히는 법. 하루는 벽화를 만나고 돌아오는 길에 한 할머니 집에 묵었다.

"요새 사람들은 임금을 어찌 본답니까?"

지나가는 말로 물어봤는데 할머니가 콩 하고 코웃음을 쳤다.

"사람들이 임금님이 성인이다 막 이러는데 쇤네는 별로 그렇게 안 봅니다."

"아니, 왜 그러시오?"

"임금님이 날이군에 여자를 숨겨두고 몰래 백성 차림으로 변장해서 자러 다닌다고 하더라고요. 그러다 큰 탈이 날게 분명하죠. 용도 물고기로 변신해서 돌아다니면 하찮은 어부에게 잡히게 마련이죠. 세상에서 제일 높은 지위에 있으면서 신중하지 못하니 성인일리가 없지요."

왕은 크게 부끄러움을 느끼고 벽화를 궁으로 들였다. 하지만 여전히 드러내지는 못하였고 별실을 꾸며 따로 두었다. 벽화는 이곳에서 왕자를 낳았는데 그것은 왕이 죽은 뒤였다. 왕은 벽화를 만난 지 불과 두 달 후에 급사하고 말았다.

아들이 없던 왕이었는데, 외부에서 데려온 여자가 임신을 하자마자 죽어버린 것이다. 그리고 그 왕좌를 차지한 이는 오생부인의 아들 지증이었다. 궁중에서의 사랑은 때로는 죽음으로 이어지기도 한다. 벽화와 그 아기의 생사에 대해서는 더 이상 전해지는 것이 없다.

소지 마립간은 493년에 백제 동성왕의 혼인 요청에 이찬 비지의 딸을 보냈다. 이로서 신라와 백제 간에 동맹은 더욱 강화되었다.

성골, 진골, 6두품의 비밀

신라는 철저한 신분제 사회였다. 왕족은 성골과 진골로 나누어지고 그 밑으로 귀족을 대상으로 하는 6두품에서 4두품까지의 신분이 있었다. 신분에 따라 오를 수 있는 관직에 차등이 있었다.

어렸을 때 성골과 진골에 대해서 다음과 같은 이야기를 들은 적이 있었다. 물론 학교 수업에서였다.

"성골은 부모가 모두 왕족인 경우이고, 진골은 부모 중 한쪽만 왕족인 경우다."

바로 이 시점에서 나는 이상하게 생각했다. 그런데 오늘날까지도 이렇게 알고 있는 사람들이 많다. 이 주장은 이병도가 했던 것이다. 사학계에 대해 잘 모르는 사람들은 이병도가 한 이야기면 역사학자들이 수정을 못하는 줄 아는 경우가 있는데, 그런 일은 있을 수 없다. 초등학생이 이상하게 생각했는데, 역사학자들이라면 당연히 이상하게 생각하지 않았겠는가?

왜냐하면 진골로 첫 번째 왕이 된 김춘추_{태종무열왕}는 아버지가 진지왕_{재위 576~579년}의 아들이었고, 어머니는 진평왕_{재위 579~632년}의 딸이었다. 둘 다 훌륭한 왕족이었던 것이다.

그래서 이런 설명이 붙곤 했다. 김춘추는 김유신의 누이와 결혼해서 골품이 떨어졌다. 우선 이 말은 위의 설명과 맞지 않는다. 부모가 문제라면서?

그다음에는 진지왕이 폐위되면서 김춘추의 신분도 떨어졌다는 설명을 하기도 한다. 그나마 이건 좀 말이 된다. 그러나 진지왕의 폐위로 그 가족들의 출세에 아무 지장도 발생하지 않았기 때문에 위의 설명도 설득력이 없기는 마찬가지다.

골품에 대한 해명은 사학계에서는 아직도 진행 중이다. 그 중 이종욱 교수의 『신라골품제연구』1999년에 나온 설명이 매우 재미있다. 이에 따르면 성골이란 왕을 중심으로 하는 형제, 자녀의 집단(형제의 자녀도 포함된다)이다. 왕이 바뀌면 성골 집단도 변한다. 그 전에는 성골이었지만, 새 왕이 즉위하면 진골이 될 수 있다는 것이다. 김춘추의 신분 변화는 바로 이렇게 설명이 된다.

성골이라는 것은 신라 제23대 법흥왕재위 514~540년 때 만들어진 것으로 생각하고 있다. 법흥왕은 불교를 받아들이면서 왕족의 신분을 더욱 높은 것으로 만들고 싶었던 것 같다.

법흥왕 7년520년에 율령이 반포되면서 골품제도 시작된 것으로 본다. '골'에는 성골과 진골이 있고 '품'은 1두품이 제일 낮고 6두품이 제일 높았다. 후에 1, 2, 3두품이 합해져서 백성의 신분으로 변해 버렸다. 그런데 법흥왕 때 율령 반포는 골품제가 시작되었다는 법적인 의미이지 신분제 자체는 훨씬 이전부터 시행되어 왔었다.

신라는 처음에 6촌으로 시작되었는데 이 6촌장 세력이 6두품이 되었을 것이다. 그리고 왕족들이 진골이라는 신분을 가지고 있었는데 법흥왕이 더 상층 신분인 성골을 만들었다고 볼 수 있다. 신라가 인근 소국들을 정복하면서 그 소국의 지배층은 5두품을 주었다.

국가의 초기 단계에서 이와 같은 신분의 편제는 일사불란한 사회 조직의 건설에 유리했을 것이다. 하지만 신분이 오래 지속되면 문제가 발생할 수밖에 없다. 특히 왕족의 경우에는 그 수가 계속 늘어나는 것이 부담이 될 수 있었을 것이다. 이것은 조선 시대에 양반의 수가 늘어나면서 특권층이 지나치게 많아지는 것이 사회 체제에 부담으로 작용하게 된 것과 동일하다. 그래서 법흥왕은 왕족인 진골 안에 성골이라는 특권층을 만들었고 그 안에 다시 '족강 族降'이라는 제도를 두었던 것으로 보인다.

성골의 원리는 이렇다. 왕이 즉위하면 왕의 형제자매와 그 자녀들로 구성되는 성골이 만들어진다. 그리고 새 왕이 즉위하면 새 왕을 중심으로 성골이 다시 선정된다. 이때 과거 성골이었던 사람의 경우 계속 성골의 신분을 유지하는 것이 아니라 진골로 등급이 떨어지게 된다. 이것을 족강이라고 부른다.

그럼 김춘추의 경우를 보자. 김춘추는 할아버지가 왕이었으므로 왕의 직계 후손으로 성골 신분이었어야 한다. 그러나 할아버지 진지왕은 폐위되고 5촌 당숙인 진평왕이 왕위에 올랐으므로 족강되어서 진골 신분이 된 것이다.

진평왕은 진지왕의 형제인 동륜의 아들로 성골 신분이었기에 진지왕 폐위 후에 왕이 될 수 있었다. 그런데 불행히도 진평왕의 형제였던 백반은 자식을 두지 못했고, 국반은 진덕이라는 여자만 낳았다. 진평왕에게도 딸만 있었는데 이들 딸들 역시 성골의 신분을 가지고 있었기에 왕위는 선덕여왕, 진덕여왕으로 이어질 수 있었다. 하지만 이들을 끝으로 성골의 신분은 더 이어질 수 없게 되어 성골왕 시대가 막을 내리게 되었다.

골품은 신분 상승을 제한한다. 진골이 아닌 두품 신분이라면 올라갈 수 잇는 한계가 존재했던 것이다. 진평왕 때 설계두는 두품 신분이었기에 출세길이 막혀 있었다. 그는 몰래 당나라로 갔다가 당태종재위 626~649이 고구려를 칠 때 지원해서 장교가 되었다. 그는 당태종이 직접 지휘한 주필산 전투에 참여하여 용맹하게 싸웠고 전사하기에 이르렀다. 공을 따져보니 그의 공이 1등이었다. 당태종은 눈물을 흘리며 설계두를 애도했다.

"우리나라 사람도 죽음을 두려워하여 형세를 따져 움직이는데 이 자는 외국 사람인데도 나를 위해 목숨을 바쳤다. 이 공을 어떻게 갚을 수 있겠는가?"

설계두의 부하에게 그의 평생소원을 물어보았다. 부하가 대답했다.

"신라에서는 출세의 길이 제한되어 천자의 곁에 설 수 있는 고관이 되길 원했습니다."

당태종은 어의를 벗어 덮어주고 대장군의 직위를 내렸다.

두품 신분의 인재들이 가지는 불만은 매우 높았다. 큰 공을 세워도 승진이 불가능했으므로 그런 불만을 달래주기 위해서 중위 제도라는 것이 만들어졌다. 관등을 올려줄 수는 없었으므로 더 높은 관등의 의미를 만든 것이다. 가령 6두품은 관등상 아찬까지만 올라갈 수 있었다. 그런데 기록상으로 아찬은 4단계나 올라가는 4중아찬이 발견된다. 5두품은 더욱 상황이 심각했다. 5두품은 대나마까지 올라갔는데 9중대나마까지 올라갔다. 그렇게 아홉 번이나 중첩되면서도 바로 위의 단계인 급벌찬으로는 승진할 수 없었던 것이다. 과연 9중대나마가 된 사람은 그것을 자랑스러워했을까? 오히려 더 억울해하지는 않았을까?

골품제의 엄격한 제한은 신라 말에는 더욱 심각해진다. 최치원은 당에서 높은 벼슬을 지내고 학문도 깊었지만 신라에서는 결국 관직의 한계를 느낄 수밖에 없었다. 해외에서 명성을 얻고 돌아왔어도 신분의 벽을 넘을 수 없었던 것이다. 이처럼 인재들에게 능력을 발휘할 수 없게 만든 것이 결국은 신라 사회의 몰락을 가져왔다.

신라말에 최치원은 6두품을 득난, 즉 얻기 어렵다라는 말로 설명했다. 이 말이 나올 때 '족강'이라는 말도 썼였다. 진골 신분에서 신분이 한 단계 떨어져 6두품이 되어버린 것을 족강이라고 표현한 것이다. 6두품을 득난이라고 표현한 것은 6두품도 되기가 어려운 고위 신분이었음을 의미한다.

이차돈 죽음의 미스터리

이차돈의 성은 '이'가 아니라 '박'으로, 법흥왕의 조카이다. 거차돈, 염촉이라는 이름도 전해온다. 신라가 불교를 받아들이는 과정에서 겪은 어려움이 드러나는 이야기다.

이차돈異次頓은 법흥왕 때 불교를 위해 순교한 인물로 알려진 사람이다. 흔히 이씨인 줄 아는 경우가 있는데 박씨다. 이차돈은 이름이다. 정확히는 박이차돈이 되겠다. 이차돈의 순교 이야기는 단일한 하나의 이야기가 아니라 세 가지 이야기로 되어 있다.

1. 『삼국사기』/김대문의 『계림잡전』

- 법흥왕이 불교를 일으키고자 한다.

- 신하들이 반대한다.

- 이차돈이 계략을 진언한다.

- "자신을 죽여 여러 사람들의 의론을 정하라."

- 왕은 만류하지만 이차돈이 설득한다.

- 왕은 불교를 믿을 것인지 신하들과 의논한다.

- 신하들이 반대한다.

- 이차돈 혼자 찬성한다.

- 왕은 이차돈을 처형하기로 한다.

- 이차돈은 기적이 있을 것이라고 말하고 죽는다.

- 기적이 일어났다.

- 신하들은 불교에 대해서 반대하지 않게 되었다.

2. 『삼국유사』/남간사의 승려 일념의 『촉향분예불결사문』

- 법흥왕이 절을 지으려 한다.

- 신하들이 반대한다.

- 이차돈이 계략을 진언한다.

- "거짓 왕명을 전했다고 자신을 목 베면 만민이 굴복할 것이다."

- 왕은 만류하지만 이차돈이 설득한다.

- 조회 시간에 왕은 사원 건축을 고의로 지체시켰다고 신하들을 책망한다.

- 신하들이 당황하자 이차돈을 불러 문책했다.

- 이차돈이 변명하지 못하자 처형을 명한다.

- 이차돈이 처형될 때 기적이 일어난다.

- 왕과 신하, 동무 들이 크게 슬퍼하며 그의 죽음을 기린다.

- 북산 서쪽 고개에 장사지내고 그곳에 절을 세웠다.

- 그 절은 영험이 있어 불도를 증명했다.

3. 『삼국유사』 / 『향전』

- 법흥왕이 절을 지으려 한다.

- 신하들이 반대한다.

- 이차돈이 계략을 진언한다.

- "거짓 왕명을 전했다고 자신을 목 베면 만민이 굴복할 것이다."

- 왕은 만류하지만 이차돈이 설득한다. (여기까지 두 번째와 동일)

- 이차돈은 절을 지으라는 왕명이 내렸다고 신하들에게 말한다.

- 신하들이 왕에게 항의한다.

- 왕은 이차돈이 왕명을 거짓으로 꾸몄다고 처형하게 한다.

- 이차돈은 죽으면서 기적이 일어나게 해달라고 빈다.

- 기적이 일어난다.

- 머리가 금강산 꼭대기에 떨어지고 이곳에 장사지내고 절을 지었다.

이렇게 세 가지 이야기는 서로 다르다.

신라가 불교를 믿게 되는 데 이차돈의 역할이 무척 컸던 것은 분명한 사실이다. 그래서 그 후에 이차돈의 죽음은 입에서 입으로 전해지면서 미화되었다. 당연한 말이지만 이차돈의 죽음과 관련된 기적은 분명히 후대에 위조된 것이다. 이 기적이 문제를 해결하는 열쇠가 된다.

『삼국사기』의 내용은 매우 논리정연하다.

이차돈 혼자 불교를 주장하다 순교한다. 기적이 일어나지 않으면 불교는 그대로 허망한 종교가 될 위기. 아, 그러나 기적이 일어난다. 나무아미타불.

『향전』을 보자.

이차돈이 왕명을 거짓으로 전해 절을 지으려다가 발각이 나서 죽음을 당한다. 역시 기적이 일어나지 않으면 불교는 그대로 사장

될 수밖에 없다. 역시 기적이 일어난다. 불교의 놀라운 위력 앞에 사람들이 엎드린다. 나무관세음보살.

그런데 『촉향분예불결사문』에서는 기적이 일어나는 대목을 빼 버려도 아무 문제가 없다. 왜?

법흥왕이 절을 지으려 하는데 신하들이 반대해서 지을 수가 없어서 고민에 빠졌다. 측근의 신하인 이차돈은 왕명의 위엄을 나타내어야 신하들이 따를 것이라고 말한다. 간단하게 말하자면 왕의 명령이 얼마나 무서운 것인지를 보여서 신하들이 기어오르지 못하게 하라고 말하는 것이다. 그리고 희생양으로 자기가 죽겠다고 말한다. 그래서 왕은 절을 짓는 일이 지체된다는 죄명을 걸어서 이차돈을 처형한다.

이차돈이 기적을 보이겠다고 하거나 기적이 일어나달라고 애원하는 대목이 여기는 없다. 죽었는데 기적이 일어났을 뿐이다. 이 점은 매우 중요하다.

이차돈은 절을 지으라는 왕명을 고의로 지체시킨 죄목으로 처형되었다. 다른 글에서는 불교의 수호자였던 이차돈이 여기서는 불교를 오히려 방해한 인물인 것이다. 그러나 그 방해 자체가 이차돈의 계략이었디는 점이 중요하다. 바로 이 대목에 불자로서 몸을 바치는 자세가 들어 있다. 기적은 바로 이 점에 덤으로 붙어온 것에 불과하다.

이차돈의 죽음이 『촉향분예불결사문』에서는 어떤 의미를 가질까?

그것은 왕명을 거역하는 사람은 목이 달아난다는 의미이다. 왕명 앞에 복종하라는 것이 이차돈의 죽음이 갖는 의미이다. 이차돈이 죽었을 때 귀족들도 울고 왕도 울었다. 그들은 이차돈의 죽음은 어떤 충신의 죽음보다도 훌륭한 것이라고 칭송했다. 이차돈은 왕명을 거역한 사람이다. 그가 죽는 것은 당연한 일이다. 그런데 그가 갑자기 충신이 되는 이유는 뭘까? 이 문제는 왕권과 관련이 있다.

첫 번째 이야기『삼국사기』에서는 의론을 정하라고 이차돈이 말한다. 자기를 죽여서 반대파를 억누르라는 것이 아니다. 기적이 전제되지 않고는 할 수 없는 도박을 하고 있다.

두 번째 이야기와 세 번째 이야기는 경우가 다르다. 여기서는 자신을 죽여서 왕명의 지엄함을 보이라는 의견을 내놓았다. 즉 왕명에 거스른 자는 조카라도(이차돈은 법흥왕의 조카. 진흥왕도 법흥왕의 조카였다) 참수형을 당한다는 것을 보여주어서 왕이 하고자 하는 일에 감히 반기를 들지 못하게 하라는 것이 이차돈의 진언이었다. 그리고 이 점을 위해서 이차돈은 목숨을 걸었다. 물론 이차돈은 불교와 왕권 모두를 위해서 목을 걸었을지도 모른다.

왕의 강력한 의지를 보여준 글이 바로『촉향분예불결사문』이다.

이렇게 왕을 위해 죽은 이차돈을 위해 왕은 그를 장사지낸 곳에 절을 짓고 그의 극락왕생을 빌어주었다.

이차돈이 일부러 죽음의 덫에 목을 걸었다는 사실이 외부에 알려졌을 수도 있다. 그런데 이것이 알려지고 안 알려지고는 중요한 문제가 아니다. 왕권을 위해서 목숨을 내놓겠다는 신하가 등장한 것이 다른 귀족들에게 엄청난 충격을 주었을 것이다. 그래서 그들은 충성이라는 것이 무엇인지를 뼛속 깊이 느끼면서 그 처형을 보면서 눈물을 흘리고 또한 전율을 느꼈을 것이다.

세월이 지나면서 이런 정서가 이해되지 않는 시점에 오자 이야기는 당시 사람들 생각에 합리적인 형태로 변화하기 시작한 것 같다. 김대문이 쓴 글이나 『향전』의 내용은 그와 같이 변한 것으로 한 가지는 유교적인 입장에서 간결하게 변하고, 다른 한 가지는 불교적인 입장에서 화려하게 변한 것으로 보인다.

이차돈 순교비 (경주박물관 소장)
이차돈의 순교를 부조로 새긴 비석으로
통일신라 시대인 헌덕왕 9년(817년)에
만들어진 것으로 추정한다.

삼국이 모두 불교를 믿었기 때문에 사상적으로 서로 소통할 여지가 생긴 점이 중요하다. 신라의 거칠부는 중으로 위장해서 고구려를 정탐했고 고구려의 중 혜량은 거칠부와의 인연으로 신라로 와서 최초의 승통이 되기도 했다. 고구려 중 도림은 백제에 첩자로 잠입하기도 했다.

무령왕 출생의 비밀

무령왕 이야기는 정말 이해하기 힘든 이야기다. 그러나 무령왕릉이 발굴되면서 묘지석이 나오는 바람에 『일본서기』의 기록이 비교적 정확하다는 점이 증명되었다.

『일본서기』 유랴쿠천황雄略天皇 5년461년=개로왕 7년 조에 보면 이런 내용이 있다.

4월 백제의 가수리군개로왕이 동생 군군곤지을 일본으로 보내고자 하다.

곤지는 떠나는 조건으로 개로왕의 아내, 즉 형수를 달라고 청을 올린다. 개로왕이 허락하며 이렇게 말한다.

"내 임신한 부인은 이미 산달이 되었다. 만일 도중에 출산하면 부디 배에 태워서 속히 우리나라로 돌려보내도록 하라."

6월 1일에 개로왕의 아내는 아이를 낳았다. 아이가 태어난 곳은 츠쿠시筑紫의 카가라노시마各羅嶋. 아이의 이름은 도군嶋君, 우리말로는 사마이라 했다. 바로 훗날의 제25대 무령왕재위 501~523년이다. 곤지는 개로왕의 당부대로 형수와 아이를 백제로 돌려보냈다.

이 이야기는 정말 이해하기 힘든 이야기다. 임신한 형수를 내려 달라는 것도 이상할 뿐 아니라 산달이 가까운 부인을 보내면서 가는 도중에 출산하면 돌려보내라고 하는 것은 또 무슨 이야기일까? 형이 죽지 않았으니 '형사취수'의 제도도 아니다.

이야기가 황당해서 신빙성이 의심을 받았었지만 무령왕릉이 발굴되면서 묘지석이 나오는 바람에 『일본서기』의 기록이 비교적 정확하다는 점이 증명되었다. 묘지석에 의하면 무령왕이 462년에 태어나서 『일본서기』의 탄생 기록과 고작 1년만 차이났던 것이다. 심지어 계산을 만나이로 하면 461년으로 연도가 일치하게 된다.

『삼국사기』에서는 무령왕이 동성왕의 둘째 아들로 나오지만 실제 나이를 계산해보면 무령왕은 동성왕보다 세 살이 많았다. 『일본서기』에는 무령왕이 동성왕과 어머니가 다른 형이라고 나온다. 동성왕은 곤지의 둘째 아들이었다. 하지만 앞에서 본 기록을 따르면 무령왕은 개로왕의 아들이다. 『일본서기』에서도 이 점을 지적하고 있다.

일반적인 견해는 무령왕이 자신의 족보를 위조한 것으로 판단한다. 개로왕으로부터 바로 이어지는 신분을 만들기 위해서 이런 이상한 이야기를 만들었다는 것이다.

『삼국사기』에는 전왕인 제24대 동성왕재위 479~501년의 대를 이어서 즉위한 것으로 되어 있기 때문에 별 문제가 없어 보이지만 당대 사람들에게는 무령왕이 동성왕의 아들이라는 것은 당연히 말이 안 되는 것이었다. 무령왕의 나이가 더 많기 때문이다. 동성왕은 문주

무령왕
국립공주박물관 촬영.

왕의 아들이었던 삼근왕의 뒤를 이어 왕이 되었다.

동성왕은 조카인 삼근왕을 죽였을 가능성이 있다. 마치 수양대 군이 세조가 된 뒤에 단종을 죽인 것처럼. 동성왕은 말년에 백가의 반란에 휩쓸려 살해당했다. 백가가 반란을 일으킨 원인 중에 삼근 왕이 관련되어 있을 수도 있다. 즉 동성왕은 왕위 계승의 정통성에 문제가 생겼기 때문에 무령왕이 자신의 가계를 개로왕에 이어 붙 여서 정통성을 주장하려고 했던 것일 수도 있다.

그런데 이렇게 후대에 조작한 이야기라고 보기에는 이야기가 개 연성이 너무 없다. 그냥 개로왕이 어린 아이를 동생에게 건네주는 어떤 다른 이야기를 만드는 것이 훨씬 그럴 듯하고 간단했을 것이 다. 당대 사료에서도 거의 발견되지 않는 엽기적인, 그 어떤 신성 함도 없는 그런 이야기를 굳이 꾸밀 필요가 있었을까? 특히 왕위의 정통성을 주장하고자 했다면 최소한 태어났더니 방 안에 꽃향기가 가득했다라든가 알을 낳았는데 동물들이 보호했다는 식의 이야기가 됐어야 하지 않을까?

거의 발견되지 않는 엽기적인 이야기라고 한 것은 사례가 하나는 있기 때문이다.

일본의 전통 귀족 가문인 후지와라藤原 씨는 코우토쿠천황孝德天皇, 재위 645~654년이 임신한 자기 부인을 내려주어 그 아들을 큰 아들로 삼아 가문을 이어가게 했다. 후지와라 가문을 연 나카토미노카마타리는 코우토쿠천황의 부인뿐만 아니라 덴지천황재위 668~672의 임신한 부인도 받아 아들을 얻었다는 설이 있다. 그러나 이것도 설일 뿐이라 정확한 예라고 볼 수가 없다. 더구나 무령왕의 경우는 가문을 잇는다든가 하는 문제와도 별 관련이 없어 보인다.

『삼국사기』를 보면 무령왕의 미모에 대한 기술이 있다. 눈매가 그림과 같았다는 말로 그의 특출난 미모를 묘사하고 있는 것이다. 왕에 대해서 이런 묘사는 아주 드물다.

결국 약간의 상상력을 곁들여 이때 일을 생각해보면, 무령왕의 어머니는 뛰어난 미모를 가진 여인이었다고 볼 수 있다. 형제는 모두 그녀를 사랑했지만 그녀는 결국 형이자 왕인 개로왕의 차지가 되었고 아이마저 가지고 말았다. 이때 왜국에 급히 사람을 보내야 하는 중대한 문제에 부딪쳤다. 그런데 동생 녀석이 조건을 걸었다. 자기가 왜국에 가는 대신 평생의 사랑인 그녀를 자기에게 보내라는 것이다.

"임신 중이다!"

"내가 잘 키울게!"

"어림도 없는 소리! 좋다. 그러면 아이를 낳는 즉시 내게 돌려보내도록 해라!"

"그렇게 할게!"

이렇게 협상이 마무리되었던 것은 아닐까?

실제로 태어난 아기 사마**무령왕**는 백제로 돌아갔다는 기록이 있지만 그 어디에도 생모가 같이 갔다는 이야기는 없다. 돌려보내라는 이야기에서도 부인을 보내라는 말은 없다. 무령왕의 어머니는 곤지의 부인으로 남은 생을 살았을 것이고 그렇기 때문에 무령왕과 동성왕은 형제 아닌 형제로 여겨졌을 수 있다.

무령왕릉은 도굴 당하지 않고 발굴된 유일한 백제 왕릉이다. 안에서 엄청나게 중요한 물건들이 많이 나왔다. 특히 글자가 적힌 지석이 나와서 무령왕의 나이도 정확하게 알 수 있었다. 다만 1971년에는 이런 발굴 자체의 노하우가 없던 터라 이 엄청난 발굴 작업이 철야 작업으로 단 12시간만에 끝났다. 이렇게 서두르는 바람에 사라진 정보는 영영 되찾을 수 없다. 발굴책임자였던 김원룡 국립중앙박물관장도 이 점을 깊이 후회한 바 있다.

의리의 여인
제후

『삼국사절요』에 전해오는 제후와 백운의 이야기는 시대에 따라 각기 다르게 해석되었다.

신라 진흥왕 때의 일이다.

친하게 지내던 관리 두 사람이 같은 날 아들과 딸을 낳았다. 두 사람은 기뻐하며 혼인을 약속했다. 두 아이는 어려서부터 친하게 컸고 아들 백운은 열네 살에 화랑의 우두머리인 국선이 되었다. 딸 제후도 아름다운 요조숙녀로 자라났다. 하지만 청천벽력 같은 일이 생겼으니 국선 백운이 그만 눈을 다쳐 앞을 볼 수 없게 되고 말았다. 제후의 부모는 눈이 먼 자를 사위로 맞을 수는 없다고 생각해서 딸을 다른 사람에게 급히 시집보내려 했다. 무진을 다스리는 태수 이교평에게 딸을 보내기로 결정을 하고 강제로 제후를 무진으로 보내고자 했다.

제후는 몰래 집을 빠져나와 백운을 만나러 갔다. 백운은 뜻밖에 연인의 목소리를 듣고 놀라서 그녀의 손을 잡았다. 제후가 말했다.

"소녀가 그대와 동시에 태어나서 부부가 되기로 약속한 지가 벌써 오래

전인데, 부모님이 약속을 저버리고 다른 사람에게 시집가라고 하는군요. 부모님의 명을 어기는 것은 명백한 불효라 무진으로 떠날 수밖에 없습니다. 하지만 무진으로 간 다음에 죽고 사는 문제는 소녀의 손에 있을 뿐입니다. 그대가 신의를 안다면 무진으로 나를 찾아오겠지요."

백운이 뜻밖의 말에 눈물을 흘리며 말했다.

"내가 반드시 무진으로 당신을 찾아갈 겁니다."

제후는 다음 날 무진으로 떠났다. 백운도 충직한 낭도 김천과 함께 무진을 향해 몰래 떠났다. 제후는 무진에 도착한 뒤에 태수 이교평을 만나 시간을 끌었다.

"혼인은 사람의 도리를 하는 시작에 속하니 길일을 택해서 날짜를 잡아야 합니다."

이교평도 제후의 말에 동의했다. 이렇게 시간을 버는 동안 드디어 백운이 도착했다. 제후는 백운과 함께 산길을 택해 달아났다. 백운이 앞을 보지 못하기 때문에 걸음이 더딜 수밖에 없으므로 도로를 통해 가면 이교평에게 잡힐 것이 뻔했기 때문이다. 그러나 산속에도 뜻밖의 위험이 있었다. 제후의 미모에 혹한 산중 협객이 나타난 것이다. 산적은 김천이 자리를 비운 틈에 나타나 눈이 멀어 상대가 되지 않는 백운에게 칼을 겨눴다.

"순순히 날 따라와라. 그러지 않으면……. 으흐흐흐."

백운의 목숨이 걸렸으니 어쩔 수 없었다. 제후를 낚아챈 산적이 떠나가고 나서야 김천이 먹을 것을 가지고 돌아왔다. 넋이 나간 백운에게 사정을 들은 김천은 즉각 산적을 쫓아갔다. 말타기와 활쏘기의 명수인 김천은 산적을 발견하자 한 방에 거꾸러뜨리고 제후를 되찾았다.

백운과 제후는 무사히 무진 지방을 빠져나올 수 있었다. 이교평도 가만히 있지는 않았다. 제후를 돌려달라고 항의를 했고 이 일이 널리 알려지게 되었다. 진흥왕은 사건의 전말을 듣고는 제후와 백운, 김천 모두에게 상을 내렸다.

"세 사람의 신의가 정말 가상하도다."

왕의 허락을 받고 제후와 백운은 백년가약을 무사히 맺을 수 있었다.

이 이야기는 『삼국사설요』에 전해오는 것이다. 이 흥미로운 이야기는 조선 시대에 오자 폄하를 받게 된다. 조선 후기 역사가인 안정복은 진흥왕이 상을 준 것이 잘못이라고 준엄하게 말한다. 제후가 약속을 지키려 한 건 착한 품성에서 비롯된 것이긴 하지만, 이미 부모가 다른 배필을 정했으니 간통죄를 범한 것과 다르지 않고, 백운은 다리 밑에서 여자를 기다리다가 물이 넘치는데도 도망치지 않고 미련하게 다리 기둥을 껴안고 기다리다가 죽은 중국의 미생 같은 사람이라는 것이다. 제후가 산적에게 잡혀가면서 자결하지 않았으니 절개를 이미 잃은 것과 같다며, 김천 또한 벗을 지키는 의리 때문에 국법을 무시했으니 옥에 가두는 것이 마땅하다는 것이 안정복의 주장이었다. 그러니 이들에게 벌을 주지 않고 상을 준 것은 잘못이라는 것이다. 조선이 여성을 대한 유교적 질서가 얼마나 야박한 것인지 잘 보여준다.

그런데 이 설화는 조금 이상한 부분이 있다. 사람들의 이름이라든가 진행되는 이야기의 성격이 진흥왕 시절의 이야기로 보기는 좀 어렵다. 진흥왕 때 화랑이 만들어진 때문에 후대에 만들어진 이야기가 진흥왕 시절로 들어갔을 것이다.

진흥왕은 처음에 여자가 리더인 원화라는 조직을 만들었다. 남모와 준정이라는 미녀 둘을 리더로 뽑아서 원화라고 이름했다. 이렇게 해서 무리를 모아서 그들이 하는 행동을 보고 괜찮은 청년을 뽑을 작정이었다.

하루는 준정(『삼국유사』에는 교정이라고 한다)이 남모를 집으로 초대했다. 평소 미모가 남모만 못하다고 생각한 준정은 남모를 해치울 계획을 세웠던 것이다. 남모에게 술을 계속 권해 남모가 취하자 그녀를 들쳐 업고 북천가로 갔다. 『삼국사기』에서는 물에 던져 넣어 죽였다고 하고 『삼국유사』에서는 돌무더기에 매장해서 죽였다고 한다. 전반적으로 이 사건은 『삼국유사』 쪽이 자세하다.

준정을 따르던 무리는 준정을 찾지 못해서 애달피 울며 헤어지고 말았는데, 이 사건을 아는 이가 한 명 있었다. 그가 노래를 지어서 아이들에게 부르고 다니게 했다. 남모의 무리 중에 그 노래의 뜻을 알아차린 이가 있어서 남모의 시신을 찾아내고 말았다. 준정은 아마도 남모 무리에 의해서 처형된 것 같다. 결국 이 사건으로 원화의 무리는 모두 흩어지고 말았다.

진흥왕은 이번에는 미모를 가진 남자를 뽑아서 곱게 단장한 뒤에 화랑이라 부르게 하고 무리를 이끌게 했다.

화랑의 낭도가 되는 것은 결국 출세를 하는 지름길인 셈이었으므로 전국에서 청년들이 모여들었다. 신라는 이 청년들을 바탕으로 삼국을 통일하는 대업을 이룰 수 있었다.

이런 화랑들의 이야기는 『선사仙史』에 자세히 수록되었다고 하는데 지금은 사라진 책이라 아쉽기 짝이 없다. 어쩌면 제후와 백운의 이야기도 『선사仙史』에 실려 있었던 것일지 모른다. 조선시대의 유교적인 관점에서 볼 때 흠을 잡을 수 있는 이야기이므로 신라 시대에 만들어진 이야기일 가능성이 있다.

『삼국사절요』는 단군조선부터 삼국의 멸망까지를 서술한 역사서로 조선 성종 때인 1476년에 편찬되었다.

안장왕을 맞이한 한주

문자명왕은 3년(494년)에 부여의 항복을 받아서 고구려 최대 영토를 확보했다. 그의 장남 안장왕은 백제의 한씨 미녀와 스캔들이 있었다.

"정녕 떠나겠다는 말이냐?"

고구려 제21대 문자명왕재위 491~519년의 목소리가 가늘게 떨렸다. 이제 막 태자가 된 안장安藏이 국내 산천을 두루 돌아보겠다고 고집을 부린 것이다. 그것도 변복을 하고

"심려치 마시옵소서. 위험한 일은 하지 않을 것입니다."

이때 공주 안학이 궁 안으로 뛰어들었다.

"아바마마, 아니 되옵니다. 오라버니를 보내시지 마옵소서."

아름다운 여동생의 만류에도 불구하고 결국 안장은 상인의 복장을 하고 길을 나섰다. 안장은 남으로 방향을 잡더니만 적국인 백제

땅으로 들어갔다. 적지를 염탐하는 것이 그의 본 목적이었다. 하지만 낯선 상인을 의심한 정리정탐일을 하는 하급관리의 눈에 띄는 통에 쫓기게 되었다. 급한 대로 담장을 넘어 들어간 곳이 그 지역의 부호 한씨의 집이었다.

한씨에게는 한주라는 이름의 딸이 있었는데 절세미녀였다. 안장은 한주를 보고 한 눈에 반하고 말았다. 한주 역시 비범하기 이를 데 없는 청년의 등장에 가슴이 설레었다. 정리의 염탐을 앞장서서 물리친 한주는 청년과 이야기를 나누었는데, 청년의 박학함에 다시 한 번 놀라고 말았다. 그리하여 두 사람의 인연이 깊어진 끝에 부부가 되기로 약속하기에 이르렀다. 변복한 몸으로 혼인을 올릴 수는 없는 몸인지라 안장은 일단 귀국하기로 마음을 먹고는 진실을 털어놓았다.

"사실 나는 고구려의 태자입니다. 이제 돌아가지 않을 수 없으니 일단 떠나지만 대병을 이끌고 돌아와 이 땅을 취하고 그대를 맞이할 것입니다."

두 연인이 눈물로 이별을 하고 헤어졌다. 고구려로 돌아온 안장은 얼마 지나지 않아 왕위를 계승하였다. 제222대 안장왕재위 519~531년이다. 안장왕은 한주가 있는 개백현에 장수를 보내 공격하게 하였으나 번번이 패전하였다. 답답한 마음에 친정에 나서기도 했지만 역시 이길 수가 없었다.

그러던 중에 개백현에 새 태수가 부임했다. 새로운 태수가 호색

한인지라 한주의 미모를 알고는 혼인하겠다고 나섰다. 태수의 명을 거역할 수 없는 한씨가 혼인을 허락하였으나 한주는 사생결단의 자세로 거절했다.

"소녀는 이미 정을 준 사내가 있는데 지금은 멀리 바깥에 나가 있을 뿐이니, 그 사내의 생사라도 알아야 혼인 여부를 결정할 수 있습니다."

태수가 분개해서 그 사내가 누군지 말하라 하니, 연전에 이곳을 방문했던 수상쩍은 상인이었다. 태수는 한주를 옥에 가두라는 명을 내렸다.

"그 사내가 내력이 불분명한 것을 보니 필시 고구려의 첩자이다. 고구려의 첩자와 내통하였으니 너도 살려둘 수 없다."

물론 결혼 허락만 하면 풀려날 수 있겠지만 한주는 끝까지 안장에 대한 의리를 지키고자 했다. 한주가 옥에 갇혀 죽을 날만 기다린다는 소식은 바로 안장왕에게 전해졌다. 하지만 안장왕이라고 해서 뾰족한 수가 없었다.

"개백현을 취하고 한주를 구해오는 사람에게는 천금과 만호후의 지위를 내리겠노라."

안장왕이 애타는 심정으로 말하자 이에 호응한 장군이 있었다.

장군의 이름은 을밀. 을밀은 늘 안학 공주를 마음에 두고 있었으나 안장왕은 그의 가문이 미천하다 하여 승락치 않고 있었다. 을밀은 안장왕을 알현하더니 이렇게 말했다.

"신은 천금과 만호후를 바라지 않습니다. 대왕께서 한주를 사랑하시는 것만큼 신도 안학을 사랑하오니 제가 대왕의 소원을 이뤄주면 대왕도 신의 소원도 들어주시옵소서."

이에 안장왕이 허락하자 을밀은 용사 5천을 이끌고 개백현으로 출정했다. 안장왕은 대군을 거느리고 육로로 진군하기 시작했고 을밀은 해로를 통해서 개백현으로 접근했다. 을밀은 용사 20명을 뽑아 광대패로 변장하고 개백현 안으로 잠입했다.

이 날이 태수의 생일이라서 크게 잔치가 열렸다. 태수는 한주를 불러내서 마지막으로 청혼을 하였으나 역시 매몰차게 거절당하고 말았다. 이에 분개한 태수는 한주를 사형에 처한다고 명을 내렸다. 위기일발의 순간 을밀과 용사들이 모두 칼을 뽑고 달려들면서 이렇게 외쳤다.

"고구려 군사 10만이 입성하였다!"

그러자 태수와 일행은 혼비백산해서 달아났다. 이 혼란의 때를 놓치지 않고 을밀의 군병 5천이 진군해서 개백현을 점령했다. 개백현이 점령되자 주변의 백제 군현들이 모두 크게 놀라 저항의 의지를 잃어버리고 말았다. 안장왕이 드디어 개백현으로 입성할 수 있게 되었다. 안장왕과 한주가 다시 만나고 을밀 장군은 안학 공주를 배필로 맞이하게 되었다.

이상의 내용은 신채호가 『조선상고사』에 쓴 내용이다. 신채호는 『해상잡록』이라는 책에서 이 내용을 보았다고 말했다. 『해상잡록』은 『조선상고사』에 총 9번 등장하는 책인데, 지금은 전해지지 않는다.

한주는 『삼국사기』에 이름 없이 '한씨 미녀'라고 등장한다. 개백현은 지금의 고양시인데, 고구려가 점령한 뒤에는 "한씨 미녀가 안장왕을 맞이한 곳"이라고 해서 왕을 맞이한다는 뜻의 왕봉현王逢縣으로 이름이 바뀌었다.

특히 『삼국사기』의 흥미로운 부분은 "한씨 미녀가 고산高山 꼭대기에서 봉화를 올려 안장왕을 맞이하여서 그 이름을 고봉산高烽山으로 하였다"는 내용이다. 고봉산의 '봉'은 봉화를 뜻한다. 이곳은 지금 고양시 일산동구 성석동에 있는 고봉산이다. 『해상잡록』에는 나오지 않지만 한주가 가만히 앉아서 구원을 기다리던 여성이 아니었다는 점을 위 기록에서 알 수 있다. 그녀는 왕자님이 오실 곳을 직접 밝혔던 여인이었다.

고구려가 장수왕 때 백제의 한성을 공략한 후 백제의 문주왕이 이곳을 포기하였고 고구려의 영토가 된 것으로 이해하는데 이 전설을 보면 이곳을 다스리는 것은 백제였다. 이런 이유 등으로 백제가 무령왕 때 일시적으로 한강 유역을 회복했던 것으로 보고 있다.

고대의 영토는 우리가 오늘날 생각하는 것과는 좀 다르다. 성이 있는 곳이 영토가 되고 그곳을 거점으로 교통로가 확보되면 통치할 수 있다. 이런 이유로 삼국시대 영토는 우리가 오늘날 생각하기에는 어떤 곳은 적지 깊숙이 들어간 것처럼 보이는 경우가 있을 수 있다. 중국 사서에서는 이런 곳을 가리켜 개이빨처럼 얽혀 있다고 표현하기도 했다.

안장왕 때 한강 유역은 다시 고구려의 손으로 들어갔을 것이다.

안장왕에게는 3명의 부인이 있었는데 정부인에게는 아이가 없었고 둘째 부인의 아들을 세자로 삼았다. 세자의 외가에는 추군이 있었고, 셋째 부인도 아들을 낳았는데 그쪽에는 세군이 있었다. 안장왕 말년에 세자와 왕자의 외척들은 궁문 앞에서 북을 치며 큰 싸움을 벌였다. 세군이 패배해서 2천여 명이 몰살당했다. 이 와중에 안장왕마저 시해되고 말았다. 한씨 미녀 전설이 사실이라면 아이가 없는 정부인이 그 주인공일 것이다.

550년

관산성 전투 – 백제 성왕 사망 ——— 554년

신라, 대가야 정복 ——— 562년

신라, 화랑 제도 만듦 ——— 576년

589년 ——— 수나라 중국 통일

598년 ——— 수나라 고구려 1차 침공

600년

605년 ——— 수나라, 대운하 건설

610년 ——— 무함마드 이슬람교 창교

살수대첩 – 수나라 2차 침공 ——— 612년

618년 ——— 당나라 건국

고구려, 도교 전파 ——— 624년

고구려 연개소문의 영류왕 시해, ——— 642년
백제가 신라 대야성 점령

신라, 첨성대 건립 ——— 647년
나당연합 성립 ——— 648년

650년

백제 멸망 ——— 660년

661년 ——— 이슬람 우마이야 왕조 수립

고구려 멸망 ——— 668년

나당전쟁 발발, 왜가 국호를 일본으로 정함 ——— 670년

김유신 사망 ——— 673년

매초성 전투에서 신라 승리 ——— 675년

기벌포 전투에서 신라 승리로 나당전쟁 끝남 ——— 676년

신라, 국학 설치 ——— 682년

신라, 9주 5소경 제도 완성 ——— 685년

발해 건국 ——— 698년

700년

제 4 장

삼국통일전쟁

중국 쪽에서 보면 한반도 제일 구석진 곳에 위치한 신라는 선진 문물을 받아들이기에 애로 사항이 많은 나라였다. 처음 중국에 왔을 때는 중국어를 할 줄 아는 사람이 없어서 백제 사신이 통역을 해주었을 정도다. 그런 신라가 강력한 나라였던 고구려와 백제와의 생존경쟁에서 살아남은 이유는 무엇이었을까?

고구려는 사방에 적이 많았다. 신라와 백제는 동맹을 맺고 남쪽의 위협을 제거했는데, 신라는 금관가야를 흡수했고, 백제는 마한의 잔존 소국들을 점령해나갔다. 백제와 마한 소국 간의 관계에 대해서는 남은 기록이 거의 없어서 그 자세한 실상을 알 수가 없다. 반면 신라는 금관가야의 지배층을 적극적으로 자신들의 체제 안에 흡수하는 데 성공했다. 김무력–김서현–김유신으로 내려오는 가야계 무장 세력은 신라사 안에 뚜렷이 자기 자취를 남기고 있다.

어쩌면 이것은 신라가 타 국가의 인재를 적극적으로 활용한 증거일 수도 있다. 신라는 후일 대가야를 점령한 뒤에도 우륵이나 강수와 같은 인재들을 중앙 정부로 끌어들였다.

그러나 백제는 고구려에게 일격을 당해 한강 유역을 잃은 후 오랫동안 내분에 시달렸다. 체제를 정비하고 국가의 힘을 길러 신라와 함께 한강 유역을 되찾는 데 성공하기도 했지만, 곧 신라에게 이 땅을 뺏겨버렸다.

오랜 동맹은 깨어지고 신라와 백제 사이에 대규모 전쟁이 벌어졌다. 백제의 성왕이 김무력에게 잡혀 참수형을 당하면서 양국은 적대 관계에 돌입한다. 신라는 백제 편에 섰던 대가야를 정복하고, 백제는 성왕의 복수를 위해 계속 신라를 공격했다. 642년 백제는 신라의 대야성을 점령해 김춘추의 딸과 사위를 죽였고, 이에 김춘추는 백제 정복을 결심하게 된다. 성왕과 신라 왕족 부부의 죽음으로 두 나라는 돌이킬 수 없는 상태에 봉착했다. 김춘추는 오랜 기간 적대해온 고구려와 손을 잡을 생각까지 하지만 연개소문의 거절로 실패하고, 왜를 끌어들이려는 계획도 실패했다. 하지만 결국 당나라를 설득하여 백제와 고구려를 공격하는 데 합의했다.

668년 고구려의 멸망으로 삼국통일이 이루어졌지만 전쟁이 끝나진 않았다. 당나라는 신라까지 자신들의 통치 아래 두고자 했으며 신라는 670년 3월 고구려 부흥군과 손을 잡고 요동의 오골성을 공격한다. 신라와 당나라 간 전쟁은 675년 9월 매초성 전투에서 신라가 대승을 거두면서 승기를 잡고 676년 11월 기벌포 해전의 승전으로 막을 내린다.

당나라는 이때 서쪽 토번의 침공 때문에 동방으로 더는 신경을 쓰기 어려워졌다. 이렇듯 힘의 공백이 발생하자 고구려 출신 걸걸중상과 대조영 부자가 동쪽으로 탈출하여 발해를 건국했다. 남북국 시대의 시작이었다.

삼국의 운명을 결정한 관산성 전투

성왕은 무녕왕의 아들로 이름은 명농이다. 웅진에서 사비로 천도하고 국호도 '남부여'로 바꾸었다. 부여의 후계라는 것을 분명히 했던 것이다. 이 시기에 북쪽의 부여는 이미 멸망한 뒤였다.

551년에 백제 제26대 성왕재위 523~554년은 신라 진흥왕과 손을 잡고 가야까지 동원하여 한강 유역을 회복한다. 왕조가 건국한 땅이 서울 부근이었으니 백제로서는 감격에 겨운 구토 회복이 되었을 것이다. 그런데 감격도 잠시, 신라는 돌연 백제의 뒤통수를 때려 백제가 회복한 영토를 빼앗았다. 신라가 침공한 것은 553년 7월의 일이었다. 그래도 두 나라 사이의 관계가 대번에 파탄이 나지는 않았다.

그런데 이 한강 유역 전쟁 이전에도 신라의 배신 행위가 있었다.

550년 1월에 백제는 고구려의 도살성을 함락시켰다. 3월에는 고구려가 반격하여 백제의 금현성을 빼앗았다. 이렇게 양 군이 전쟁을 치러 피곤한 틈을 타서 신라의 장군 이사부가 두 성을 모두 점령해버렸다. 신라는 각 성에 1천 명의 군사를 두어 수비하게 했다. 고구려군은 다시 금현성을 공격했으나 이사부가 잘 막아냈다. 반면 백제는 신라를 공격하지 않고 성을 순순히 내주고 말았다. 백제의 입장에서는 신라와 싸울 때가 아니라고 판단했던 것 같다. 성왕은 피눈물을 삼킬 수밖에 없었을 것 같다.

이렇게 참고 참아 성왕은 결국 신라와 고구려 공격의 단초를 만들어내는 데 성공했다. 백제군이 고구려의 남평양 즉 지금의 서울 일대를 먼저 공격했다. 신라군은 백제군이 움직인 다음에 한강 상류 지방의 10개 성을 공격하여 함락시켰다. 고구려는 전 전선에 걸쳐서 공격을 받은 셈이었다. 더구나 이때 고구려는 북방에서 돌궐의 침입을 받은 상황이었다. 평양으로부터의 원군도 기대할 수 없었던 것이다. 이뿐만이 아니었다. 고구려는 당시 큰 내분에 빠져 있었던 것으로 여겨지고 있다. 『일본서기』에는 고구려에서 외척 세력인 추군과 세군이 서로 싸우는 내분이 벌어졌다고 이야기하고 있다.

553년 7월, 신라군이 백제 수복 지역을 점령하는 등 신라와 백제 간의 균열은 고구려 입장에서 보면 550년에 이사부가 어부지리를 얻은 것과 같이 전쟁에 피로해진 두 나라의 군사를 상대해서 다시 영토를 찾을 기회였을 수 있다. 하지만 고구려군은 움직이지 않았다. 왜 그랬을까?

이미 진흥왕은 고구려와 밀약을 맺고 있었다. 고구려의 10성을 장악하자마자 진흥왕은 고구려와 협상을 진행한 것 같다. 성왕도 이 사실을 알고 있었다. 신라와 고구려가 손을 잡으면 백제는 극도로 위험해질 수밖에 없다. 이 때문에 553년 10월 성왕은 분노를 참고 딸을 진흥왕에게 시집보냈다. 성왕의 딸은 진흥왕의 소비小妃, 정비가 아니라 후궁 중 하나라는 뜻가 되었다. 백제 공주의 몸으로 시집을 갔는데 정비가 되지도 못했던 것이다. 성왕이 신라를 안심시키기 위해 딸을 희생한 것일까?

성왕은 다음해 태자 창뒤의 위덕왕을 앞세워 백제·가야·왜 연합군으로 신라를 공격했다. 공격 지점은 관산성이었다. 관산성은 신라 입장에서 보면 소백산맥 너머에 있는 성으로 한강 유역과 신라 본토를 잇는 요충지에 있는 성이었다. 성왕은 빼앗긴 한강 유역을 되찾기 위해 움직이지 않고 관산성을 공격했다. 왜 그랬을까? 이유는 간단하다. 대군을 일으켜 북방을 향할 경우 관산성을 거점으로 삼아서 신라군이 사비성으로 진군하면 막아낼 방법이 없었던 것이다. 일단 관산성을 함락시키면 소백산맥을 방어선으로 삼아서 신라군이 쳐들어오는 것을 방비할 수 있고 그렇게 되면 본국과 연결망이 끊어진 한강 유역을 공략할 수 있다고 판단했다. 고구려가 신라와 밀약을 맺기는 했지만 그렇다고 무작정 신라를 돕기 위해 군사를 보내진 않을 것이므로 관산성만 장악한다면 신라와 자웅을 결할 수 있다고 보았을 것이다. 물론 백제 내부에서는 너무 위험한 일이라고 생각해서 반대가 많았다. 하지만 패기가 넘치는 태자 창은 그런 걱정을 일축했다.

태자 창이 관산성을 공격하고 있을 때 성왕은 그를 위문하고자 방문했다. 『삼국사기』에는 병사 50명과 함께 간 것으로 나온다. 하지만 일국의 왕이 전선을 가는데 50명은 그 수가 너무 적다. 그래서 오십의 십+이 천千에서 획 하나를 잘못 쓴 것으로 보기도 한다. 가능성 높은 얘기다.

성왕의 움직임은 신라의 첩보망에 걸리고 말았다. 신라는 모든 길에 군사를 풀어 성왕을 저지하고자 했다. 관산성은 태자 창의 군대가 포위 중이었으니 이 성에서 군사가 나올 수는 없었다. 그럼 길목을 지킨 병사는 대체 어디 병사였을까?

이들은 한강 유역에서 지금의 서울인 신주를 지키고 있던 병사들이었다. 신주의 군주는 김무력이었다. 항복한 금관가야의 셋째 왕자로 김유신의 할아버지다. 신주는 고구려의 영토였던 곳인 최전선이고 전략적 요충지였다. 성왕의 입장에서는 당연히 이들이 최전방을 비우고 남하할 리가 없다고 판단했을 것인데, 이들이 내려오는 바람에 성왕은 뜻밖의 기습을 받고 포로가 되고 말았던 것이다. 어떻게 이런 일이 가능했을까?

『삼국유사』 진흥왕 조에는 재미있는 기사가 하나 있다.

승성承聖 3년554년 9월 백제 병사가 진성珍城을 침범하여 남녀 3만 9천 명과 말 8천 필을 빼앗아 갔다. 이보다 먼저 백제가 신라와 군사를 합하여 고구려를 치자고 하니 진흥왕이 말하기를 "나라가 흥하고 망함은 하늘에 달려 있는데 만약 하늘이 고구려를 미워하지 않는다면 내 어찌 바라겠느냐"라고 하였다. 이 말을 고구려에 전하니 고구려는 이 말에 감동을 받아 신라와 평화롭게 지냈다. 그러나 백제가 이것을 원망하여 침범을 한 것이다.

성왕은 어떻게든 신라와의 동맹을 유지하고 싶었지만 신라는 그럴 뜻이 없었던 것이 분명하다. 위 글에 나오는 '진성'이 어딘지는 불분명한데(전라북도 무주라는 주장이 있다) 관산성을 뜻할 수도 있다고 생각한다. 결국 성왕의 판단보다도 고구려와 신라의 밀착이 강했던 것이다.

성왕은 말먹이꾼을 하는 고도라는 노비에게 참수형을 당했다. 신라 쪽에서 일부러 천민으로 하여금 목을 베게 하는 치욕을 안겨준 것이다. 성왕은 승복할 수가 없었다.

"왕의 머리를 노비의 손에 줄 수는 없다."

고도가 말했다.

"우리나라 법에는 맹세를 어기면 비록 국왕이라 해도 노비의 손에 죽습니다."

성왕은 하늘을 우러러 탄식하고 눈물을 흘렸다.

"과인이 생각할 때마다 늘 고통이 골수에 사무쳤다. 돌이켜 생각해 보아도 구차히 살 수는 없다."

『일본서기』는 성왕의 최후를 자세히 전하고 있다. 성왕은 수도를 웅진에서 사비로 옮기고 백제의 체제를 정비하고 국력을 키워나갔다. 그 과정에서 신라와 위태로운 동맹을 유지하며 분노를 참아왔다. 그런 일들이 골수에 사무치는 고통이 아니었을까? 그런데 이상한 부분이 있다. 백제가 대체 어떤 맹세를 어겼던 것일까? 성왕이

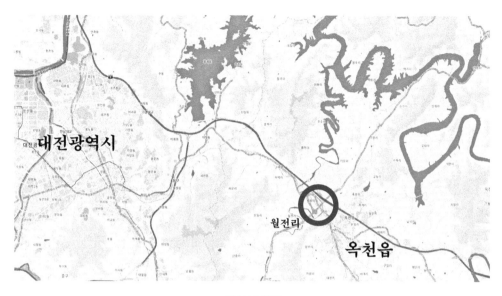

관산성 위치

딸을 보내 화친을 유지하고자 했던 기만책을 가리키는 말일 가능성이 높다.

성왕의 목은 신라로 보내져 신라의 관청인 북청의 계단 아래 놓였다. 신라의 신하들이 매일 밟고 다니게 만든 것이다. 이렇게까지 모욕을 가한 것은 진흥왕이 성왕에 대해서 어마어마한 증오를 품고 있었던 때문일 것이다. 아버지의 목이 이렇게 되었을 때 진흥왕의 후궁으로 있던 딸의 심정은 얼마나 처절했을까?

이때 백제는 풍전등화의 위기에 놓인 셈이었다. 일세를 뒤흔든 군주가 전사했고 신라군은 위와 아래에서 공격이 가능한 상황이었다. 하지만 뜻밖에도 신라군은 더 진군하지 않았다. 신라가 백제를 아예 멸망시키기에는 아직 국력이 모자랐던 것이다. 신라와 백제 사이에는 이번에 백제를 도와준 대가야가 있었다. 대가야를 배후에 두고 백제로 진군할 수는 없었을 것이다. 물론 대가야도 이번 대패로 큰 피해를 입었다.

고구려는 이 기회를 틈타 대대적인 침공을 감행했으나 백제는 이를 잘 막아냈다. 진흥왕은 이때 간을 보고 더 이상의 확전을 감행하지 않았을 수도 있다.

태자 창은 처음에는 패전의 책임을 지고 출가를 하겠다고까지 했으나 신하들의 만류로 왕위에 올랐다. 바로 백제 제27대 위덕왕재위 554~597년이다.

신라는 한강 유역을 확보하면서 중국과 해상 교통로를 얻게 되었다. 관산성 전투에서 승리하면서 백제를 압도하는 데 성공했고 고구려와도 화친을 맺어서 안정적인 국내 정치 상황을 만들 수 있었다. 이 전투를 분기점으로 신라가 삼국통일의 기반을 마련했다고 볼 수 있겠다.

『일본서기』에 따르면 백제는 무령왕 12년(512년)에서 13년(513년)년에 걸쳐서 전라남도 일대를 공격하여 영토화했다. 이때까지도 마한의 소국들이 잔존해 있었던 것이다. 백제는 마치 제갈량이 남만을 정벌한 뒤 북벌에 나선 것처럼 남쪽을 다지고 한강 유역으로 진출하고자 했던 것으로 볼 수 있다.

대가야를 멸망시킨
소년 장수

관산성 전투에서 대가야는 백제의 편에 섰다. 그 대가는 멸망이었다. 신라는 백전노장 이사부를 보내 대가야를 공격했다. 선봉에 선 장수는 뜻밖에도 어린 소년이었다. 진흥왕이 키워온 화랑이 힘을 발휘하기 시작했다.

　　신라 진흥왕 23년562년에 대가야가 신라에 의해 멸망당했다. 이 전쟁의 선봉은 열다섯 혹은 열여섯이었던 소년 장수 사다함이었다. 사다함은 진흥왕이 만든 청소년 육성 프로젝트인 화랑 출신이었다. 거느린 낭도만도 천 명이 넘고 당연히 진골이었다.

　　대가야 정벌전에서 그는 원래 출전 대상이 아니었다. 사다함은 출전을 지원했지만 진흥왕이 허락하지 않았다. 사다함은 내물왕의 7세손으로 당당한 왕족이었고 아직 나이가 어렸다. 하지만 사다함은 물러나지 않았다. 허락할 때까지 계속 청을 올렸고 결국 출전을 허락받았다.

　　대가야 정벌전에서 그는 귀당비장의 직으로 출전했다. 원래 따르던 낭도 이외에도 그를 흠모하여 전쟁에 지원한 사람들이 많았다. 전쟁의 총책임자는 이사부였다. 이미 우산국 정벌을 비롯해서 금현성, 도살성 점령 등 혁혁한 공을 세운 백전노장이었다. 사다함은 이사부에게 청을 올려 자기 부하들만 데리고 기습 작전을 펼쳤다. 대가야는 뜻밖의 기습에 당황했다. 사다함은 순식간에 성문을 장악했다. 고대의 성이란 성문이 열리면 속수무책이다. 이사부는 성문이 함락되는 순간 대군을 투입하여 정벌전을 마무리했다.

진흥왕이 포로 2~300명을 내려주고 땅도 하사했으나 사다함은 포로를 모두 풀어주고 땅도 황무지만 받는 등 타의 귀감이 되는 행동을 했다. 불행히도 사다함은 오래 살지 못했다. 절친한 친구였던 무관랑이 병들어 죽자 너무 슬퍼하다가 7일만에 사다함도 죽고 말았다. 불같은 용기와 불같은 감성을 지닌 인물이었던 것 같다.

그럼 대가야는 왜 멸망했을까?

그것은 관산성 전투와 관련이 있다. 금관가야는 이미 신라에 항복했는데 대가야는 백제 편에 붙어서 신라와 적대 관계임을 분명히 했고 관산성 전투에도 참여했던 것이다. 진흥왕의 입장에서 보면 반드시 백제보다 먼저 쓰러뜨려야 하는 곳이었다.

대가야는 금관가야와 더불어 가야의 여러 나라들 중 맹주에 속하는 나라였다. 흔히 전기 가야연맹은 금관가야가, 후기 가야연맹은 대가야가 주도했다고 본다.

금관가야의 시조는 유명한 김수로왕이다. 신라와 같은 김씨이지만 신라의 김씨 왕족과 관련은 없다. 김유신의 가문이 신라에 들어갔을 때 이들을 새로운 김씨라는 뜻으로 신김씨라고 불렀다.

김수로왕도 하늘에서 내려온 알에서 태어났다고 전한다. 3월 어느 날 하늘에서 소리가 났다.

"여기 사람이 있느냐?"

당시 지도자였던 아홉 명의 간干이 있어서 그렇다고 대답했다.

"여기는 어디냐?"

사람들은 거북이 모양으로 생긴 산에 모여 있었다.

"구지봉입니다."
"황천이 내게 명하길 이곳에서서 나라를 세우라고 했다."

하늘의 목소리는 그러면서 노래를 하나 가르쳐주었다. 그 노래를 부르며 땅을 파고 춤을 추라고 한 것이다.

거북아, 거북아, 머리를 내밀어라.
머리를 내밀지 않으면 구워서 먹으리라.

시킨 대로 하자 하늘에서 자줏빛 밧줄이 내려왔다. 사람들이 줄이 내려온 곳으로 가보니 붉은 보자기에 싸인 금합이 있었고 금합 안에는 여섯 개의 황금알이 있었다. 황금알에서 6가야의 시조들이 나왔다. 이때가 42년이었다. 이들은 알에서 나오자마자 쑥쑥 자라나 2미터가 넘는 장신의 사내가 되었고 왕위에 올랐다.

가야의 건국신화는 물론 금관가야의 우위를 점하기 위해 금칠이 되어 있는 이야기라 할 수 있다. 그나마 금관가야 쪽 이야기가 많이 남은 것은 금관가야의 후손들이 신라에 항복하면서 가문을 유지할 수 있었기 때문이었을 것 같다.

대가야에도 건국신화가 있었다. 그러나 아주 빈약한 형태로 남아 있다. 가야산신 정견모주正見母主가 있었는데 천신 이비가夷毗訶를 만나 사랑에 빠졌다. 둘 사이에서 대가야의 왕 뇌질주일惱窒朱日과 금관국金官國의 왕 뇌질청예惱窒靑裔가 태어났다. 뇌질주일은 이진아시伊珍阿豉 또는 내진주지內珍朱智라고도 부른다. 뇌질청예는 물론 수로왕을 가리킨다. 후기 가야 연맹의 맹주였던 대가야가 금관가야에 대해서 우위를 차지하기 위해 만들어진 신화이다.

대가야는 신라와 백제라는 두 강대국 사이에서 살아남기 위해 끊임없이 몸부림을 쳤다. 대가야 마지막 왕족으로 이름을 남긴 월광태자는 대가야의 이뇌왕과 신라 이찬 비조부 누이동생의 아들이었다. 법흥왕 때 이 혼인이 이루어졌었다. 『삼국사기』에는 522년에 있던 일로, 『일본서기』에는 529년에 있던 일로 나온다.

혼인을 통해 양국이 더 친밀해졌어야 하는데 일이 그렇게 진행되지 않았다. 신라는 왕녀를 보내면서 100명의 수하를 같이 보냈다. 신라 측의 첩자일 가능성이 있는데도 대가야에서는 이들을 각 현에 나눠 배치했고, 이들에게 신라 옷을 그대로 착용하게 했다. 그런데 세월이 지나면서 이들은 아마도 가야 옷을 입고 가야인처럼 행동했던 것 같다. 그야말로 가야를 정탐하는 일을 했던 것이다.

이때 탁순국왕(가야연맹의 일원) 아리사등(인명이거나 왕위를 가리키는 호칭으로 본다)이 신라인들의 변복에 반발하여 이들을 모두 모아 신라로 추방해버린 사건이 발생했다. 신라 쪽에서는 크게 반발하고 왕녀를 돌려보내라고 항의했다. 하지만 이미 혼약을 맺어 부부가 되었고 아이까지 낳았기 때문에 그렇게 돌려보낼 수는 없었다. 신라는 총공격을 가해서 대가야의 성 여덟 개를 공격했고 그 중 세 성은 함락되었다. 결국 신라와의 관계는 완전히 파탄에 빠지고 말았다.

월광태자를 왕위에 오른 대가야의 마지막 왕 도설지왕과 동일 인물로 보기도 하고, 끝내 왕위에 오르지 못한 것으로 보기도 한다. 도설지는 단양신라적성비에 나오는 진흥왕을 수행한 인물 이름이기도 하다. 월광태자가 외가의 힘으로 신라에서 벼슬을 했을지도 모른다. 또 다른 전설로는 월광태자가 출가하여 승려가 되었다고도 한다.

가야의 인물들은 신라에서 여러 흔적을 남기기도 했다. 가야금을 전한 우륵, 삼국통일전쟁에서 외교문서를 담당한 강수 등이 모두 가야의 후손이었다.

『삼국사기』에는 가야국의 가실왕이 당나라 악기를 보고 가야금을 만들었다고 나온다. 가실왕이 누구인지에 대해서는 여러 의견이 있다. 대가야의 하지왕으로 보는 경우도 있는데, 하지왕은 대가야를 후기 가야 연맹의 맹주로 이끈 왕이다. 하지만 가실왕이 우륵에게 노래를 짓게 만들었는데 우륵은 진흥왕 때 신라에 투항했으므로 하지왕이 가실왕이라면 연대 차이가 상당해서 어려울 수 있다. 금관가야의 취희왕으로 보기도 하는데 우륵이 지은 노래는 제목에서 대가야의 지명을 엿볼 수 있다. 이를 보면 금관가야는 아닐 가능성이 높다.

바보 온달 이야기 속 사실과 허구

평강 공주는 어려서 아버지가 놀린 대로 바보 온달에게 시집을 갔다. 그러니 두 사람의 나이 차이가 꽤 났을 것 같다. 물론 이 전설이 모두 사실일 때 그렇다는 이야기다.

평강 공주는 이름이 전해지지 않는다. 아버지가 평강왕이어서 평강 공주라 부르는 것이다. 평강왕은 고구려 평원왕^{재위 559~590년}의 다른 이름이다. 어려서 울기를 잘 해서 평원왕이 곧잘 놀렸다.

"넌 항상 울어서 시끄럽게 하는구나. 커서 사대부 아내가 되기는 글렀다. 바보 온달에게나 시집가야겠구나."

바보 온달. 왕도 이름을 아는 유명인사였다. 그는 매우 가난해서 음식을 구걸해서 눈 먼 어머니를 모셔야 했다. 너덜너덜한 옷을 입고, 해진 신발을 신고 사람들 많은 곳을 오가며 구걸을 했다. 사람이 잘 생기기라도 했으면 좀 나았을 텐데 척 보면 웃음이 나올 만큼 못생긴 얼굴이었다. 그래서 생긴 별명이 바보 온달이었다. 하지만 마음만은 환하고 똑똑했다. 그 마음을 알아주는 이는 없었지만.

평강 공주가 16세가 되자 부왕은 시집을 보내려 했다. 배필로는 상부 소속의 고씨 가문 사람이 선택되었다. 하지만 공주가 그 사람을 거부했다.

"대왕께서는 늘 소녀를 온달에게 시집보내겠다고 했는데 지금 와서 왜 딴 말씀을 하십니까? 평범한 사내도 자기 말을 뒤집지 않는 법인데, 하물며 임금님이 그러실 수 있나요? 임금님에게는 실없는 말이 없다고 하지 않습니까? 지금 대왕의 명은 잘못된 것이고 저는 감히 그 명을 받을 수 없습니다."

평원왕은 크게 화가 났다.

"내 명을 따르지 않는다면 내 딸이 될 수 없다! 어찌 같이 살겠는가! 네가 있을 곳으로 가버려라!"

평강 공주는 이렇게 쫓겨났다. 시녀 하나 없이 홀로 걸어서 궁을 나왔다. 하지만 그녀는 궁을 나오면서 값비싼 팔찌 수십 개를 팔뚝에 꿰어서 가지고 나왔다.

평강 공주는 온달의 집을 물어서 찾아갔다. 집에 도착해 보니 온달의 어머니만 있었다. 평강 공주가 절을 올리고 온달의 행방을 물었다. 눈은 보이지 않았지만 귀한 사람이 왔다는 것은 그 향기만으로도 알 수 있었기에 온달의 어머니는 깜짝 놀라서 대답했다.

"내 아들은 가난하고 누추하여 귀한 분께서 가까이 할 사람이 못 됩니다."

평강 공주는 어머니의 손을 붙들고 다시 물었지만 대답은 다르지 않았다.

"당신의 향기는 범상치 않고 손은 솜처럼 부드럽습니다. 천하에 귀한 분이 틀림없습니다. 누구에게 속아서 여길 오셨습니까?"

평강 공주가 속아서 온 것이 아니라 말했다.

"아마 온달은 배가 고파서 느릅나무 껍질이라도 벗겨서 죽을 쑤려고 산에 간 것 같습니다. 이미 오래 되었는데 아직 안 오는군요."

평강 공주는 온달이 오길 기다릴 성격이 아니었다. 온달이 올라갔다는 산을 찾아갔다. 마침 산에서 느릅나무 껍질을 벗겨서 지고 내려오는 온달을 만날 수 있었다. 평강 공주가 온달을 붙들고 혼인하러 왔다고 대뜸 말하니 온달은 깜짝 놀랄 수밖에 없었다.

"어린 여자가 할 행동이 아니다! 넌 여우귀신이 분명하다! 물러나라!"

온달은 정말 무서운 괴물을 본 것처럼 냅다 뛰어서 도망쳤다.
평강 공주가 온달의 집에 도착하자 사립문은 닫혀 있고 날은 이미 어두워졌다. 어쩔 수 없이 문밖에서 밤을 지샜다. 아침이 되어 온달과 어머니가 깨어나자 평강 공주가 다시 집 안으로 들어가 자신의 사정을 이야기하고 온달과 혼인하겠다고 말했다.

온달은 어쩔 줄을 몰라 하기만 했다. 그 어머니가 다시 거절의 말을 했다.

"제 자식은 매우 누추해서 귀인의 배우자가 되기에 부족하고, 저희 집은 찢어지게 가난하여 귀인이 묵을 곳이 못 됩니다."

하지만 이런 말로 물러설 평강 공주가 아니었다.

"옛말에 이르기를, 곡식 한 말도 찧을 수 있고 삼베 한 자도 꿰맬 수 있다고 했습니다. 진실로 마음을 같이 할 수 있다면 그만이지, 부자여야 혼인할 수 있는 건 아닙니다."

평강 공주는 가지고 나온 팔찌를 팔아 집과 노비, 소와 말, 농사지을 땅, 살림살이 장만까지 모두 해치웠다. 특히 말을 고를 때는 온달에게 주의를 주어 시장으로 내보냈다.

"시장 사람들이 파는 말은 볼 것이 없고, 나라에서 기르던 말 중 병 들고 쇠약해져 내놓은 것이 있으면 사오도록 하세요."

왕실이 관리하던 말은 종자 자체가 다른 것이니, 온달이 사온 말을 잘 보살피자 말은 건강을 회복하고 늠름하게 자라났다.

이 부분까지의 이야기는 재미있고 극적인데, 후대에 과장되어 전해진 이야기라 보통 판단한다. 그런데 이후 이야기는 역사적 사실이라고 보는 것이 일반적이다.

고구려에서는 매년 봄 3월 3일이면 낙랑 언덕에서 사냥 대회를 열었다. 온달도 말을 타고 이 대회에 참석했다. 온달은 무리의 제일 앞에서 달렸고 노루와 멧돼지 또한 가장 많이 잡았다. 평원왕은 눈에 확 띄는 이 무사를 불러서 이름을 물었다. 온달이라는 이름을 듣고는 바보 온달이 이런 무사였던가 하며 특이하게 생각했다. 평강 공주와 혼인한 것을 알았다면 이렇게 이야기하지 않았을 것이다. 이때 미천한 가문 출신의 온달이 발탁되었다고 보는 것이 타당하다.

후주의 무제재위 561~578년가 요동을 침공하자 평원왕은 직접 방어에 나섰다. 온달은 선봉장을 맡아서 적을 참수하기가 수십 명에 이르렀다. 온달의 맹활약에 힘입어 후주군을 물리칠 수 있었다. 온달은 일등 공신이 되었다. 이때 평원왕이 기뻐하며, "이 사람이 내 사위다!"라고 말했다. 대형고구려의 제7 관등의 벼슬이 내려졌다. 사실 평강 공주와 혼인은 이때 이루어졌을 것이라고 본다.

그리고 양원왕재위 545~559년이 즉위한 뒤에 온달은 신라를 쳐서 한강 유역의 잃어버린 영토를 회복하겠다고 진언한다.

"영토를 회복하지 못한다면 돌아오지 않을 것입니다!"

온달은 파죽지세로 신라군을 무찔러 나갔다. 그러나 하늘이 돕지 않았는지 아단성 아래에서 그만 화살에 맞아 쓰러지고 말았다.

온달은 맹세에 따라 죽어서도 그 땅을 떠나려 하지 않았다. 평강 공주가 비보에 달려와 온달의 관을 어루만지며 말했다.

"생사가 결정되었으니 돌아갑시다."

평생 아내의 말을 잘 들었던 온달은 죽어서도 아내의 말에 복종했다. 평강 공주의 말에 관이 움직여 장례를 치를 수 있었다.

온달의 죽음 이야기도 후대에 붙여진 설화이다. 하지만 미천한 신분의 온달을 평강 공주가 진실로 사랑했기에 이와 같은 설화가 후대에 남게 된 것임은 분명하다. 이 설화는 신분이라는 공고한 장벽을 능력을 통해서 허물 수 있다는 희망을 주는 이야기로 두 남녀의 사랑 속에 남아서 전해져 왔다.

온달은 한강 유역을 되찾기 위해 출정했다가 전사했으므로 그가 싸운 곳은 한강변일 것이라 짐작했다. 광진구 모 호텔 근처의 아차산이 기록에 나오는 온달이 죽은 아단성이라고 생각하기도 한다. 한강 상류인 단양도 온달이 전사한 곳의 후보 중 하나다. 이곳에는 온달산성, 온달동굴이 있다. 온달산성은 신라의 축성 기법으로 지어진 곳으로 밝혀져 후대에 다시 지어진 것인지 온달과 관련이 없는 곳인지 잘 알 수 없게 되었다.

귀신이 되어도 여자를 만난 진지왕

진흥왕의 태자는 원래 동륜이었는데 일찍 죽었다. 둘째인 금륜이 왕위에 올라 진지왕이 되었다. 동륜에게는 아들이 있어서 왕위 계승 서열을 가지고 있었다고 할 수 있다. 진지왕은 마치 수양대군처럼 조카의 왕위를 빼앗은 셈이다.

신라 제25대 진지왕재위 567~579년은 진흥왕의 둘째 아들이다. 이름은 사륜인데 금륜이라고도 한다. 형인 태자 동륜이 일찍 죽어서 왕위에 오르게 되었다. 륜은 수레바퀴를 뜻하는 말로 불교의 영향으로 지어진 이름임을 알 수 있다. 금이나 사는 모두 쇠를 가리키는 말이다. 지금이라면 철륜이라고 했을 것이다.

『삼국사기』만 보면 사륜, 즉 진지왕은 딱히 이상할 것이 없는 평범한 왕이었다. 당대 영웅인 거칠부?~579를 상대등으로 삼아 국정을 담당하게 했고 백제와의 전쟁에서 번번이 승리했다. 재위 기간이 4년밖에 되지 않은 아쉬운 왕이었다고도 할 수 있겠다. 다만 약간 이상한 점이 있다. 진지왕의 형, 즉 태자 동륜에게는 아들인 백정, 백반, 국반이 있었다.

백반과 국반은 석가모니의 작은 아버지 이름이다. 백정도 불교 용어이다. 신라 왕실에 불교의 영향이 깊이 배어들어 있음을 알 수 있다. 이렇게 태자의 아들이라는 정당한 왕위 계승권자가 있었음에도 숙부인 사륜이 왕의 자리를 차지했던 것이다.

이 사태에 대한 진실은 『삼국유사』에 전설 형태로 전해지고 있다. 진지왕이 나라를 다스린 지 4년 만에 정사가 어지러워지고 주색에 빠져 지냈기 때문에 나라사람들이 그를 폐위시켰다. 폐위된 뒤 세상을 떠났다고 전하는데 세상을 떠난 뒤의 이야기가 『삼국유사』에 계속 적혀 있다.

진지왕이 생전에 좋아했던 여인이 있었다. 문제는 이 여인이 유부녀였다는 것이다. 귀족 집안도 아니고 민가의 여자였는데 얼굴이 도화꽃처럼 예쁘다고 해서 도화랑桃花娘이라고 불렀다.

진지왕은 도화랑의 미모에 대한 이야기를 듣고 욕심이 움직여 그녀를 궁으로 불러들였다. 마치 개루왕이 도미의 부인을 찾은 이야기와 흡사하다.

진지왕이 자기 욕심을 채우려 하자 도화랑이 말했다.

"여자의 지킬 바는 두 남편을 맞지 아니하는 것입니다. 지아비가 있는데 다른 사람을 따르는 것은 비록 제왕의 위엄이라 해도 있을 수 없는 일입니다."

진지왕이 놀라서 물었다.

"널 죽인다면 어찌 할 것이냐?"
"목을 베어 시장에 걸어놓는다 해도 다른 마음을 먹을 수 없습니다."

깜찍한 대답이라 생각한 진지왕이 놀리듯이 말했다.

"그럼 말이다. 네 남편이 없으면 가능하냐?"

설마 남편을 죽이겠다는 말은 아닐 것이라고 생각한 도화랑이 고개를 끄덕였다. 진지왕이 호탕하게 웃으며 그녀를 집으로 돌려보내주었다.

이 해가 진지왕이 즉위한 지 4년째였다. 진지왕은 폐위되고 얼마 안 되어 죽었다고 한다. 그런데 그로부터 2년 후 도화랑의 남편이 죽었다. 남편이 죽고 난 지 열흘 후, 진지왕이 도화랑의 집에 나타났다. 생전과 다를 바 없는 모습이었다.

"네가 예전에 남편이 없으면 나를 허락하겠다고 했다. 지금 네 남편이 없으니 가능하겠느냐?"

도화랑은 쉽게 결정할 수 없는 일이라 여기고 부모에게 나아가 진지왕의 방문을 알렸다. 이때 그 부모는 친부모였을까, 아니면 시부모였을까 궁금한데 정확히 알 수는 없다.

부모가 말했다.

"임금님의 명을 어찌 거절하겠느냐?"

도화랑은 이렇게 해서 진지왕의 혼령과 밤을 지내게 되었다. 진지왕은 7일간 머물렀는데 그동안 늘 집 안에 오색구름이 덮이고 향기가 방 안에 가득했다. 7일이 지나자 홀연히 왕의 자취가 사라졌다.

얼마 안 가 도화랑은 임신을 한 것을 알게 되었다. 해산할 때 천지가 진동하더니 사내아이를 낳았다. 이름을 비형랑鼻荊郞이라 하였다. 랑은 한자가 같아서 여자 이름에도 붙고 남자 이름에도 붙는 것처럼 보이는데 하나는 사내 랑郞이고 다른 하나는 아가씨 랑娘이다. 한자 모양이 다르다.

진지왕에게는 용춘이라는 아들이 이미 있었고 용춘의 아들이 후일 왕위에 오르는 태종무열왕재위 654~661 김춘추이다. 그런 그에게 정체가 불분명한 비형이라는 서자가 있었던 셈이다. 상식적으로 생각하면 귀신이 사람에게 임신을 시킨다는 것은 있을 수 없는 일이다. 때문에 진지왕이 폐위된 뒤 바로 죽은 것이 아니라 몇 년간 유폐되어 있었다고 생각하기도 한다.

진평왕은 진지왕의 서자가 궐밖에 있다는 것을 알고 그를 불러들여 궁중에서 길렀다. 15세에 집사 벼슬을 주었는데, 비형이 밤마다 궁에서 먼 곳으로 가서 노는 것을 알았다.

진평왕은 전왕을 폐위시키고 왕이 된 몸이다. 정당한 왕위 계승권자의 행동이었다고 해도 걱정이 되는 일이 아주 없다고는 볼 수 없을 것이다. 그런 마당에 전왕의 서자가 밤마다 궁을 빠져나가면 더욱 걱정스러웠을 것이다. 진평왕은 용사 50명에게 비형을 감시시켰는데 비형은 번번이 빠져나갔다. 용사들이 비형을 미행한 결과 비형은 귀신들과 함께 놀다가 절에서 치는 새벽 종소리에 귀신

신라 귀면와
신라인들이 만들었던 귀신의 형상
(국립경주박물관).

이 흩어지고 나서야 궁으로 돌아왔다.

보고를 받은 진평왕이 비형을 불러 물었다.

"네가 귀신들과 논다는 것이 정말이냐?"
"그렇습니다."
"그게 정말이라면 귀신들을 시켜서 다리를 만들어보아라."

비형은 정말 귀신들을 부려서 하룻밤 사이에 다리를 뚝딱 만들었다. 이 다리를 귀신다리라고 불렀다.

비형의 재주를 본 진평왕은 귀신 중에 인재가 있느냐고 물었고 비형이 길달을 추천하여 집사 벼슬을 주고 신하로 삼았다. 길달의 재주가 뛰어나 그를 고관의 양자로 넣어주기까지 했다. 길달은 흥륜사 남쪽 문루에서 종종 잠을 자서 이 문을 아예 길달문이라고 부르기까지 했다. 그런데 무슨 이유였는지 길달이 어느 날 여우로 변해서 달아났다.

비형은 수하의 귀신을 부려서 길달을 잡아 죽였다. 이후 귀신들은 비형의 이름을 두려워하게 되었다. 민간에서는 비형을 찬양하는 시를 적어서 귀신을 쫓는 부적으로 삼았다고 한다.

이런 이야기는 아마도 태종무열왕이 자신의 가문을 높이기 위해 만들어냈을 가능성이 있다. 황음무도한 왕으로 알려진 진지왕이 사실은 약속을 철석같이 지키는 사람이었으며 죽어서도 귀신을 쫓아내는 신령스러운 아이를 만들어낼 수 있는 위인이었다는 금칠을 한 것으로 생각할 수 있다.

태종무열왕이 즉위할 때 반대가 상당히 있었던 것으로 볼 수 있다. 왕실에 가깝기로는 그보다 나은 이가 없었음에도 신하들은 화백회의 의장이었던 알천에게 섭정을 부탁했었다. 알천이 사양하고 김춘추를 지목함으로써 김춘추가 왕위에 오를 수 있었다. 이렇게 된 이유는 할아버지인 진지왕의 실정이 큰 몫을 했을 것이다. 김춘추와 그 후계자들의 입장에서는 어떻게든 진지왕의 이미지를 세탁할 필요가 있었다고 봐야겠다.

형의 이름이 구리를 뜻하는 동륜인데, 동생은 금이라는 글자를 이름에 가지고 있으니 뭔가 순서가 잘못된 것 같을 수 있는데 금륜의 다른 이름이 사륜이다. 즉 금륜의 금은 황금을 가리키는 것이 아니라 쇠를 의미하는 것으로 본다. 진지왕이 왕위에 오른 것은 당대 최고 실력자인 거칠부가 후원했기 때문으로 보기도 한다.

신라에 온
가야 왕실 이야기

금관가야는 멸망 후 신라 왕실에 합류하였다. 이들은 외부 세력으로서는
도달한 적이 없는 진골 신분에 편입할 수 있었다. 그리고 그만큼의 보답을
해나갔다. 하지만 큰 공에도 불구하고 혼맥을 잇는 것은 쉽지 않았다.

    신라에는 김씨 가문이 둘 있었다. 계림의 황금알에서 나와 신라의 왕위를 차지한 왕족 김씨가 그 하나고, 금관가야 수로왕의 후손으로 신라에 항복한 김씨가 다른 하나다. 두 번째 김씨를 새로운 김씨라고 신김씨라고 불렀다. 김씨는 신라의 신분 계급에서 진골이었고, 신김씨도 진골의 신분을 받았다.

    하지만 김씨라고 해서 신라 왕족 대우를 받은 것은 아니었다. 금관가야의 마지막 왕인 구형왕재위 521~532이 신라에 항복한 뒤에 왕자였던 김무력은 신라의 장군이 되었다. 김무력은 진흥왕이 한강 하류 지방을 차지한 다음에 신주도행군총관新州道行軍摠管이라는 지위에 올라 지금의 서울 일대를 통치했다. 그는 백제 성왕이 신라를 침공했을 때 성왕과 백제 장군 네 명, 일만여 병사를 잡아서 참수형에 처한 바 있다. 백제를 멸망시켰을 수도 있는 큰 공을 세웠던 것이다. 김무력에게는 김서현이라는 아들이 있었다. 아들도 아버지의 뒤를 이어 신라의 장군이 되었다.

서현은 굉장한 꽃미남이었던 모양이다. 서현이 하루는 서라벌 길거리를 지나가다가 미모의 아가씨를 보았다. 두 사람의 눈에서 불꽃이 튀는 순간 서현이 윙크를 날렸다. 여기에 바로 넘어온 미모의 아가씨. 알고 보니 이 아가씨는 어마어마한 집안의 따님이었다. 이름은 만명으로, 법흥왕의 동생이자 진흥왕의 아버지인 입종 갈문왕의 손녀이며, 고모는 당금 주상인 진평왕의 왕비 만호부인이었다. 그러나 서현은 왕족 중의 왕족 아가씨인 만명에게는 비할 바가 없는 망국의 후손이었다. 비록 아버지가 큰 공을 세운 바 있다고 해도 신라 왕실에서 보면 하찮은 존재일 수밖에 없었다.

하지만 이 청춘남녀는 금방 불타올랐다. 마침 서현이 만노군**충북 진천군**의 태수로 임명을 받자 만명은 서현과 함께 만노군으로 가기로 결심했다. 만명의 아버지 숙흘종은 그제야 딸이 서현과 깊은 관계가 되었다는 것을 알았다. 불같이 노한 서현은 만명을 붙잡아 옥에 가둬 버렸다.

이를 두고 볼 서현이 아니었다. 『삼국사기』에는 느닷없이 벼락이 옥문을 쳐서 옥졸들이 우왕좌왕 할 때 뚫린 구멍으로 만명이 달아났다고 적혀 있다. 벼락이 옥문에 칠 이유가 없으니 이것은 필시 서현이 꾸민 탈옥계였을 것이다.

서현은 만명과 함께 만노군으로 달아났다. 둘은 그곳에서 사랑의 결실을 낳았는데, 그 아기가 바로 삼국통일의 주역인 김유신이었다. 아이가 태어나자 장인 숙흘종도 어쩔 수 없이 서현을 사위로 인정한 모양이었다.

그후 서현은 전장에서 목숨을 건 전우를 만났는데 그가 폐위된

김유신 묘

사적 제21호. 경상북도 경주시 충효동에 있다.

진지왕의 아들 김용춘이었다. 김용춘은 왕이 될 운명이었지만, 아버지의 폐위로 권력에서 멀어진 상황이었고, 망국 금관가야의 후예인 서현도 비슷한 처지였기에 더 가까워질 수 있었던 것 같다. 김용춘의 아들이 후일 김유신의 도움으로 왕위에 오르는 김춘추, 즉 태종무열왕이다.

김유신은 신라 왕실의 사람이 아니면서 왕으로 추존된 유일한 인물이다. 흥무대왕으로 추존되었다. 그러나 김유신 이후에는 역시 신라 정통 김씨가 아니었다는 이유로 홀대를 받은 것 같다. 김유신의 손자로 김윤중이라는 사람이 있었는데 성덕왕재위 702~737 때 발해 공격에 참여했다. 이 공격은 당나라의 요청에 의한 것이었는데 김유신의 손자라고 하자 꼭 참전시키라고 당부했다. 성덕왕은 김윤중을 총애했으나 주변 신하들이 견제를 했다.

훗날 혜공왕재위 765~780 때 김윤중의 아들 김융이 반란을 일으켰다가 참수형을 당하는 일이 생겼다. 혜공왕 때는 귀족들의 반란이 끊이지 않았는데 김융이 반란을 일으킨 이유는 불분명하다. 어쩌면 정말 반역을 일으킨 것은 아닐지도 모른다. 『삼국유사』에는 이런 이야기가 전한다.

김유신의 무덤에서 회오리바람이 일어나더니 준마를 탄 장군이 나타났다. 그 뒤에 갑옷을 입고 무기를 든 40여 명의 군사가 있었다. 이들은 미추왕의 능으로 가더니 그 안으로 들어갔다.

능 안에서 소리가 들렸다.

"신은 평생에 난국을 구제하고 삼국을 통일한 공이 있었습니다. 지금은 혼백이 되어 나라를 진호하여 재앙을 없애고, 환란을 구제하는 마음을 잠시도 가벼이 하거나 바꾸지 않았습니다. 지난 경술년770년에 신의 자손이 죄도 없이 죽음을 당하였으니 군신들이 저의 공훈을 생각지 않습니다. 신은 다른 곳으로 멀리 가서 다시는 힘쓰지 않으려니 왕께서 허락하여 주십시오."

그러나 미추왕이 허락하지 않았다. 김유신의 혼령은 세 번을 청했지만 모두 거절당하자 다시 회오리바람과 함께 무덤으로 돌아가버렸다.

경술년은 바로 김융이 반란을 일으킨 해다. 미추왕은 김씨로 처음 왕이 된 사람이다. 김유신이 미추왕릉을 찾았다는 것은 바로 이런 점에 주목한 것이라고 할 수 있겠다. 김유신 가문은 가야계지만 같은 김씨로서의 대접을 받았으므로 최초의 김씨 왕인 미추왕을 찾아간 것이다. 이 소식을 들은 혜공왕은 신하를 보내 김유신 무덤에 사과하게 하고 김유신이 세운 절에 밭을 바치게 했다.

김유신의 혼령이 실제로 나타날 일은 없었겠지만 이 설화는 그만큼 김유신이 신라 사람들의 마음에 큰 영향을 주고 있었다는 증거라 하겠다.

신라 왕실이 흉노에서 왔다고 말하는 사람들이 있다. 신라 왕실이 남긴 금석문에 흉노의 왕자로 한무제 밑에서 일한 김일제를 조상이라고 말한 것도 있다. 그러나 신라 왕실이 흉노의 후예일 가능성은 없다. 신라가 흉노로 대표되는 북방 문화를 적극적으로 받아들인 것은 사실이지만, 조상이 외부에서 왔다고 주장하는 것은 역사에 흔히 나타나는 자기 조상 금칠하기와 다르지 않다.

무왕은 정말 선화공주와 결혼했을까?

무왕 서동과 진평왕의 딸 선화 공주 사이의 로맨스는 정말 유명한 이야기다. 그러나 미륵사지 석탑에서 사리봉안기가 나오면서 그 진실이 의심받게 되었다.

백제 서울 남쪽의 연못가에 살던 과부가 연못에서 나온 용의 아이를 낳았는데 이 아이가 서동이라 불렀다. 그가 마마를 한자로 서薯라고 씀를 캐는 아이였기 때문이다. 서동은 신라의 선화 공주가 아름답다는 말을 듣고 신라로 떠났다. 마를 캐는 가난뱅이 주제에 신라의 공주를 아내로 얻겠다는 꿈을 가진 것이다. 자신의 외모와 재능에 자신만만했던 모양이다. 신라에서 백제 사람이라는 게 들통 나면 곤란하니까 머리를 밀었다. 아마 중으로 위장했을 것이다.

서동이 가지고 간 것은 마밖에 없었다. 마는 '산에서 나는 장어'라고도 하고 산에서 나는 약이라는 뜻의 '산약'이라는 이름도 가지고 있다. 서동은 이 마를 서라벌의 아이들에게 나눠주며 환심을 샀다. 아이들이 서동을 따르게 되자 서동은 노래를 지어서 아이들이 부르게 다니게 했다.

선화 공주님은

남 몰래 사귀어 두고

서동방을 밤에 몰래 안고 간다.

노래가 서라벌에 퍼져나가자 선화 공주는 난처한 처지에 놓였다. 처녀가 음탕하다는 소문이 퍼진 터라 신하들도 들고 일어나 벌을 내려야 한다고 간언하게 되었다. 진평왕은 어쩔 수 없이 선화 공주를 귀양 보내게 되었다.

선화 공주의 모후는 쫓겨나는 딸이 안타까워 황금 한 말을 여비로 만들어주었다. 선화 공주가 귀양지 가까이 이르렀을 때, 한 남자가 나타나 말을 걸었다.

"공주님을 모시고 싶습니다."

귀양지로 가면 어떻게 생활할지 막막했던 선화 공주는 의지가 되는 남자가 나타나자 받아들였다. 서동은 금방 선화 공주의 신뢰를 끌어냈다. 결국 둘의 정이 깊어져 같이 밤을 지내게 되었고, 그제야 남자의 이름이 서동이라는 것을 알았다. 선화 공주는 동요가 공연히 나돈 것이 아니라 자신의 운명이었다고 생각하게 되었다. 서동은 자신이 백제인이라는 것을 밝혔고 선화 공주는 그를 따라 백제로 왔다.

서동의 집에 도착한 선화 공주가 모후가 준 황금을 꺼내서 향후 계획을 궁리하자, 서동이 크게 웃으며 말했다.

"이게 뭡니까?"

선화 공주는 서동이 촌사람이라 황금을 처음 본 줄 알고 말했다.

"이건 황금이라는 것으로 이만큼이면 백 년을 먹고살 만합니다."

서동이 태연하게 말했다.

"내가 어려서 마를 캐던 곳에 황금을 산처럼 쌓아두었습니다."

공주는 크게 놀랐다. 알고 보니 서동은 천하제일의 거부였던 것이다. 그는 마를 캐서 먹고 사는 척했으나 사실은 웅대한 꿈을 가지고 있었던 인물이었다.

선화 공주는 엄청난 황금을 보고 신라의 부왕에게 보내주고 싶어 했고, 서동은 그 부탁을 들어주었다. 진평왕은 엄청난 황금을 얻고 감탄하여 서동에게 감사의 편지를 보냈다. 이로부터 서동은 인심을 얻어 백제의 왕위에 올랐다. 바로 백제의 무왕재위 600~641년이 서동이다.

왕이 된 뒤에 두 부부가 불공을 드리러 갈 때 미륵불이 나타나서 절을 세워달라는 부탁을 했다. 그렇게 해서 지은 절이 미륵사인데, 지금도 남아 있다.

이 이야기는 『삼국유사』에 전해진다. 『삼국사기』에서는 무왕이

선왕인 법왕의 아들로 기록되어 있다. 과연 민간의 소년이 왕위에 오르는 게 가능할까? 적국의 공주를 아내로 맞는 게 가능할까? 불교 설화를 수록한 『잡보장경』에는 선화 공주 이야기와 비슷한 이야기가 실려 있다.

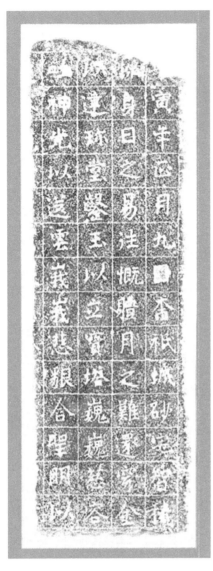

백제 사택지적비 탁본
사택 가문이 대가문이었다는 것을
보여주는 비석이다.

석가모니와 같은 때 태어난 바사닉波斯匿왕이 있었는데, 그에게는 선광 공주라는 딸이 있었다. 어느 날 바사닉왕은 선광공주에게 "내 덕에 너는 사랑받고 존경받는 것이다"라고 말했는데, 선광 공주는 "제 힘으로 사랑받고 존경받는 것입니다"라고 대답했다. 화가 난 바사닉왕은 성에서 가장 가난한 거지를 불러서 선광 공주를 시집보냈다. 선광 공주는 거지가 옛날 살던 집에 가자고 했는데, 그곳에 가자 땅이 허물어지면서 보물이 모습을 드러냈다. 뒷날 바사닉왕이 딸을 찾아왔다가 딸이 자기 힘으로 잘 사는 것을 보고 크게 뉘우쳤다.

이 이야기는 선광 공주가 주체적인 힘으로 이야기를 끌고 가는 것이고, 서동의 이야기는 서동이 주체적으로 이야기를 끌고 간다는 점에서 큰 차이가 있다. 이런 이야기 이외에도 몇 가지 비슷한 유형의 이야기를 가지고 말하는 경우가 많지만 모두 여자가 이야기를 주도한 경우이고 남자는 여자로 인해 잘된 경우에 속한다. 다른 이야기의 남자들은 출신이 미천하여 황금을 몰랐다는 설정이지만, 서동의 이야기에서 정말 서동이 황금을 몰랐는지는 애매한 부분이 있다. 무왕과 선화 공주의 결혼이 역사적 사실이라면 황금 부분부터는 후대에 『잡보장경』 같은 이야기가 덧붙여지면서 앞뒤가 맞지 않게 된 것일 수도 있다.

그런데 이 이야기가 사실인가 아닌가를 논하는 데 있어 큰 증거가 2009년 1월에 나타났다. 쓰러질 것 같아서 일제강점기 때 콘크리트로 고정시켰던 미륵사지 서탑의 복원 공사 때 서탑의 심주석 사리공 안에서 금으로 된 판에 적힌 「사리봉안기」가 나온 것이다. 거기에 다음과 같은 문구가 있었다.

우리 백제 왕후께서는 좌평 사택적덕의 따님으로……. 가람을 세우고 기해년 정월 29일에 사리를 받들어 봉안하였습니다.

무왕의 왕비가 선화 공주가 아니라 백제 사택 가문의 딸이라는 당대 기록이 나온 것이다. 기해년은 639년으로 백제 무왕 40년이 된다. 무왕이 죽기 2년 전이었다. 기록이 나오자 선화 공주는 단지 설화의 주인공일 뿐 무왕의 왕비가 아니라는 주장이 큰 힘을 얻었다. 특히 무왕의 아들인 의자왕의 출생 연대약 595년가 알려지면서 그 무렵 선화 공주는 나이가 너무 어려서 아이를 낳을 수 없었다는 점이 증명되었다.

그렇다면 선화 공주는 단지 재미있는 설화 속 주인공일 뿐일까? 아직도 역사학계에서는 신라 공주가 백제왕에게 시집을 간 것은 역사적 사실일 것이라고 주장하는 학자가 적지 않다.

7세기 초 고구려는 신라와 백제 양국을 모두 압박했기 때문에 두 나라가 손을 잡을 필요가 있었을 것이며, 그 때문에 양국 간 혼인을 맺었을 가능성이 충분히 있다고 본다. 미륵사의 경우도 「사리봉안기」에는 미륵 신앙에 대한 내용이 전혀 없는데, 미륵사 자체가 미륵 신앙미륵불을 받음으로 지어진 아주 독특한 형태이므로 사택 왕후가 사택 가문이 신봉하는 법화신앙석가모니를 받음에 따른 「사리봉안기」를 바친 것이라 해석할 수도 있다. 선화라는 이름도 미륵신앙에서 나오는 이름이라 흥미로운 부분이다.

사실이건 사실이 아니건 흥미로운 이야기는 오랜 세월을 살아남아 사람들에게 영향을 준다. 서동요 역시 우리에게 많은 이야깃거리를 던져주는 오래된 이야기 중 하나인 것이다.

무왕과 선화공주의 혼인이 사실이라면 언제 이루어졌을까? 무왕은 신분이 미미한 상태에 있다가 왕으로 추대되었을 것이며 그렇다면 설화처럼 왕이 되기 전에 혼인을 하지는 못했을 것이고 즉위 이후에 혼인이 이루어졌을 것이다. 의자왕이 출생했을 때 진평왕은 30세 정도여서 진평왕의 셋째 딸이 의자왕을 낳을 가능성은 없다. 윤진석 박사는 의자왕의 생모는 사택적덕의 딸일 수 없고 한미한 집안의 부인이었을 가능성을 따진 뒤, 의자왕 정국의 불안정이 여기에서 비롯된 것으로 분석한 바 있다.

김유신을 사랑한 기녀

　　김유신은 열다섯 살에 화랑이 되어 낭도들을 거느렸다. 그의 낭도들을 일컬어 용화향도龍華香徒라고 불렀다. 용화라는 말은 미륵신앙에서 신성한 나무를 가리키는 말이라서 이 용화향도는 미륵불을 숭상하는 종교집단과 같은 성격을 가지고 있다고들 말한다.

　　종교집단이라면 당연히 엄숙, 근엄, 진지한 성격을 지녀야할 것이다. 그러나 김유신은 이 무렵에 엄한 훈육에 지쳐 있었던 것 같다. 김유신의 어머니 만명부인은 남편 김서현과의 결혼을 집안이 반대하자 집에서 빠져나와 동거를 감행한 여걸이었다. 그녀는 아들 김유신을 엄하게 단속했다. 친구를 사귐에도 일일이 간섭하여 허튼 친구는 가까이 두지 못하게 했다.

　　그런 김유신이 일탈했다. 김유신이 어떤 경로로 천관을 만나게 된 것인지는 알 수 없다. 천관의 집은 술과 고기를 파는 곳, 즉 주점이었다. 추측하건대 김유신과 낭도들이 한 잔 하러 가서 그곳에서 일하던 여종 천관을 만났을 것이다.

　　천관에게 김유신은 푹 빠져들었다. 그의 첫사랑이 시작된 것이다. 김유신이 늘 늦고 술에 취해서 돌아오던 끝에 드디어는 천관의 집에서 하룻밤을 보냈다. 만명부인은 술에 취해 살던 김유신이 아예 집에도 오지 않자 더는 두고볼 수 없다고 생각했다. 만명부인은 그날 아침에야 들어온 김유신을 불러 앉혀놓고 대성통곡을 했다.

"어머니, 왜 이러십니까?"

당황한 김유신이 어쩔 줄 몰라 하자 만명부인이 말했다.

"나는 이미 늙었다."
"어머니는 아직 끄떡없으십니다."
"나는 그저 네가 얼른 성장해서 공명을 세우고 임금님과 부모의 명예롭게 만들어주기를 바랄 뿐이다."
"꼭 그리 되겠습니다."

만명부인의 눈에서 노여운 빛이 쏟아졌다.

"그런데 너는 술과 고기를 파는 주점에서 노느라 정신이 없지 않느냐! 대체 어쩔 생각이냐!"

김유신이 고개를 숙였다. 김유신은 절정의 무공과 지략을 지닌 천재였으나 신분상 큰 약점을 가지고 있었다. 아버지 서현이 김씨 성을 가지고 있기는 하였으나 신라의 왕족은 아니었다. 그는 멸망한 가야의 후손으로 금관가야의 마지막 왕 구형의 손자였다. 할아버지 무력이 백제 성왕의 목을 베는 큰 공을 세웠지만, 그 아들 서현은 신라 왕족인 만명과 혼인을 허락받지 못했었다. 김유신 역시 신라 진골과 혼인할 수 있을지 알 수 없는 노릇이었다. 그런데 벌써부터 여자 문제로 구설수에 오른다면 김유신의 혼삿길은 영영 막힐 터였다.

사랑의 무서움은 만명부인이 더 잘 알고 있었다. 더 깊이 빠지기 전에 일찌감치 싹을 잘라야만 했다. 김유신은 어머니에게 다시는 천관을 만나러 가지 않겠노라고 약속했다.

"소자는 향후 절대 그 집 문을 통과하지 않을 것입니다!"

김유신은 약속을 지켰다. 술집은 많이 있었으니 굳이 천관의 집에 가서 마시지 않아도 상관없었다. 하루는 김유신이 만취해서 말 위에 엎어져 있었는데, 붉은 갈기를 지닌 김유신의 말은 스스로 길을 잡아 자주 가던 술집을 향했다. 바로 천관의 집으로 간 것이다.

오랜만에 김유신이 찾아왔다! 천관은 눈물을 흘리며 대문 앞으로 나가 김유신의 소맷자락을 잡았다.

"어찌 이리 소첩을 찾지 않았습니까? 이리 와주시니 기쁘기 한량없고 원망도 한량없습니다."

김유신은 그때 정신을 차렸다.

"이게 무슨……."

애마가 혼자 길을 잡아 천관의 집에 온 것이다. 김유신은 칼을 뽑아들었다. 일찍이 열박산에서 신령에 빌어 별빛이 깃든 보검이다.

"낭군, 왜……."

김유신은 칼을 휘둘렀다. 붉은말의 목이 단칼에 떨어졌다. 김유신은 그대로 돌아섰다. 보석과 금으로 치장된 안장도 챙기지 않았다. 천관은 공포와 분노에 떨었다. 김유신과 천관은 그 이후에는 만난 적이 없었다. 김유신은 돌아가 자신이 천관의 집에 가게 내버려둔 하인도 채찍질했다.

천관은 자신의 심정을 한 편의 시로 남겼는데 이름 하여 원망의 노래, 「원사怨詞」라 불렀다. 천관이 죽은 뒤 그의 집은 절이 되었고, 절 이름에 천관의 이름을 그대로 써서 천관사라 불렀다. 고려 의종~명종 때 문신이었던 이공승1099~1183이 이 일을 가지고 지은 시가 있다.

절 이름이 천관인 것은 사연이 있으니, 寺號天官昔有緣

홀연히 그 유래 들으니 처연하구나. 忽聞經始一悽然

흠뻑 취한 공자는 꽃 아래서 놀았으나, 倚酣公子遊花下

원망스런 가인은 말 앞에서 울었도다. 含怨佳人泣馬前

붉은말은 정이 있어 옛 길을 알았는데, 紅鬣有情還識路

하인은 무슨 죄로 부질없이 채찍을 맞았던고 蒼頭何罪謾加鞭

다만 남은 한 곡조의 가사가 오묘하여, 唯餘一曲歌詞妙

달에서 함께 잔다는 말 만고에 전해 오네.

蟾兎同眠萬古傳

천관이 지은 노래는 지금은 전해지지 않으
나 이공승의 시로 보면 그 마지막에 이승에
서 이루지 못한 사랑을 달에서나마 이루고자
하는 내용이 들어 있었음을 짐작할 수 있다.
신분과 관습이 지배하던 시절의 비극적인 이
야기다.

고려 때 지어진 이공승의 시와는 달리 조
선 후기 실학자 이익이 지은 시에서는 "대장
부가 뜻을 지녔으니 나는 마땅히 외롭게 홀
로 살겠어요"라는 말로 끝맺는다. 조선 시대

신라 보검 (보물 제635호)
유목 종족이 만든 것과 동일하게 생긴
화려한 보검이다.

의 관념대로 여자는 남자의 뜻에 따라야 한다는 관점이 나타났다고 할 수
있겠다.

이인로1152~1220는 『삼국사기』1145년가 출간되기 이전에 『파한집』에서
이 이야기를 소개했다. 그러나 『삼국사기』에는 천관의 이야기가 적혀 있
지 않다. 아마도 창피한 일이라 생각하여 적지 않았을 것이다.

어떤 사람들은 천관사가 절이었으므로 천관은 여승일 것이라고 말하기
도 하는데, 술과 고기를 파는 술집이라는 말이 이미 나오기 때문에 지나친
억측이라 하겠다.

보희의 꿈,
문희의 혼인

김춘추는 정치적으로 몰락한 가문의 남자로 가야계와 결탁하여 새로운
돌파구를 찾아냈다. 그는 늘 위기에서 새로운 길을 찾아내는 일을 해냈다. 그 첫
단계가 김유신의 누이동생과 혼인한 것이었다.

태종무열왕 김춘추는 잘생긴 사내였다. 『일본서기』에도 용모가 아름답고 성격이 쾌활하다고 적혀 있을 정도다. 그는 귀족으로 친할아버지는 진지왕, 외할아버지는 진평왕이었다. 진지왕이 폐위되지 않았다면 신라 왕자로 당연히 왕위를 이었겠지만, 진지왕이 폐위되면서 정치권력에서 위태로운 지경에 처했을 것이 분명했다.

그런 김춘추가 권력을 위한 돌파구로 택한 사람이 김유신이었다. 두 사람의 관계는 유비와 제갈공명 같은 사이였다고 할 수 있다. 김유신은 가야에서 건너온 새로운 김씨로 집안 대대로 혁혁한 공을 세웠지만 언제나 시기와 의심의 눈초리를 받고 있었다. 이때 신라 왕족 김춘추와의 우정은 정말 소중했을 것이다. 김유신에게는 보희와 문희라는 여동생이 있었다.

새해 초닷새였다. 보희가 꿈을 꾸었다. 서라벌 서쪽의 산에 올라 오줌을 누는 꿈이었다. 오줌이 서라벌에 가득 찼다. 보희가 이 꿈

이야기를 문희에게 했더니, 문희가 그 꿈을 사겠다고 졸랐다.

"공짜는 안 돼. 뭘 주고 사겠니?"

보희가 흥정을 걸었다.

"내 비단 치마를 줄게."
"호호, 그럼 좋아."

문희는 치마폭을 넓게 벌려 잡았다. 보희가 마치 꿈을 던지듯이 손을 휙 흔들었다.

"자, 어젯밤 꿈을 너한테 준다."

꿈이 팔렸다. 문희는 즉각 비단치마를 언니에게 내주었다.

열흘이 지나 대보름날이 되었다. 신라는 옛날 소지 마립간이 까마귀 덕에 죽음을 면한 날이 정월대보름이라 이날을 오기일이라 부르며 잘밥을 지어 까마귀에게 바치는 풍속이 있었다. 달이 밝은 때이니 각종 놀이도 많았을 것이다.

김춘추와 김유신은 혈기방장한 나이였다. 두 사람이 김유신 집 앞에서 축국을 하고 놀고 있었다. 축국은 공놀이를 가리키는데 당나라에서 들어온 풍습일 것이다. 다양한 공차기와 점수 내는 방법이 있다. 그런데 김유신은 노리는 바가 있었다. 공놀이를 하다가 실수한 척하면서 김춘추의 옷고름을 질끈 밟아서 떼어내고 말았다.

"아, 이런. 마침 우리 집 앞이니 들어가서 옷고름을 다시 달도록 하지."

김유신은 태연하게 김춘추를 집 안으로 들였다. 김유신은 바로 술상을 차려 김춘추에게 내놓았다. 김춘추는 널리 알려진 대식가로 먹는 것을 사양할 사람이 아니었다. 그는 한 끼 식사에 밥 한 말, 꿩 세 마리씩 먹어치우는 사람이었다. 김유신은 은밀히 첫째 여동생 보희를 불러서 말했다.

"아해야, 춘추공의 옷고름을 달아드리도록 해라."

아해는 보희의 아명이다. 하지만 보희는 김유신의 청을 거절했다.

"어찌 사소한 일로 가볍게 귀공자와 가까이 할 수 있겠습니까? 더구나 소녀는 몸이 아파 공자 앞에 나갈 수가 없습니다."

김유신의 낯빛이 어두워졌다.

"흠흠, 그럼 아지를 불러 옷고름을 달게 해라."

아지는 문희의 아명이다. 문희는 김유신이 이렇게 나서는 이유를 바로 알아차렸다. 문희는 엷은 화장에 가벼운 옷차림을 하고 김춘추 앞에 다소곳이 앉아 옷고름을 달았다. 빛이 곱게 사람을 비추는 듯했다. 김춘추는 절친 김유신이 왜 여동생을 불렀는지 바로 눈치를 챘다. 『삼국사기』에서는 김춘추가 바로 혼인을 요청해서 식을 올렸다고 하는데, 『삼국유사』에는 다른 이야기가 전해진다.

김춘추는 문희를 한 번 보고 바로 사랑에 빠졌다. 문희 또한 미남자인 김춘추에 마음을 주었다. 두 청춘남녀의 가슴에 불이 붙었다. 틈만 나면 김춘추가 찾아와 문희와 정을 통하니, 결국 아기가 생기게 되었다.

하지만 김춘추는 섣불리 문희와 혼인을 할 수 없었다. 김유신의 아버지 김서현도 신라 왕족인 만명부인과 혼인을 하기까지 우여곡절이 적지 않았다. 신라 왕실은 여전히 가야계를 꺼리고 있었던 것이다. 이런 것을 모를 김유신이 아니었다. 왕실의 허락을 받아내야 하는 것은 일을 꾸민 김유신의 몫이었다.

김유신은 덕만공주선덕여왕가 행차를 하는 때를 골라 일을 꾸몄다. 사서에는 선덕여왕재위 632~647이라고 나오지만 그것은 덕만공주가 후일 여왕이 되었기 때문에 그렇게 쓴 것이고 이 일은 공주 시절에 벌어진 일이다. 김춘추의 첫 아들 법민, 후일의 문무왕재위 661~681이 진평왕 48년626년에 태어났기 때문이다. 김춘추는 603년생이므로 문희와 열애를 하고 있을 때는 이십대 초반이었다. 김유신은 595년생으로 김춘추보다 8살이 많다.

김유신은 먼저 문희가 임신한 사실을 동네방네 떠들어댔다. 김유신의 계획에 따르면 우선 소문이 퍼져야 했다.

"네가 부모님께 고하지도 않고 임신을 하였으니 무슨 까닭이냐!"

이렇게 윽박지르며 야단치는 소리가 담장을 넘어가게 했다. 야단 친 뒤에는 동생을 달래느라 애먹었을지도 모른다.

소문이 서라벌을 넘어 전국에 퍼질 때가 되어서 덕만 공주가 남산에 오른 날을 골라 쇼를 시작했다. 동생을 불태워죽이겠다고 소문을 냈다. 소문만 낸 게 아니라 이번엔 어린 임산부 동생 문희를 장작 위에 올려놓고 불을 질렀다. 물론 처음부터 작정한 쇼였으니, 불은 그 옆에 따로 놓아둔 나뭇가지에 붙였을 것이다. 그것도 연기가 잘 나는 것들로 골라서. 지금도 불이 나면 큰일이니 신라 시대야 말할 나위가 없다. 연기가 올라오는 것을 보고 덕만 공주는 주위를 둘러보며 말했다.

"어디 불이 난 게냐? 무슨 일인지 알아보라."

이미 소식을 듣고 다 알고 있는 측근들이 덕만 공주에게 고했다.

"유신이 자기 누이동생을 불태워 죽이려 하는 것입니다."
"뭐라? 왜 그런 짓을 한단 말이냐?"
"누이동생이 남편 없이 임신했기 때문입니다."

덕만 공주가 혀를 찼다.

"귀신이 그랬을 리는 없고 누가 감히 유신의 누이동생을 임신시킨 거냐?"

그 말에 얼굴이 붉어진 사람이 한 명 있었다. 바로 김춘추였다. 총명하기 그지없는 덕만 공주는 무슨 일이 벌어졌는지 알았다.

"춘추, 네 짓이로구나. 빨리 가서 애인을 구하도록 하라."

김춘추는 부리나케 달려갔다. 왕가의 허락을 구했으니 이제 혼인에 문제가 없었다.

선덕여왕이 즉위한 뒤 신라는 백제의 침공이 거세져 큰 고초를 겪지만, 김유신이 그때마다 출정하여 나라를 지켰다. 김유신이 집에 들를 시간도 없어 우물물을 마셔보고 물맛이 좋으니 집안에 별일이 없겠다고 말하고 바로 전장으로 달려갔던 때도 선덕여왕 때였다. 누이동생과 김춘추를 엮어준 선덕여왕의 은혜를 그렇게 갚았던 것은 아닐까.

보희와 문희의 꿈 이야기는 고려 태조 왕건의 가계 전설에도 그대로 이용이 되었다. 왕건의 선조에 작제건이라는 사람이 있는데, 작제건은 당나라 숙종의 아들이라고 한다. 숙종을 맞이한 진의는 언니가 오줌을 누는 꿈을 사서 숙종과 잠자리를 같이 할 수 있었다. 문희의 사례를 똑같이 베낀 것에서 알 수 있듯이 진짜 있었던 일은 아니다. 이것 역시 해외에서 조상을 찾는 옛날의 흔한 사례일 뿐이다.

여왕을 짝사랑한 남자

삼국시대 이야기들이 『삼국사기』와 『삼국유사』에만 있는 것은 아니다.
지금은 전해지지 않는 책의 이야기들이 따로 전해져 오기도 한다. 선덕여왕을
짝사랑한 지귀의 이야기는 『수이전』에 있었던 이야기다.

신라 선덕여왕 때 일이다. 선덕여왕은 단아하며 엄격한 모습을 지녔으며 곱고 아름다웠다. 이런 선덕여왕을 서라벌 북쪽 활리역에 사는 지귀라는 청년이 짝사랑했다. 고대의 역驛은 사절들이 오가며 묵는 곳으로 말들을 빌려주는 일을 하는 곳이다. 그러니 아마도 지귀는 그곳의 역졸이었을 것이다. 그런 천한 신분으로 신라 최고 신분인 여왕을 짝사랑하게 되었으니 지귀는 가만히 있어도 눈물이 흘러내려 근심과 우울함에 잠길 수밖에 없었다. 그러다 보니 점점 초췌해져가기만 했다.

지귀의 짝사랑이 소문이 나서 여왕도 알게 되었다. 여왕은 지귀를 불러들였다. 하지만 신하들 앞에서 데이트를 할 수는 없는 노릇. 여왕이 지귀에게 살짝 귀띔을 주었다.

"짐은 내일 영묘사에 행차하여 향을 피울 것이다. 너는 그 절에서 짐을 기다리도록 하라."

여왕의 가슴도 살짝 뛰었을 것이다. 지귀는 밤새 두근대는 가슴으로 잠도 못 이루다가 날이 밝자마자 절로 달려갔다. 절의 한 가운데 있는 탑 앞에 앉아서 여왕이 오기만을 기다리다가 그만 잠이 들고 말았다.

지귀가 이곳에 오기 사흘 전, 혜공이라는 스님이 새끼줄을 휘휘 돌리며 찾아온 적이 있었다. 스님은 새끼줄로 금당과 좌우의 경루, 남문의 회랑을 묶어놓고는 절에 있는 스님들에게 이렇게 일러두었다.

"이 줄은 사흘이 지난 뒤에 풀어야 한다."

영문을 알 수 없지만 워낙 이름이 높은 스님의 일이라 새끼줄을 그대로 두었는데, 사흘째 되는 날, 여왕의 행차가 온다는 전갈이 왔다.

선덕여왕은 가마를 타고 절에 도착했는데, 지귀가 그만 잠에 빠져 있는 것을 보게 되었다. 여왕이 향을 피우고 돌아왔을 때도 지귀는 깊은 잠에서 깨어나지 못했다. 초췌한 지귀가 얼마 만에 자는 단잠일 것인가. 선덕여왕은 차마 지귀를 깨울 수 없었다. 지귀의 가슴에 팔찌를 놓고 여왕은 궁으로 돌아갔다.

지귀는 여왕이 돌아간 뒤에야 잠에서 깨어났다. 가슴에 놓인 팔찌를 보고 자기가 무슨 짓을 했는지 알고는 미칠 것만 같은 기분이 되었다. 가슴에서 열불이 뻗쳐올라 오는 듯하더니 심화가 온 몸을 불태워버리기에 이르렀다. 지귀는 불귀신이 되어 영묘사를 불태웠다. 다행히 혜공 스님이 새끼줄로 묶어놓은 곳에는 불길이 침범하지 못해 무사할 수 있었다.

화귀가 된 지귀가 서라벌을 종횡하니 도성은 난리가 났다. 선덕여왕은 술사를 불러 주문을 짓게 했다.

지귀의 가슴에서 일어난 불,
몸을 태워 불의 신이 되었네.
푸른 바다 너머로 내보내어
보지도 않고 어울리지도 않으리.

이 주문을 대문에 붙이면 화재를 막을 수 있었다. 비록 불귀신이 되었지만 선덕여왕의 명만은 따랐기 때문이다.

이 이야기는 신라의 설화를 모은 『수이전』에 실린 것으로, 『수이전』은 지금 전해오지 않지만 간단한 줄거리가 『대동운부군옥』에 적혀 있다. 그런데 이 내용의 원전은 원래 불경에 있던 것으로 기원전 2세기 때 용수라는 스님이 쓴 『대지도론』의 '술파가' 이야기이다.

어부 술파가는 구모두 공주를 사랑했다. 짝사랑 때문에 날마다 여위어가니 어머니가 그 연유를 물었다. 신분이 높은 공주를 사랑해봐야 소용이 없는 일이었지만 아들을 그대로 내버려둘 수도 없었다.

어머니는 맛난 고기와 살찐 물고기를 장만해서 궁으로 들어가 공주에게 바쳤다. 공주가 값을 치르려 해도 받지 않았다. 이상하게 생각한 공주가 물었다.

첨성대
첨성대는 선덕여왕이 세운 천문대다.
국보 제31호.

"따로 원하는 것이 있느냐?"
"사실은 제 외아들이 공주마마를 사랑해서 병에 걸렸습니다. 곧 죽을 것만 같으니 그 아이를 가엾게 여겨 목숨을 구해주십시오."

공주는 보름날에 그 청년을 천신의 동상 뒤로 오라고 말했다. 술파가는 뛸 듯이 기뻐하며 동상 뒤에 가 공주를 기다렸다. 그런데 이것을 천신이 알았다. 미천한 백성이 공주를 만난다니 용납할 수 없는 일이었다. 천신은 술파가를 잠에 빠지게 했다. 공주가 와서 술파가를 흔들었으나 술파가는 일어나지 못했다. 결국 공주는 술파가의 가슴에 목걸이를 벗어놓고 돌아오고 말았다.

뒤늦게 깨어난 술파가는 정을 통하려 한 소망을 이루지 못한 것을 알고 한탄하다가 몸 안에서 음욕의 불길이 일어나 온몸이 불에 타 죽고 말았다.

술파가 이야기는 음욕에 대한 경계를 주는 종교적인 이야기다. 지귀 설화는 음욕에 대한 이야기가 아니고 영묘사의 화재라는 사건과 결합하여 불의 신이 탄생하는 이야기이다. 술파가 이야기가 실린 용수의 『대지도론』은 신라에 불교 전파와 함께 전해졌다고 하니, 술파가 이야기도 함께 알려졌을 것이다. 불경에서는 금욕을 강조하는 이야기지만 성적으로 자유분방했던 신라에서는 그런 결론이 잘 받아들여지지 않았을 수도 있다.

선덕여왕은 지귀 이야기에서 홀몸처럼 묘사되지만, 사실은 결혼한 유부녀였다. 여왕이 되기 전에 남편은 죽었을 가능성도 있다. 『삼국유사』에는 남편의 이름이 '음'이었고 갈문왕이었다고 적혀 있다. 갈문왕은 죽은 뒤에 추존되는 명예직 같은 것이라서 선덕여왕보다 일찍 죽었다는 것을 알 수 있다. 신라는 본래 사위가 왕위를 잇기도 했으므로 선덕여왕이 즉위할 때 살아 있었다면 왕위를 물려받았을지도 모른다.

선덕여왕이 만든 첨성대가 무엇인지에 대해서 오랫동안 많은 이야기가 있었다. 천문 관측을 하는 곳이라는 설명이 전통적인 것인데, 일찍이 제사를 지내는 제단이라는 주장이 있었고 새롭게 우물을 형상화한 것이라는 주장이 나와서 논란이 일었다. 선덕여왕을 석가모니의 어머니 마야부인에 빗대어 세워진 왕실 권위의 상징이라는 학설도 제시되었다. 역사 탐구는 끊임없이 새로운 주장으로 이어지고 있다.

수나라의 침략을 막아낸
무명의 요동성주

5~6세기에 고구려 세력은 요서까지 뻗어 있었다. 중국에 통일왕조 수가 등장하면서 요서 지방이 요동치기 시작했다. 583년 수나라가 요서의 유성을 차지했다. 고구려는 수나라가 동쪽으로 세력을 확장하는 것을 그대로 지켜볼 수 없는 입장이었다.

고구려와 수나라 사이의 전쟁은 일반적인 생각과는 달리 고구려의 선제공격으로 시작된 전쟁이다. 598년 고구려 제26대 영양왕재위 590~618년이 직접 군사를 거느리고 요서지방을 공격했다.

수나라는 영양왕의 작위를 박탈하고 군대를 파견했다. 그러나 육군은 장마를 만나 원활하지 않은 보급과 역병에 시달렸고, 수군은 폭풍으로 침몰했다. 하지만 영양왕이 즉각 사과하였고 수나라군은 물러났다. 이때 백제는 사신을 보내 향도를 맡겠다고 고구려 정벌을 요청했으나 수문제는 고구려를 이미 용서했다고 요청을 거절했다.

수나라가 고구려와 일전을 하지 않은 것은 북방의 돌궐 때문이었다. 수나라 입장에서 보면 돌궐이 배후를 칠 수 있는 상황에서 고구려를 상대하기는 어려웠던 것이다. 그래도 수나라가 원한을 잊은 것은 아니었다. 수나라는 요서를 통과하는 데는 보급 문제가 있다는 것을 인지하고 보급을 위한 군사 기지들을 하나하나 설치해 나가기 시작했다.

607년 영양왕은 동돌궐의 지도자 계민가한재위 ?~609에게 사신을 보냈다. 계민가한은 수나라의 지원 아래 동돌궐을 장악한 인물이었을 뿐만 아니라 이때 수양제재위 604~618가 이곳을 방문 중이었다. 고구려 사신은 최악의 상황에 동돌궐에 도착한 것이었다. 계민가한은 사신을 수양제 앞으로 끌고 갔다. 수양제는 고구려 왕에게 탁군으로 와서 인사를 올리라고 말했다.

북방의 정세가 안정되었기 때문에 수양제는 이제 고구려를 상대할 수 있게 되었다. 수양제는 대운하 공사를 완비하고 북방의 돌궐과 서역의 토욕혼도 복속시킴으로써 남쪽의 물자를 이용할 수 있게 되었고, 서역의 교역로도 확보했다. 남은 것은 동북아시아의 교역망을 장악한 고구려를 복속시키는 일뿐이었다.

610년부터 수양제는 고구려 침공 준비에 착수했다. 611년부터는 요서에서 국지전이 발생했다. 요서 지방에 고구려가 구축해놓았던 요새들이 함락되었고 고구려는 요동 지방으로 방어선을 후퇴시켜야 했다. 전쟁은 피할 수 없는 현실이 되었다.

612년 정월 수양제는 고구려 정벌 조서를 발표했다. 수양제는 24군 113만 3,804명의 대군을 발진시켰다. 매일 1군씩 출발하게 해서 각 군대의 거리는 40리를 유지하게 했다. 총 40일이 걸려서야 출정이 끝났고, 군대의 총 길이가 960리에 걸쳤다고 하니 그야말로 어마어마한 대군이었다.

탁군에서 출발한 수나라 군대는 요하 앞에 결집했다. 수양제는 3월 14일에 요하에 도착했다. 부교를 만들게 한 뒤 3월 19일에 요하를 건너려 했으나 계산이 잘못되어 다리가 조금 짧았다. 수나라 군사는 요하에 뛰어들어 강안으로 올라가려 했으나 높은 곳에서 대기하고 있던 고구려군에 의해 저지되고 말았다. 다시 부교를 덧대어 요하에 놓은 때가 3월 21일이었다. 이후 치열한 도하 공방전이 벌어졌다. 수나라군이 기어이 요하를 돌파한 것은 4월 15일이었다. 요하를 건너는 데만 한 달이 걸렸던 것이다. 그리고 이 과정에서 좌둔위대장군 맥철장, 무분랑장 전사웅, 맹금차 등 여러 장군도 전사했다. 요하 돌파에 피곤이 쌓였던 것일까? 수양제는 4월 27일 요서의 유성현 임해돈으로 휴양을 가버렸다. 요동성 공략은 장군들 손에 맡겼다.

그런데 수양제는 장군들을 완전히 믿지 못하고 뜬금없는 명령을 내려놓았다. 장수들에게 모든 일은 황제인 자신에게 보고한 뒤에 실행하라고 단단히 명해두었던 것이다. 항복 요청이 있으면 위무하여 받아들이고 군사를 풀어놓지 못하게 했다. 요동성주는 바로 이 점을 이용해서 성을 지켰다.

요동성에는 1만 명의 정규군이 주둔하고 있었던 것으로 보고 있다. 그야말로 고구려의 서북부를 대표하는 대성다운 규모였다. 하지만 적군은 무려 백만. 농담 삼아 과장해서 말하는 백만이 아니라 적게 삽아 백만이었다.

물론 수나라군은 요동성 인근의 성들도 공격했기 때문에 요동성에 온전히 백만이 투입된 것은 아니겠지만 그렇다 해도 말도 안 되는 병력이 쳐들어온 셈이었다. 『손자병법』에서 공성전에는 10배의 병력이 필요하다고 했는데 그 몇 배의 병력이 요동성을 공격했다.

요동성주는 성 밖에 군대를 두고 성과 함께 합동해서 성을 지키

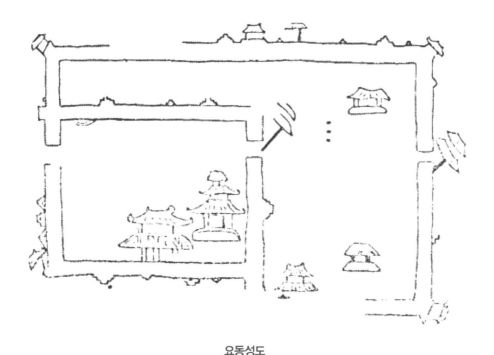

요동성도

1953년에 평안남도 순천군 고구려 고분에서 발견된 벽화에 있었다.

게 했다. 고대에 흔히 사용되는 방어전략 중 하나다. 하지만 수나라 의 대군을 상대로 이기기는 어려웠다. 결국 모두 성으로 들어와 농 성하게 되었다.

버틸 수 없는 순간이 왔을 때 요동성주는 항복하겠다는 요청을 수나라 군대에 보냈다. 요청을 받은 수나라 군대는 병사를 물린 뒤 유성현에 있는 수양제에게 이 사실을 고하는 사절을 보냈다. 수나 라 장군이 답을 기다리는 동안 요동성주는 성을 보수하고 휴식을 취하며 기력을 보충할 수 있었다.

수양제의 회신이 왔을 때 요동성은 다시 항전을 시작했다.

그러다 함락 위기가 오면 다시 사신을 보내서 항복 요청을 했다. 그러면 수나라 장군들은 수양제에게 알리고, 고구려군은 수비 보 완을 하고, 수양제의 회신이 오면 전쟁은 다시 시작되었다. 이러기를 몇 차례 했는데도 수양제는 뭐가 문제인지 알지 못했다.

결국 6월 11일 수양제가 요동성에 다시 나타났다.

수양제가 직접 독려를 했지만 요동성은 여전히 함락되지 않았다. 그리고 뜻밖의 비보가 수양제에게 날아오게 된다. 수양제는 요하를 건넌 뒤 장군 우중문545~613과 우문술535~613에게 30만의 별동대를 주어서 압록강으로 먼저 가게 했다. 이 별동대는 요동성 공략에 실패한 6월 11일에 출정이 명해진 것으로 사서에 나오지만 최근 연구 결과들은 요하를 건너면서 편성된 것으로 보고 있다. 우중문 별동대의 집결지는 지금 압록강 옆에 있는 단동에 있던 오골성이었다. 우중문은 오골성을 통과할 때 일부러 약한 모습을 보여 오골성의 병력이 뛰쳐나오게 유인한 다음 격파하는 책략을 사용했다.

이렇게 압록강 서안에 수나라 별동대가 집결했을 때 고구려의 대신 을지문덕乙支文德이 적진에 나타났다. 을지문덕은 우중문에게 시를 써주며 격발을 시켰다. 이미 본진을 떠나 두 달이 되어 군량도 간당간당해진 우중문은 요동성에서 발이 묶인 본대를 기다리느니 신속하게 평양으로 진군하는 것이 좋았다. 그곳에 보급을 가지고 온 수나라 수군이 기다리고 있을 것이라 믿었던 것이다. 그러나 우중문은 몰랐다. 을지문덕은 그가 압록강을 넘기만을 기다리고 있었던 것이다.

결국 을지문덕의 책략에 넘어간 우중문은 7전 7승의 속임수를 눈치 채지 못하고 고구려 영내 깊숙이 들어왔다. 평양성 30리 지점에 도착한 우중문 일행에게 을지문덕은 화해의 제스처를 보냈다. 이미 기력이 다한 우중문은 후퇴하기 시작했다. 보급을 담당한 수나라 수군이 평양 인근에 없었던 것이다. 그때부터 고구려군의 사냥이 시작되어 살수를 도강할 때는 궤멸적인 피해를 입고 말았다.

수양제도 이에는 질리고 말아서 마침내 8월 4일 회군하고 말았다.

수양제는 이 치욕적인 원정에 이를 갈고 다시 한 번 고구려를 침공했고 이때도 요동성이 최격전지가 되었다.

수나라 군대는 비루동망루가 달린 전차, 운제구름사다리를 동원하는 한편, 성벽 밑으로 지하도를 파들어 갔다. 하지만 20여 일간의 치열한 공방전 끝에 요동성은 살아남았다. 수양제는 성벽에 올라가기 위해서 누거를 성벽보다 높게 만들고, 병사들에게는 베주머니를 주어 흙을 채운 뒤 성벽처럼 쌓아올리게 했다. 그 위에서 성을 내려다보며 공격하게끔 한 것이다.

이런 공성 작전이 등장하자 요동성은 위태위태한 상태가 되었다. 하지만 요동성은 굴하지 않고 끝까지 싸움에 임했다. 이때 수나라 내부의 반란 소식이 전해지면서 수양제 역시 후퇴하고 말았다.

요동성주는 임진왜란 때 진주성을 지킨 김시민1554~1592 목사 못지않은 대활약을 했음에도 불구하고 그 이름이 전하지 않는다. 후일 당태종의 침입 때 안시성을 지킨 장군도 『삼국사기』에는 이름이 전하지 않는다. 명나라 때 소설가가 양만춘이라는 이름을 창작했을 뿐이다.

수양제는 고구려 정벌의 미련을 버리지 못했다. 반란을 진압한 수양제는 주변의 만류에도 불구하고 614년 3월에 또 고구려 공격에 나섰다. 하지만 도저히 전쟁을 치를 상태가 아니었고 고구려가 화해의 제스처를 보내자 바로 퇴각하고 말았다. 결국 수나라는 이 무리한 전쟁의 여파로 일어난 반란으로 망하고 말았다.

평양성 전투를 승리로 이끈
고건무의 계략

수양제는 육지와 바다의 양면 전략으로 고구려를 침공했다. 육전에서 수나라 군을 잘 막고 있었어도 평양상륙작전에서 졌다면 고구려는 이때 멸망했을 것이다.

수양제가 백만대군으로 쳐들어왔을 때 평양성 안에서까지 전투가 있었다는 사실은 잘 모르는 사람이 많다. 우중문과 우문술의 군대는 100일치 식량을 가지고 떠났다. 압록강 서안에 도달했을 때는 두 달 즉 60일쯤 경과한 때였는데 병사들이 식량이 무겁다고 많이 버린 탓에 식량이 모자라게 되는 상황에 처했다. 원래는 수나라 본군이 요동성을 격파하고 집결지로 오면 문제도 아닌 일이었다. 하지만 그 시점에서 수나라 본군은 철벽 요동성에 막혀 움쭉달싹을 못하고 있었다.

그러나 이런 일에도 한 가지 비상 방책이 있었다. 수양제는 다각도로 전략을 세웠었다. 육군뿐 아니라 수군도 준비했었던 것이다. 군량을 가득 채운 군선이 수백 리에 걸친 항해를 시작했다. 수군과 육군은 평양에서 만나기로 되어 있었다. 수군은 효위대장군 내호아?~618가 이끌었다. 산둥성에서 요동반도 남단을 향해 북진한 다음 해안선을 따라서 대동강 입구까지 도달했다. 당연히 그 사이에

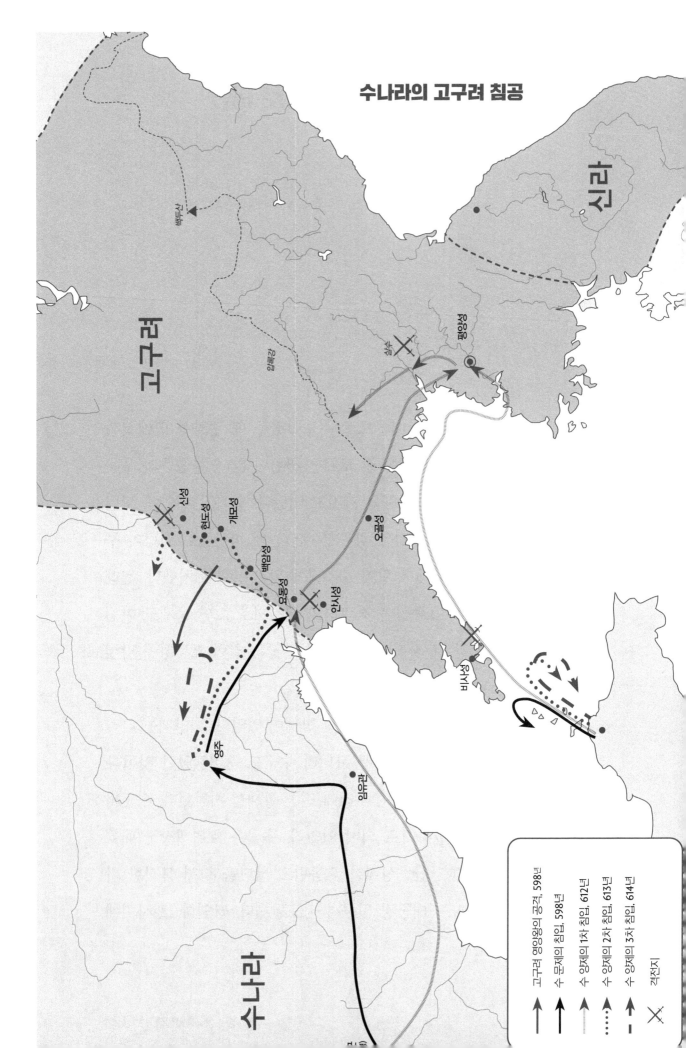

수나라의 고구려 침공

신라

고구려

수나라

백두산

압록강

평양

살수

신성
환도성
개모성
성암성
요동성
안시성
오골성
비사성
영주
임유관

- 고구려 영양왕의 공격, 598년
- 수 문제의 침입, 598년
- 수 양제의 1차 침입, 612년
- 수 양제의 2차 침입, 613년
- 수 양제의 3차 침입, 614년
- ✕ 격전지

고구려 수군과 국지전이 있었을 것이다.

아마도 내호아는 수나라 군대의 운명의 날인 6월 11일 이전에 평양 부근에 도착했을 것이다. 한나라 때 왕검성 공격과 마찬가지로 그는 육군의 도착을 기다려 합동 작전을 펼쳐야 했다. 그러나 내호아는 단독 공격에 나섰다. 고구려군이 그와 싸우기 위해 평양성을 나왔기 때문이다.

평양성에서 60리 떨어진 곳에 고구려군이 진을 치고 있었다. 이미 수나라의 수군이 접근하고 있다는 정보는 고구려도 알고 있었고 평양성이 협공 당하는 사태를 막으려면 수군을 저지해야 했을 것이다.

이 군대를 이끈 사람은 고건무?~642로 추정된다. 그는 영양왕의 이복동생이었다. 고구려의 군사들이 수십 리에 걸쳐져 대오를 정비해 있는 모습에 수나라 군사들은 두려워했다. 하지만 내호아는 껄껄 웃으며 말했다.

"나는 원래 고구려가 견벽청야하고 성 안에 웅크려 있을 줄 알았다. 스스로 성 밖으로 나왔으니 이는 죽을 길을 택한 셈이다. 싹 다 해치우고 아침밥을 먹도록 하자."

견벽청야라는 것은 성 주변을 모두 불 태워버리고 성 안에 들어가 농성을 하는 것을 가리킨다. 쳐들어온 적군에게 보급이 될 것을 없앤 후에 장기전을 택해서 적을 무찌르는 계략이다. 이것은 적군은 물론 아군에게도 큰 피해를 주는 작전이었다.

고구려군과 수나라 수군의 첫 접전에서 고구려군은 대패를 하고 말았다. 내호아는 승기를 잡고 평양성을 바로 공격하라고 명을 내렸다. 그런데 부총관 주법상556~614이 반대했다.

"요하를 건너 주력군이 올 때를 기다려 협공을 가해야 합니다. 단독으로 들어가는 것은 위험합니다."

"승기를 잡았을 때 기세를 올려 적을 쳐야 하는 법이다."

내호아는 부하의 말을 듣지 않고 4만 군사를 동원해 고구려의 장안성 아래로 진격했다. 이미 붙어 보았으니 고구려군에 대한 두려움이 있을 리 없었다. 고구려군은 제대로 훈련받은 군사라 할 수 없었던 것이다. 하지만 그 중 뛰어난 무용을 자랑하는 장군이 한 명 있었다. 바로 지휘관 고건무였다. 내호아는 아들 내정을 불렀다.

"적장 고건무의 목을 가져와라!"

내정이 고구려군 안으로 뛰어들자 당황한 고구려군은 여지없이 무너졌다. 고구려군이 대오를 잃고 장안성으로 후퇴하기 시작하자 내호아는 돌진을 명했고 순식간에 장안성은 뚫리고 말았다.

성 안으로 진입하면 병사들은 난전을 펼치게 되는데 도적떼와 다름없이 변하기도 한다. 약탈이 허용되는 경우가 대부분인지라 금은보화를 노려서 개별행동을 하게 되면 이미 군대라고 볼 수 없는 상태가 되고 만다. 내호아의 수나라군 역시 성내로 진입하자 오와 열을 잊어버렸고 약탈을 하는 도적떼로 변하고 말았다.

그런데 이 모든 것은 고건무의 계략이었다. 성내로 들어온 수나라군을 기다리고 있던 것은 고건무의 정예병 결사대 500명이었다. 이미 기강을 잃은 수나라군은 상대가 되지 않았다. 간신히 성문을 빠져나온 수나라군을 기다리고 있는 것은 후퇴하여 사라진 줄 알았던 고구려군이었다. 내호아는 선박이 정박한 곳까지 필사적으로 후퇴했다. 다행히 주법상이 군사를 내어 선박을 보호하고 있었다. 간신히 선박까지 오고 보니 살아서 돌아온 자는 수천 명에 불과했다. 4만 대군이 궤멸했던 것이다.

이 시점에 을지문덕이 우중문을 만나러 간 것으로 볼 수 있다. 식량이 간당간당한 우중문은 내호아의 수군이 가진 보급을 기대했을 것이지만 그들이 이미 격파되었다는 것을 알지 못했다.

고건무는 전쟁 영웅으로 아들이 없었던 영양왕의 뒤를 이어 즉위했다. 제27대 영류왕재위 618~642년이다. 영류왕은 큰 전쟁으로 지친 고구려를 위해 중국과 화친 정책을 펼쳤다. 수나라는 고구려 정벌에 무리한 힘을 쏟다가 결국 망하고 당나라가 새로이 만들어졌다. 영류왕은 신흥 왕조와 평화를 도모하고자 했던 것이다.

그러나 영류왕의 화친 정책은 내부의 강경파들에게 불만을 안겨주었다. 수나라 전쟁의 기념물인 경관을 당나라의 요청으로 허문다든가, 전쟁 포로들을 1만여 명이나 당나라에 돌려보낸다든가 하는 행동이 못마땅했던 것이다.

이런 강경파의 중심에 연개소문?~665이 있었다. 영류왕은 연개소문의 세력이 불어나는 것을 우려해 그를 제거할 계획을 세웠다. 하지만 한때 전쟁 영웅이었던 영류왕도 세월이 흘러 유약해진 노인이 되었던 모양인지 연개소문이 선수를 치는 것을 막지 못했다.

연개소문은 영류왕이 자신을 제거하려고 한다는 것을 알고 사열식을 준비했다며 대신들을 초청했다. 대신들은 1백여 명이나 되었으니 별일 없을 것이라 안심했으나 연개소문은 가차 없이 이들을 모두 죽여 버렸다. 그리고 즉시 궁궐로 군사를 휘몰아 쳐들어가서 영류왕도 죽여 버렸다. 이때 영류왕의 태자 고환권도 죽었을 것이다. 연개소문은 영류왕의 동생 대양왕의 아들 장을 왕으로 옹립했다. 바로 고구려의 마지막 왕 보장왕재위 642~668이다.

연개소문의 쿠데타는 당태종이 고구려를 정벌할 빌미가 되었다. 평화를 선택하는 것은 결코 쉽지 않다는 것을 여기서도 알 수 있다.

정권을 장악한 연개소문은 새로운 종교를 도입해서 민심을 달래보고자 했다. 장생을 구하는 도교를 들여와 불교 사찰을 빼앗아 도관으로 만드는 등의 일을 했다. 당나라는 도교를 많이 숭상했는데 당과의 화친도 도모하여 불안정한 시국을 안정시키고자 한 것 같다.

삼국통일을 불러온
스캔들

대야성의 함락은 백제 성왕의 죽음 이후 백제가 거둔 최대의 보복전이었다. 하지만 이 일로 인해 김춘추라는 잠룡이 백제 멸망의 길에 본격적으로 뛰어들게 만들었다. 642년 대야성에서 죽은 귀족이 바로 김춘추의 딸과 사위였기 때문이다.

신라의 대야성은 지금의 경남 합천에 있는 성으로 신라 서부를 책임지고 있었다. 따라서 이 성을 지키는 도독도 보통 사람이 맡을 수는 없었다. 선덕여왕 때 신임 도독으로 부임한 사람은 신라의 실세인 김춘추의 사위 김품석이었다. 김품석의 아내, 즉 김춘추의 딸은 이름이 고타소로 이팔청춘의 꽃다운 나이였다.

대야성은 중요한 성이지만 또한 안전한 성이기도 했다. 백제와 접경 지역이라고는 하나 험준한 소백산맥이 지켜주고 있었으므로 백제군이 나타날 위험은 사실상 없었다. 따라서 김품석이 도독으로서 도리를 잘 시켰다면 아무 문제도 없었을 것이다. 그러나 김품석은 그럴 재목이 아니었다.

김품석이 도독으로 와서 한 일은 엽색 행각이었다. 그의 부하 중에 검일이라는 자가 있었다. 그의 아내 미모가 어쩌다 김품석의 눈에 띄었다. 김품석은 그 아내를 바치라고 명을 내렸다. 진골 귀족의 명을 변방 성의 품계 낮은 부하가 어길 수가 없었다. 검일은 분하

보은 삼년산성

충청북도 보은에 있는 산성으로 자비 마립간 13년(470년)에 축조하고, 소지왕 8년(486년)에 개수되었다.
5세기 후반 신라의 축성 기술을 대표하는 난공불락의 성곽이다.

여 미칠 지경이었으나 어쩔 도리가 없었다. 이렇게 불만을 품은 인물 중에는 모척이라는 사람도 있었다. 그가 원한을 품은 이유는 정확히 나오지 않아서 그도 아내를 빼앗겼을 것이라는 추측도 많은데, 어찌 되었건 김품석이 훌륭한 관리가 아니었다는 것만큼은 분명하게 알 수 있다.

검일과 모척은 김품석에게 복수하고 싶었지만 그 둘에게 그런 힘이 있을 리 없었다. 두 사람은 다른 힘을 이용하기로 결심한다. 백제군을 끌어들여 복수하기로 한 것이다. 모척이 백제군을 불러들였고 검일은 대야성의 식량창고에 불을 붙였다. 성이 아무리 튼튼하다고 해도 식량이 없으면 싸울 도리가 없는 법. 김품석은 백제의 윤충 장군에게 협상을 요청했다.

"목숨을 살려준다면 항복하겠소!"

윤충은 얼른 그 조건을 받아들였다.

"밝은 해를 두고 맹세하겠소! 그대들의 안전을 보장하겠소!"

신라군 장수 죽죽은 백제군의 속임수라고 말하며 출성을 거부했으나, 김품석은 병사들을 성 밖으로 내보내고 말았다. 그러나 죽죽의 말이 맞았다. 백제군이 매복해 있다가 신라군을 모두 죽여 버렸던 것이다. 적장의 맹세 따위에는 아무 가치가 없었다. 죽죽은 자기 휘하의 적은 병사를 거느리고 윤충과 결전을 벌인 끝에 전멸하고 말았다.

이제 대야성에는 식량만 없는 것이 아니라 병사도 없게 되었다. 김품석에게 백제군에 대항할 수단은 남지 않았다. 불쌍한 고타소와 오들오들 떨고 있던 김품석 앞에 검일과 모척이 나타났다. 이들은 자신들이 한 일을 자랑하며 김품석을 놀렸다.

"네, 네놈들이!"

김품석은 이를 갈았지만 이제 와서 아무 소용없는 일이었다.

"도독의 잘못을 알겠는가?"
"무슨 잘못이 있단 말이냐!"

합천 대야성
642년에 일어난 대야성 전투에서 김춘추의 사위와 딸이 사망한다.
원래 대야성은 강과 산으로 둘러싸여 보기 드문 천혜의 요새였다.

"남의 아내를 빼앗아간 죄를 모르겠단 말이냐!"

"그 고통이 어떤지 한 번 너도 맛볼 테냐?"

두 사람의 협박 아래 김품석은 열여섯 살의 앳된 아내 고타소를 칼로 벤 뒤에 자기 목을 찔러 자살했다.

윤충은 두 사람의 목을 베어 백제로 가져갔다. 백제의 의자왕은 두 사람의 목을 치욕스럽게 감옥 바닥에 묻었다. 신라의 진흥왕은 백제 성왕의 목을 계단 아래 묻어서 신하들이 밟고 다니게 만든 적이 있었다. 그에 대한 복수였다고도 볼 수 있다. 진흥왕의 증손자가 바로 김춘추였고 그 딸의 목을 가져온 것이었다.

대야성의 비극을 전해들은 김춘추는 충격에 휩싸여 하루 종일 기둥을 붙들고 서 있었다. 사람이 지나가도 알아보지 못하고 눈도

깜빡이지 않았다. 김춘추는 피눈물을 흘리며 부르짖었다.

"슬프다! 대장부가 되어 어찌 백제를 삼키지 못하겠는가?"

그러고는 고구려에 원군을 청하기 위해 떠났다. 하지만 김춘추의 원군 요청은 고구려가 신라에게 진흥왕이 얻어낸 땅을 돌려달라고 말하는 바람에 실패했다.

다행히 두 사람의 유골은 5년 후에 신라로 돌아올 수 있었다. 신라의 명장 김유신이 대야성을 쳐서 함락시켜 백제 장군 여덟 명을 사로잡았던 덕분이었다. 김유신은 백제에 사자를 보내서 이 여덟 명의 장군을 데려가고 김품석, 고타소의 머리를 돌려달라고 요청했다. 죽은 해골과 산 사람을 바꾸자는 이야기니 백제 쪽에서 거절할 이유가 없었다. 하지만 신라군에서는 불만이 나올 수밖에 없었다. 김유신은 불만을 일축해버렸다.

"무성한 숲에서 이파리 하나 떨어져도 변할 것이 없고, 태산에 티끌 하나가 보태진다고 해봐야 바뀔 것이 없다."

이렇게 해서 5년 만에 김품석 부부의 유골이 고국으로 돌아오게 되었다. 하지만 그렇다고 해서 김춘추의 분노가 사그라든 것은 아니었다. 이후 김춘추는 고구려, 왜, 당나라를 오가며 청병을 한 끝에 당나라의 원군을 얻어내는 데 성공해서 결국 백제를 멸망시켰다.

고타소의 오빠인 태자 법민**문무왕**은 백제 왕자 부여융615~682에게 침을 뱉으며 분노의 일갈을 내뱉었다.

"네 아비가 내 누이동생을 억울하게 죽여서 감옥에 묻었다. 나는 그 일로 20년을 가슴 아팠다. 드디어 네 목숨이 내 손에 들어왔구나!"

법민은 검일과 모척도 찾아내어 죽여 버렸다.

한 나라의 흥망을 좌지우지했던 대 사건의 시발은 지방 도독의 탐욕에 있었다. 그의 탐욕 때문에 한 가정이 망가지고 자신과 자신의 아내는 죽어서도 치욕을 당했으며 성의 백성들은 죽거나 노예가 되었다. 권력의 희생양이 되었던 미모의 여인, 검일의 아내가 어찌 되었는지는 역사에 전하지 않는다.

고타소를 김춘추의 큰딸이라 생각하고 법민(문무왕)과는 이복남매라는 주장도 있지만, 그러기에는 법민이 침을 뱉어가며 분노에 떨기에 부족한 감이 있다. 두 사람은 친남매가 맞다는 주장이 훨씬 설득력이 있다고 하겠다. 고타소의 나이와 신분에 관련하여서는 역사학자 윤진석 박사의 도움을 받았다.

안시성에서 막힌
당태종의 고구려 원정

당나라를 세운 이연은 선비족 혈통이다. 자신들의 조상을 노자(노자의 본명은 '이이'다)로 이어붙이고 있지만 이 역시 조상에 금칠을 하고자 하는 행위에 불과하다. 당나라는 공격적으로 주변 세력들을 공격했다.

당태종은 630년 동돌궐을 굴복시키고, 640년 고창국을 함락시켰다. 고구려에 위기가 오고 있다고 느낀 연개소문은 642년 영류왕을 살해하고 보장왕을 세운 뒤 국정을 장악했다. 644년 당태종이 고구려에 사신을 보내서 신라를 계속 공격하면 가만두지 않겠다는 선전포고를 했지만 이에 굴복할 연개소문이 아니었다. 644년 7월 당태종은 고구려 정벌군을 준비하기 시작했다. 불안감을 느낀 연개소문은 백금을 바쳐 화해의 제스처를 보냈으나 이번에는 당에서 거절했다.

고구려와 전쟁을 하는 것은 당에서도 부담이 되는 일이어서 전쟁을 멈춰달라는 상소가 당태종에게 올라왔다. 수양제 때 종군했던 신하 역시 고구려를 공격하는 것은 어렵다고 이야기했지만 당태종의 뜻은 확고했다. 게다가 명분도 있었다. 그는 연개소문이 군주와 대신을 죽였기 때문에 백성들이 따르지 않을 것이라고 보았다.

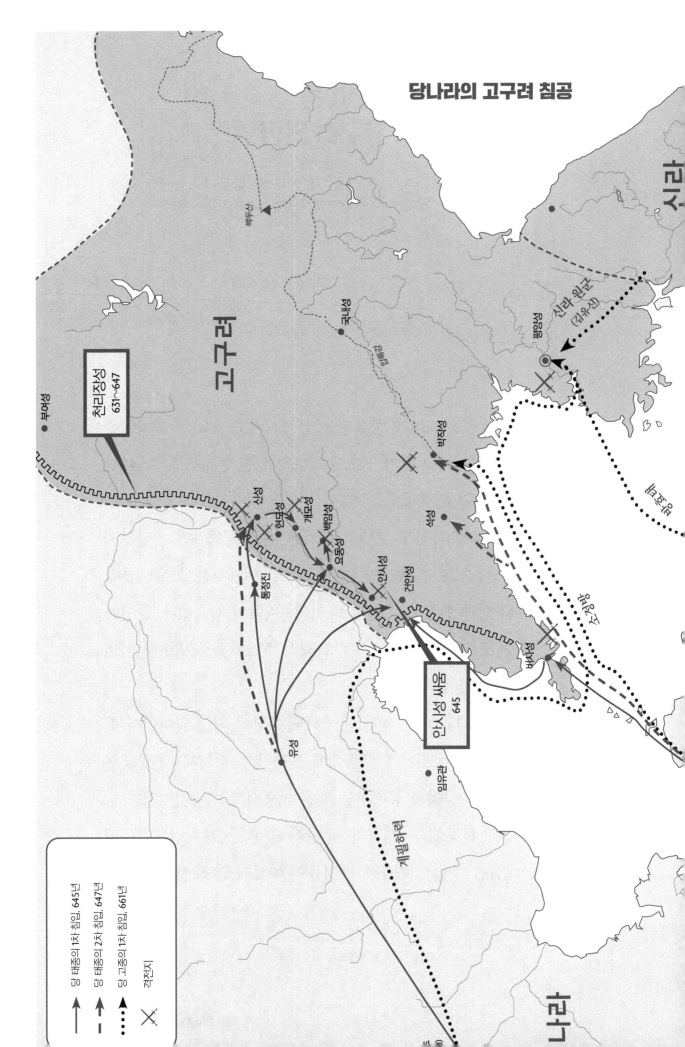

당나라의 고구려 침공

고구려

천리장성
631~647

부여성

신성

현도성

개모성

요동성

남소성

창암성

횡산진

주필산

안시성 싸움
645

비사성

유성

양평관

백암성

국내성

오골성

박작성

석성

패수

압록강

비사성

신라 원군
(김유신)

평양성

대동강

청천강

계필하력

비류수

백두산

북한

신라

범례

당 태종의 1차 침입, 645년
당 태종의 2차 침입, 647년
당 고종의 1차 침입, 661년
격전지

645년 정월 드디어 당태종의 군사들이 움직였다. 4월에 장군 이세적이 요하를 건넜다. 개모성, 비사성이 함락되었다. 수양제 때 함락되지 않았던 요동성이 다음 대상이었다. 당태종은 요동성 해자를 메우기 위해 병사들이 흙을 등에 지고 나르는 것을 보고 직접 도와주기 시작했다. 말 위에서 짐을 나눠들었다 하니 시늉만 한 셈이긴 하지만 사졸들에게는 충분히 감격스러운 일이었다. 다들 죽을힘을 다 내어 해자를 메웠다.

요동성 안에는 주몽의 사당이 있었는데 그 사당 안에는 쇠사슬로 만든 갑옷과 날카로운 창이 있었다. 하늘에서 내려온 것이라는 전설이 붙어 있었다. 당나라군의 공격이 급박해지자 무당이 나서서 미녀를 골라 부녀신으로 꾸몄다. 유화부인을 재현한 것으로 보인다. 무당이 흡족해 하며 말했다.

"주몽께서 부녀신을 좋아하니 성은 반드시 온전할 것이다!"

이세적은 포차에 큰 돌을 실어 성벽을 부수기 시작했고 충차를 보내 성루의 다락에 불을 붙였다. 남풍을 타고 불길이 성 안으로 번졌다. 그 틈에 당나라군이 성벽을 기어 올라갔고 결국 12일간의 접전 끝에 요동성은 함락되고 말았다. 정병 1만여 명과 성 주민 4만여 명이 사로잡혔다.

백암성, 가시성 등 고구려 성들이 추풍낙엽으로 떨어져 나갔다. 당태종은 민심을 얻기 위해 약탈을 금지하는 등 자신에게 유리한 환경을 착착 만들어 나갔다.

당나라군은 안시성에 도달했다. 안시성주의 명성은 당나라에도 전해져 있었다. 안시성주는 연개소문의 쿠데타 때 연개소문에게 복종하지 않았다. 연개소문이 쳐들어갔으나 안시성주는 항복하지 않고 버텼다. 그 때문에 결국 안시성은 그 성주에게 그냥 맡겨진 상태였다. 이 안시성주의 이름을 흔히 양만춘이라 하지만 이는 중국 소설에 나오는 이름으로 역사적 근거 같은 것은 없다. 당태종은 원래 안시성을 피하고 싶어 했으나 이세적이 배후에 위협을 남겨둘 수 없다고 주장해서 안시성을 치기로 했다.

고구려에서 구원군이 안시성을 위해 도착했다. 15만의 대군이 도착하자 당나라군도 긴장해야 했다. 하지만 이 병력은 정예병이 아니었다. 급히 모집한 군사들이어서 전투력이 떨어졌다. 또한 지휘관 역시 능력이 부족했다. 원정군을 상대하여 장기전을 펼쳐야 했지만 구원군의 지휘관 고연수는 수적우세를 믿고 속전속결로 맞서고자 했다.

당태종은 지는 척하면서 고구려군을 끌어들인 뒤 복병을 일으켜 대승을 거뒀다. 고연수는 산으로 들어가 버티고자 했으나 당나라군이 따라와 포위해버리자 버틸 재간이 없어서 항복하였다. 너무 많은 병사가 항복하자 당태종은 고급 장교들만 당으로 압송하고 나머지 병사는 풀어주었다. 정예병인 말갈병 3천3백 명은 모두 죽였다.

안시성에서는 당태종이 도착한 것을 보고 야유를 보냈다. 당태종이 노여워하자 이세적은 안시성을 함락하면 남자들을 모두 죽이도록 허락해달라고 청했다. 안시성에서는 더더욱 이 전쟁에서 질

수 없게 되어버렸다.

항복한 고연수도 안시성을 치지 말고 돌아가자고 청했다. 그만큼 안시성주의 무용이 무시무시했던 셈이다. 하지만 이번에는 책사인 장손무기가 황제가 직접 전선에 나왔는데 요행수를 바라는 방법을 쓸 수 없다고 반대했다. 당군에서 토산을 쌓아 안시성을 위에서 공격하고자 했는데 안시성도 그에 따라 성벽을 높여 방비에 나섰다. 충차를 동원해 성벽을 무너뜨려도 재빨리 무너진 곳을 메워서 성내에 침입할 수가 없었다.

당군은 토산을 더 높여서 드디어 성 안을 내려다볼 정도가 되었다. 하지만 너무 크게 지었던 탓으로 토산이 무너져버렸다. 토산이 무너지면서 성벽을 짓눌러 성벽이 무너졌다. 성 안으로 들어갈 길이 저절로 확보된 셈이었다. 하지만 그 때 고구려군이 뛰쳐나와 토산을 점령해버렸다. 고구려군은 토산에 구덩이를 파고 몸을 숨긴 채 당나라군과 싸웠다. 당나라군은 사흘간 토산을 공격했으나 다시 되찾을 수가 없었다.

9월이 끝나가고 있었다. 곧 추위가 닥쳐올 때였다. 군량도 떨어졌다. 당태종은 군대를 돌릴 수밖에 없었다. 당나라군이 철수하자 안시성에서는 성주가 홀로 망루에 올라 당태종에게 작별 인사를 고했다. 당태종은 안시성주에게 비단 1백 필을 내려 그의 무용을 칭찬했다.

당나라군이 되돌아가는 길은 험난했다. 요택이라 불리는 요하의 진창이 당나라군을 괴롭혔다. 당태종은 장안으로 돌아간 후 고구려 정벌전을 크게 후회했다. 항복했던 고연수도 당으로 가던 중 울

화통이 터져 죽고 말았다.

당태종은 전략을 바꿔 자주 고구려를 침공해 국력을 갉아먹는 전법을 쓰기로 한다. 647년, 648년에 계속 공격을 감행했고 649년에도 30만 대군을 일으킬 생각을 했지만 건강이 악화되어 죽고 말았다. 이때 유언으로 고구려 정벌은 포기하라고 명했다. 하지만 그의 명은 지켜지지 않았다.

당태종이 안시성 전투에서 한쪽 눈을 잃었다는 이야기는 오랫동안 전해져 내려와 고려 말에 이색이 시로 읊은 적도 있지만, 사실일 가능성은 낮다. 당태종이 철군했을 때 설연타라는 유목민 세력이 침공을 해와서 바로 그곳으로 가서 설연타를 물리쳤다. 이 승리 덕분에 당태종의 체면이 간신히 살아난 셈이었다. 만일 눈을 다치는 중상을 입었다면 이 전쟁을 지휘할 수 없었을 것이다.

누가 자루 빠진 도끼를 허하리오

원효元曉, 617~686는 의상義湘, 625~702과 더불어 신라를 대표하는 승려다. 속성은 설씨이다. 왕족이자 진골인 김씨로 태어나지 못했다. 그는 신라의 하급 귀족인 6두품 출신으로 알려져 있다. 심지어 5두품이었다고 주장하는 역사학자도 있다. 천재였음이 분명한 그는 어려서 자신의 처지를 파악했던 것 같다.

일찌감치 출가를 하여 절로 들어갔다. 승려는 형식적으로는 차별이 없는 종교인이었기 때문이다. 하지만 신라는 승려도 신분에 따라 차별했다.

선덕여왕 때인 636년에 황룡사에서 덕망 높은 승려를 모아 백고좌회를 열 때 원효는 신분이 낮아서 참석할 수가 없었던 것 같다. 원효의 나이 스무 살 때의 일이었다. 야심만만한 신진에게 첫 좌절감을 준 사건이라 볼 수 있다. 『삼국유사』를 보면 원효는 영명해서 스승을 따르지 않았다는 대목이 있다. 그리고 당대의 금석문에서도 원효가 정통 불경 이외의 잡다한 다른 책들도 즐겨 읽었다는 것을 알 수 있다 이런 태도와 너불어 그의 낮은 신분도 문제가 되었을 것이다.

원효는 뒤에 『금강삼매경론』을 강의할 때 홀로 황룡사 강단에 섰다. 원효는 불법 강의를 마치고 이렇게 시를 한 수 읊었다.

"전날 백 개의 서까래를 찾을 때에는 낄 수 없었으나 오늘 아침 대들보

한 개를 누이려 하자 나 혼자만 가능했노라."

원효는 34세에 의상과 함께 당나라로 불교 유학을 가고 싶어 했다. 650년의 일이다. 이때 신라는 백제와 치열한 전쟁을 하던 때였다. 그래서 원효와 의상은 해로를 포기하고 육로로 당나라로 가려 했다고 나오는데, 이 부분은 좀 이상하다. 신라는 한강 유역을 확보하고 있었고 이곳을 통해서 당나라와 교통했다. 648년에 김춘추가 당나라를 배로 갔다 오다가 고구려 순찰병에 걸려 죽을 뻔한 일이 있었다. 고구려와 신라는 이렇게 위험한 사이였다. 그런데 배는 바다 위로 지나가지만 육로는 고구려 한복판을 지나야 가능하다. 훨씬 위험한 일이라고 할 수 있다. 그런데도 굳이 육로를 통해서 당나라로 가려고 한 것은 다른 이유가 있어서일 것이다.

전하는 기록에 따르면 원효는 고구려의 보덕화상으로부터 『열반경』 등을 배웠다고 한다. 원효와 의상이 굳이 고구려를 통과해서 당나라로 가려고 했던 것은 이 보덕화상의 도움 때문이 아니었을까 싶다. 즉 보덕화상의 제자라는 신분을 이용했던 것은 아니었을까.

그런데 바로 이 해 650년에 고구려가 새로 들여온 도교만 위하고 불교를 홀대한다고 하면서 보덕화상이 백제로 망명해버린 사건이 생겼다. 후원자인 보덕화상이 망명을 해버렸기 때문에 원효의 지위에 문제가 생겼던 것 같다. 원효와 의상은 고구려와 당나라의 접경지인 요동에까지 이르렀지만 거기서 순라군에게 첩자로 몰려 체포되기까지 했다.

원효는 신라로 돌아온 뒤 뜻밖의 행동을 보였다. 서라벌 길거리에서 이상한 노래를 부르며 돌아다녔던 것이다.

누가 자루 빠진 도끼를 허하리오
하늘 받칠 기둥을 찍으리다

뭔가 알듯 모를 듯한 노래였다. 그런데 이 노래의 의미를 바로 알아차린 사람이 있었다. 태종무열왕이었다. 태종무열왕 김춘추는 진덕여왕을 끝으로 성골이 없어지자 왕위에 올랐다. 그가 재위에 있었던 것이 654년에서 661년이니까 원효가 저 노래를 부르고 다닌 것 역시 이 기간 중임은 분명하다.

태종무열왕은 원효의 기이한 노래가 의미하는 바를 풀어냈다.

"스님께서 귀부인을 맞이하여 훌륭한 아들을 낳고 싶어 하는구나. 나라에 큰 현인이 있으면 그보다 더한 이로움이 없을 것이다."

흔히 '큰 현인'을 원효의 아들 설총으로 생각하는데, 이때 큰 현인은 원효 자신으로 보는 것이 맞을 것 같다. 아내를 구한다는 구애가를 불렀는데 태종무열왕은 굳이 '귀부인'을 이야기했다. 그리고 원효의 배필로 과부인 요석궁 공주를 염두에 두었던 것이다.

사실상 이 모든 것은 원효와 태종무열왕이 짜 놓은 계획이었을 것이다. 태종무열왕이 원효를 모셔오라고 명을 내렸다. 원효는 그냥 태종무열왕의 청대로 궁으로 들어가서 요석궁 공주와 만나면 그만이었을 것이다. 그런데 원효는 관리가 오는 것을 보고 일부러 다리에서 떨어져 물에 빠지고 말았다.

궁으로 들어와 옷을 갈아입는답시고 벗었을 때 요석궁 공주가 등 떠밀려 들어왔을 것인데, 이 역시 두 사람 사이에 사전에 이미 다 입을 맞춰놓은 요식 행위였을 가능성이 높다.

신라시대에는 이처럼 재혼이 흠이 되지 않았다. 신라에서는 열녀에 대한 표창이 안 보이는데, 그건 재가가 가능했기 때문에 열녀라는 개념이 별로 없었기 때문으로 본다. 재혼은 고려시대까지도 자유로웠는데 성리학적 질서가 자리 잡는 조선시대에 와서 터부시되기 시작했다. 원효와 요석궁 공주의 결혼이 또 흥미로운 점은 신분을 뛰어넘은 결혼이라는 점이다. 이런 예가 따로 보이지는 않는다.

따라서 이 일은 태종 무열왕 즉위 초에 일어났을 가능성이 높다. 김춘추는 왕이 되기 전에 이미 백제를 멸하겠다는 굳은 결심을 했고 인재들을 주변에 모으고 있었을 것이다. 원효와 같은 뛰어난 인물이 국정을 도와주기를 바랐을 것이지만 애석하게도 그는 신분이 너무 낮았다. 따라서 원효에게 왕족의 여인과 관계를 맺을 수 있게 하여 국정에 들어올 명분을 만들어준 것 같다.

원효가 부른 노래는 『시경』에 나오는 「벌가伐柯」라는 노래와 흡사하다. 도끼 자루를 자르는 것과 아내를 맞이하는 것을 비교해서 부른 노래이다.

원효는 아내를 맞이함으로써 파계를 했고 보통 사람으로 환속한 셈이었다. 하늘을 받칠 기둥을 찍겠다는 것은 국정에 참여하여 기여하겠다는 의미로 보아야겠다.

즉 태종무열왕은 원효를 자기 사람으로 만들고 국정에 들어오게끔 요석궁 공주와 다리를 놓아주었던 것이다. 일례를 보면 661년에 소정방이 긴급한 상황에서 암호문을 김유신에게 보내는데 김유신은 이 해독을 원효에게 부탁하고 있다. 원효가 메시지를 해독함으로써 고구려군을 대파할 수 있었다. 이 일화는 원효가 국정에 깊이 개입했다는 것을 알려주는 것으로 볼 수 있다.

그런데 661년 6월에 태종무열왕이 갑자기 숨지고 만다. 원효는 후원자를 잃은 셈이었고 궁내에서 지위도 불안정해졌을 것이다. 그런 이유로 원효는 다시 중국을 가고자 했던 것 같다. 자신의 지위를 높이기 위한 수단으로 유학을 생각했을 수도 있겠다. 그래서 원효는 이 해에 의상과 함께 다시 한 번 중국행을 시도한다. 이번에는 당에서 온 배를 얻어 타고 가는 것으로 생각하고 항구를 향해 길을 떠났다.

널리 알려진 무덤 속에서 해골물을 마신 이야기가 이때의 일이다. 그런데 『송고승전』998년에 나오는 원래 이야기에는 해골물 이야기가 없었다.

원효와 의상이 길을 가다 비바람을 만났는데 늦은 밤이어서 당황한 참에 비를 피할 작은 굴이 보여서 들어가서 하룻밤을 보냈다. 아침에 살펴보니 잠을 잔 곳은 무덤이었다. 해골이 옆에 뒹굴고 있었던 것이다. 아마 백제의 횡혈식 고분이었을 가능성이 있다.

비가 그치지 않고 계속 내려서 두 사람은 어쩔 수 없이 그 무덤 안에서 하룻밤을 더 지내야 했다. 원효는 마음이 불편하여 어쩔 줄 모르고 있었는데, 한밤중에는 급기야 귀신까지 본 듯했다. 원효는 전날에는 토굴인 줄 알고 마음이 편했는데 무덤인 줄 아니까 마음이 불편하다는 것을 깨닫고 모든 것이 마음에서 생겨난다는 진리를 깨우쳤다.

이보다 110년 후에 송나라에서 쓰인 『임간록』1107년에 해골물 이야기가 나온다. 이 이야기에서는 원효가 샘물인 줄 알고 마셨는데 아침에 보니 해골물이어서 깨달음을 얻었다고 나온다. 극적이기는 하지만 원효가 당나라에서 겪은 일이라고 나오는 등 억지 설정이 많아서 사실로 볼 수는 없다.

원효는 당나라행을 포기하고 요석궁에서도 나와 불교의 진리를 설파하는 노래를 만들어 널리 퍼뜨렸다. 나무아미타불과 같은 대표적인 염불도 원효의 노력으로 널리 퍼지게 된 것이라 한다. 그렇다고 해서 아들을 돌보는 일을 내버리지는 않았던 것 같다. 원효가 죽은 뒤 아들 설총은 그의 유해로 소상을 만들어 모시고 지극히 슬퍼했다고 한다. 그러자 원효의 소상이 움직여 그를 돌아보았다고 한다. 이로 보아 원효는 때때로 요석궁을 방문하여 공주를 만나곤 하지 않았을까 상상해본다.

시대가 불러온 죽음,
계백과 관창

신라와 당나라가 백제 정복에 나섰다. 백제는 육로로 오는 신라군과 해로로 오는 당나라군의 양동 작전에 어떻게 맞서야 하는지 기로에 섰고 주력은 당나라를 막는 데 사용하기로 했다. 당나라군을 무찌르면 신라군은 물러날 것이라 판단했을 가능성이 있다.

간혹 나오는 가슴 아픈 뉴스가 있다. 가장이 가족들을 살해하고 죽었다는 뉴스다. 이런 뉴스를 '가족 동반 자살'이라고 쓰는 경우가 있는데, 명백히 잘못된 명칭이다. 가장은 자살했을지 몰라도 가족들은 '살해'된 것이다. 따라서 '가족 살해 후 자살'이라고 불러야 한다.

이런 '가족 살해'는 왜 일어나는 것일까? 가장이 없어지면 가족들이 불행한 삶을 살게 될 것이라 생각하기 때문에 살해하는 거다. 그런데 정말 그럴까? 자식이든, 아내든 타인의 삶을 결정할 권리가 '가장'에게 과연 있을까?

그나마 전근대에는 이런 일이 일말의 타당성을 가질 수 있었다. 사회복지제도라는 게 아예 존재하지 않았으니까. 특히 전쟁 때는 더욱 문제가 될 수 있었다. 전쟁에 지고 나면 지배층의 여자와 아이들은 노비가 되어 비참한 삶을 살게 되는 경우가 많았으니까. 물론 이 경우에도 반드시 그런 것은 아니다. 나라가 망해도 지배층

정림사지 5층석탑
백제 수도 사비성에 있던 탑으로 탑신에
당나라 장수 소정방이 백제를 평정한
내용이 적혀 있다.

의 일부로 받아들여져 여전히 권력의 가장자리에 위치하는 경우도 얼마든지 있었다. 일제에게 망한 조선의 양반들 중에도 훈작을 받아 신분과 재물을 얻는 자들이 있었다. 금관가야의 왕족들은 신라의 왕족에 편입되어 신라의 지배층에 합류하기도 했다. 그 대표적인 인물이 바로 삼국통일의 주역인 김유신이다. 고구려나 백제가 멸망한 다음에도 그 나라의 귀족들은 신라의 말단 귀족이 되어, 옛날만큼은 아니었지만 권세를

누릴 수 있었다.

백제가 멸망할 때, 최전선에서 싸웠던 장군이 있다. 계백?~660이라고 하는 장군이다. '대동여지도'를 만든 김정호1804?~1866?는 『대동지지』라는 책에서 계백의 이름은 '부여승'으로 왕실과 같은 성을 가졌다는 주장을 폈다. 계백이 백제의 왕족이든 아니든 막중한 책임감을 가지고 신라군과 싸우러 나간 것만큼은 분명하다.

계백은 신라가 총력을 기울인 5만 대군과 맞설 용사 5천 명을 뽑았다. 하지만 적은 신라뿐이 아니었다. 신라군은 산을 넘어서 왔고, 당나라군은 바다를 건너서 왔다. 설령 신라군을 막아낸다 해도 당나라군에게 사비성이 함락될 수도 있었다. 그래서 계백은 처자식

을 모아놓고 비장하게 말했다.

"당나라와 신라의 수많은 군사가 몰려왔으니 나라가 망할지 안 망할지 알 수가 없구나. 내 처자식이 붙들려 노비가 될까 두렵다. 살아서 치욕을 당하느니 기쁘게 죽는 것만 못하리라."

그렇게 말한 뒤에 계백은 칼을 뽑아들고 처자식을 모두 살해했다. 그 뒤 전장에 나가 필사적으로 싸워서 신라군을 세 번이나 물러가게 만들었다.

신라 장군 김흠춘은 도저히 백제군을 이기지 못하자 아들 반굴을 불러 돌진을 명했다. 반굴은 대장군의 명에 따라 말 한 필로 백제군으로 달려 들어가 싸우다 전사했다. 그러나 이것만으로는 전세가 뒤집어질 상황이 아니었다. 장군 김품일도 자기 아들 관창을 불러 돌진을 명했다.

관창은 열어섯 살 어린 소년이었다. 무예가 뛰어나 적진을 휘젓기는 했으나 당연히 중과부적인지라 백제군에 사로잡히고 말았다. 계백은 끌려온 적장의 투구를 벗기고는 깜짝 놀랐다. 너무 어린 소년이 진장에 나온 것을 보고 충격을 받은 거였다. 자신의 손으로 죽인 아이 생각도 났을 것이다.

계백은 어린 관창이 안쓰러워 그를 풀어주었다. 계백이 사이코패스거나 인정이 없는 사람이어서 가족들을 죽인 것이 아니라는 점은 이 일화를 보면 분명히 알 수 있다. 계백은 고대인으로, 그에게 있어 가족이란 그 자신에게 딸려 있는 부속물이었던 것이다. 오늘날의 관점에서 계백이 인권 개념을 가지지 못했다고 비난하는 것은 초점이 잘못된 일이라 하겠다.

하지만 오늘날을 사는 우리들의 관점에서 계백의 행동을 충의의 행동이라고 생각 없이 찬양할 수도 없다. 계백은 자신의 시대가 가진 한계 안에서 행동한 것이고, 우리는 오늘날 그런 한계 밖에서 살고 있다는 점을 분명히 알 필요가 있다.

유교 원리가 지배하던 조선시대에도 계백의 행동에 대해서 무조건 찬양만 있었던 것은 결코 아니다. 조선 초의 문신 권근은 자신의 책에서 이렇게 말하고 있다.

계백이 명을 받고 장군이 되어 군대를 지휘하게 되자 출발할 즈음에 먼저 그의 처자를 죽였으니 도리에 벗어남이 심하다. 비록 국난에 반드시 죽겠다는 마음은 있었지만 힘껏 싸워 이길 계책은 없었던 것이니 이는 먼저 사기를 잃고 패배를 부르는 일이었다. (중략) 계백의 난폭하고 잔인함이 이와 같으니, 이는 싸우지 않고 스스로 굴복한 것이다. 다만 관창을 사로잡고도 죽이지 않고 돌려보내고, 군사가 패배하여도 항복하지 않고 죽었으니 옛 명장의 유풍이 있었다.

권근의 지적은 타당하다. 어떻게든 싸워 이겨서 가족들과 행복한 미래를 꿈꿔야 했지만, 이미 계백은 마음속으로 패배한 상태였다. 이것은 이순신 장군의 죽음을 각오해야 살 수 있다는 말과는 전혀 다른 것이다. 절망의 힘으로 싸웠으니, 설령 이겼다 한들 계백 앞에 남은 것은 지옥 말고 다른 무엇이 있었겠나?

권근은 아들 관창을 돌진시킨 김품일에 대해서도 날카로운 비판을 가했다.

20세도 안 된 어린 소년을 혼자 말을 타고 두 번이나 가게 하였으니, 이는 자식이 반드시 죽기를 바라 차마 하지 못할 짓을 한 것으로 후세의 교훈이 될 수는 없다.

역사의 일화를 살필 때는 언제나 그 시대가 처한 환경까지 같이 보는 노력을 해야 한다.

계백은 성충, 흥수와 더불어 백제 3충신으로 꼽히고 지역에 계백의 스토리텔링을 이용한 여러 관광 개발도 활발히 일어나는 중이다. 계백의 명과 암을 다 같이 조명하여, 국가의 명운이 걸린 전쟁에서도 화랑 관창의 어린 목숨을 가엾게 여겨 돌려보낸 아름다운 일화에 더 조명을 기울여보는 것은 어떨까 한다.

낙화암에선 정말 삼천궁녀가 떨어졌을까?

나당연합군의 백제 정벌에서 흔히 하는 이야기가 신라는 고작 쌀 배달을 한 것이라는 빈정거림인데, 그러기에는 신라군이 정복 전, 정복 후 필사적인 전투를 거듭했던 것을 알 수 있다.

당나라 장군 유인궤602~685가 청주자사일 때의 일이다.

마침 백제를 토벌하게 되자 유인궤는 바다에 배를 띄워서 군량을 운반하게 되었는데, 그때에 아직 갈 수가 없었지만 이의부가 그를 독촉하자 바람을 만나서 배를 잃고 정부丁夫 가운데 빠져 죽은 사람이 아주 많았으므로 감찰어사 원이식에게 명하여 그를 국문하게 하였다.

『자치통감』21

이 대목으로 알 수 있는 것은, 당군에게는 본래 보급부대가 따로 있었다는 사실이다. 백제 원정군을 이끈 소정방592~675은 서해의 덕물도에서 오랜 시간 지체했는데 그 이유가 유인궤가 준비하던 보급선이 전복되어서 보급부대가 늦었기 때문이었다. 유인궤는 이 일로 삭탈관직 되어 다음 해661년 백제 정벌에 백의종군하게 된다.

소정방이 7월 9일 백강구에 도착했을 때 이곳에는 이미 백제군이 진을 치고 있었다. 계백은 결사대로 신라군을 막으러 갔고, 백제의 주력군은 당나라군을 막기 위해 이곳으로 출동했었다. 이곳이 바로 성충이 조언했던, 빼앗기면 안 되는 기벌포였다.

기벌포가 싸우기 좋았던 이유는 개펄이 쫙 펼쳐져 있어서 상륙하기가 힘들었기 때문이다. 뻘에 발이 푹푹 꽂히는 곳이었으니 함부로 상륙하면 개펄에 갇혀 화살꽂이가 될 수밖에 없었다. 하지만 소정방에게는 계획이 있었다. 소정방은 갯벌에 버드나무로 짠 자리柳席를 펼쳐서 갯벌을 순식간에 장악해버렸다. 소정방은 군사를 신속하게 이동시켜 기벌포 언덕을 장악했고 백강변에 늘어선 백제군을 쓸어버리며 전진했다. 소정방은 원래 기습 작전에 능한 인물로 백전노장이라는 말이 어울리는 69세였다. 신라군 총수인 김유신은 66세. 백제 의자왕은 62세였다.

백제군을 쓸어버린 소정방은 배에 다시 올라 북을 치고 고함을 지르며 진군을 계속했다. 소정방은 백제의 지형지물에 대한 특징을 이미 파악하고 있었던 것이다. 신라 쪽의 첩보가 제대로 전달되었다고 보아야겠다.

소정방의 당나라군은 같은 7월 9일 계백의 결사대를 무찌르고 도착한 김유신의 신라군과 11일에 합류했다. 이때 소정방이 신라군이 만나기로 한 10일보다 늦었다고 질책하고 신라 장군 김문영을 처단하려고 들자 김유신이 반발한 일이 있었다. 양군은 잠깐의 불화를 딛고 다시 협력하여 백제 정벌에 돌입했다.

백제도 아직 포기하지 않았다. 사비성 앞 20리 지점에서 다시 한번 전력을 기울여 나당연합군과 회전을 가졌다. 이 전투에서 백제군은 1만 이상이 전사하고 만다. 660년 7월 12일의 일이었다.

　다음 날 의자왕은 태자 효와 함께 웅진성으로 달아났다. 웅진성은 장수왕의 남진으로 한성이 함락되었을 때 문주왕이 도읍했던 곳이다. 방어에는 사비성보다 유리한 곳이었다. 사비성에는 의자왕의 둘째 아들 태가 남았는데 스스로 왕이라 자처했다. 태자의 아들 문사도 사비성에 남아 있었는데 숙부가 왕을 자처하자 경악하고 말았다. 문사는 다른 숙부인 융을 만나 의논했다.

"대왕이 돌아가신 것도 아니고 부친인 태자와 함께 달아났는데 숙부가 자기 마음대로 왕위에 올랐습니다. 당나라군이 물러나면 우리부터 죽이려 들 것이 아닙니까?"

　융이 듣기에도 그럴 듯했다. 이들은 아직도 나라가 망할 위기에 처했다는 것을 믿지 않았다. 이 위기를 넘기면 다시 권력이 자신들 손에 들어올 줄 안 것이다. 문사와 융은 사비성에서 탈출했다. 문사와 융뿐 아니라 백성들까지 우르르 도망치는데 신왕인 태에게는 그걸 막을 힘조차 없었다. 소정방이 이런 기회를 놓칠 위인이 아니었다. 그 즉시 성 안으로 파고들어 당나라 깃발을 세우니 태는 저항할 길이 없다는 것을 알고 항복했다.

　의자왕의 운명도 별다르지 않았다. 웅진성을 지키고 있던 방령은 예식진615~672이라는 인물이었는데 의자왕이 달아나 웅진성에 도착하자 그와 태자를 체포하여 사비성으로 가 소정방에게 항복했다. 그야말로 경천동지할 일이었다. 7월 9일 개전해서 7월 13일에는 수도인 사비성이 함락, 7월 18일에는 왕이 대신의 배반으로 포로가 되어버린 것이다. 그 오랜 세월을 위기를 넘기며 버텨온 왕조가 불과 열흘도 안 되어 멸망한 셈이다.

예식진의 배반이 아니었다면 웅진성에서 농성을 하며 버티는 동안 지방의 군사들이 올라오고 고구려의 도움을 받아서 당나라군을 몰아낼 가능성이 없었던 것이 아니었다. 하지만 모든 것이 물거품이

백제금동대향로
부여 시내에 재현한 국보 287호 백제금동대향로.
부여 능산리 절터에서 발굴되었다.

되었다. 예식진의 배반을 보면 의자왕의 국정에 문제가 있고 신하들의 반감도 상당했다는 것을 짐작할 수 있다. 그리고 그런 이유를 흔히 황음무도한 군주의 행태에서 찾곤 한다. 의자왕의 경우도 다를 바 없었다.

그리고 이런 결과, 낙화암에서 의자왕의 삼천 궁녀가 떨어져 죽었다는 전설이 만들어지기에 이르렀다.

『삼국유사』를 보면 백제 멸망 때의 일로 『백제고기』를 인용해서 이런 일화를 적고 있다.

부여성扶餘城 북쪽 모서리에 큰 바위가 있는데, 아래로 강물이 흐르고 있

낙화암

충남 부여 백마강변의 부소산 서쪽 낭떠러지 바위를 낙화암이라 부른다.

다. 전하여 내려오기를 의자왕과 여러 후궁들이 화를 면하지 못할 것을 알고 말하기를 '차라리 자진을 할지언정 남의 손에 죽지 않겠다' 하여 서로 이끌고 이곳에 이르러 강에 몸을 던져 죽었으므로 속칭 타사암墮死嵒이라 한다"라고 했으나, 이것은 속설이 와전된 것이다. 다만 궁인들은 그곳에서 떨어져 죽었으나 의자왕이 당나라에서 죽었음은 당사唐史에 명백히 쓰여 있다.

오늘날에도 남아 있는 낙화암이 바로 『삼국유사』에 나오는 타사암이다. 이 절벽에 낙화암이라는 글자가 새겨져 있는데 조선 시대 유명한 유학자인 우암 송시열의 글씨라고 한다.

낙화암이라는 이름이 처음 보이는 곳은 고려말 이곡1298~1351년의 기행문인『주행기舟行記』다. 그때 이미 낙화암이라는 이름이 널리 알려졌던 것이다. 글에서는 왕과 신하들이 궁녀들을 버리고 달아났고 당나라군에게 몸을 더럽히지 않겠다고 궁녀들이 낙화암에서 떨어졌다고 나온다.

삼천궁녀라는 말은 조선 초 김흔1448~1492년의 시에서 처음 보인다. 이 말은 실제로 삼천궁녀가 있었다는 것이 아니라 그저 궁녀가 많았다는 비유적 표현으로 당나라 시인 백낙천772~846년의 시에서 보이는 시어로 보아야 한다. 한 번 사용되자 자극적인 표현인지라 이후 아무 의심 없이 되풀이된 것 같다.

의자왕 4년에 융이 태자가 되었다는 기록이 있다. 그런데 백제 멸망 때는 태자가 효라고 나온다. 이들 중 누가 손위인지는 알 수 없다. 기록을 그대로 믿으면 융이 태자였다가 효로 교체 되었다고 봐야 한다. 윤진석 박사는『삼국사기』에 나오는 의자왕 15년조의 태자궁을 대단히 사치스럽고 화려하게 고쳤다는 대목에 주의해서 이때 융에서 효로 태자가 교체되었을 것으로 보고 있다.

흑치국의 흑치상지?
엉터리 주장을 배격하는 법

흑치상지는 달솔 지위에 있는 풍달군장으로 키가 7척(2미터 정도)에 달하는 거한이었다. 지략도 뛰어나고 용감한 장군이었다. 백제가 멸망했을 때 자기 부하들을 거느리고 항복했다. 그러나 백제부흥군 안에서 내분이 일어나자 당에 투항해 백제부흥군과 맞서게 되었다.

660년 8월 2일, 나당연합군의 축하연이 벌어졌다. 신라군을 총지휘하여 사비에 입성한 신라 태자 법민**후일의 문무왕**이 의자왕에게 술시중을 들게 했다. 이 광경을 목도한 백제 신하들은 목을 놓아 울었다.

당군의 총지휘관인 소정방은 의자왕을 옥에 가두고 사비성을 노략질했다. 주군의 모욕과 적군의 대약탈! 의자왕과 왕자들 그리고 대신과 장군 88명, 백성 12,807명이 당나라로 끌려갔다. 의자왕은 모진 여행을 견딘 끝에 장안에 도착하고 얼마 안 가 숨지고 말았다. 백제 풍달군의 장군 흑치상지630?~689는 이 모든 일을 겪으며, 항복한 것을 크게 후회하고 백제부흥운동에 나섰다.

임존성에서 그가 거병을 하자 순식간에 모여든 군병이 3만, 무용을 떨치자 2백여 성을 회복했다. 자칫 나당연합군의 노고가 무위로 돌아갈 판이었다. 하지만 백제 부흥운동을 지도하던 복신과 도침, 부여풍 사이에 죽고 죽이는 살육전이 벌어지고 만다. 이에 염증이

났던 탓일까? 흑치상지는 당나라 유인궤에게 항복하고 칼끝을 돌려 백제부흥군의 토벌에 나선다.

아이러니하게도 백제부흥군의 마지막 희망은 그가 처음 거병했던 임존성이었다. 임존성을 지키는 지수신은 백제부흥군이 백강 전투에서 파멸적 괴멸을 당한 이후에도 철벽의 수비를 자랑하고 있었다. 신라군은 한 달여를 공격했으나 결국 함락시키지 못했다. 문무왕은 "이 성 하나를 함락시키지 못했다고 공이 없는 것은 아니다"라는 정신승리의 말을 남기고 군사를 물렸다.

이리하여 임존성의 함락은 당의 몫이 되었는데, 당은 흑치상지에게 그 임무를 주었다. 흑치상지는 자신이 거병한 성을 함락시켜야 하는 배반의 아이콘이 되고 말았다. 흑치상지는 임존성을 함락시켰고, 당에게 자신의 충성을 확인시켰다. 흑치상지는 이후 당의 장군으로 당이 돌궐과 싸우는 서부전선에서 대활약을 했다. 하지만 여러 차례에 걸친 승전에도 불구하고 결국은 반란을 꾀한다는 누명을 쓰고 60세에 죽임을 당했다.

흑치상지는 백제의 입장에서 보면 배반자다. 그런데 왜 『삼국사기』 「열전」에 수록되는 영광을 얻었을까? 홀로 끝까지 싸운 지수신이나 백제 부흥군의 실질적인 지도자 복신은 「열전」에 나오지 않는다. 「열전」에 있는 또 다른 장군인 계백의 경우에도 그가 끝까지 싸웠던 인물이라는 점에서 생각해봐도 특이하다. 사실 그 답은 간단한다. 흑치상지는 신라적인 관점에서 수록된 인물이라고 보면 된다. 신라의 입장에서 보면 적군이었던 장수가 자기 쪽 편으로 넘어온 것이고, 당나라에서 높은 관직까지 올라가 맹활약을 한 자랑스러운 동족이었던 셈이다.

흑치상지를 보는 현대적인 관점에도 이런 민족적인 감정이 깃들 때가 있다. 그의 활약이 마치 한국인의 우수성을 보여주는 것처럼 보인다는 점에서 고구려 유민의 후예인 고선지와 비견하여 생각하는 사람들도 있다. 그러나 고선지에게는 최소한 배신의 전과가 없지만 흑치상지는 이 점에서 비난받을 수밖에 없는 운명이다. 전환기에 태어나 걸출한 능력에도 불구하고 이상과 현실이 조화를 이루지 못해 비극으로 끝난 흑치상지의 인생은 현대의 관점에서는 여러 가지 생각할 거리를 던져준다. 이런 비극성이 그를 더욱 주목하게 만들어 온 것도 사실이다.

흑치상지의 성은 '흑치黑齒' 즉 '검은 이'이다. 흑치상지의 조상은 원래 왕족인 부여 씨였는데 나중에 흑치 지역을 받아서 성이 바뀌었다고 한다. 이 흑치라는 지방이 어디인가에 대해서는 몇 가지 논의가 있다.

이 문제에 앞서 '담로擔魯'에 대해서 알아둬야 한다. 중국 사서인 『양서梁書』「백제전」에 보면 백제는 전국에 22담로를 설치하고 왕의 자제와 종족을 보내 다스리게 했다고 나온다. 담로는 일반적으로 성城을 뜻하는 백제어 '다라'나 '드르'를 한자로 표기한 것이라 생각한다. 따라서 담로는 성을 중심으로 다스리는 백제의 지방행정구역을 의미한다. 그런데 이 담로에 해외 식민지를 포함시켜 생각하는 경우가 있다. 바로 흑치 지방도 그런 것이라 생각하는 주장이 있다. 남방의 종족들 중에는 빈랑이라는 열매를 씹어 먹어서 이를 검게 물들이는 경우가 있어서 흑치국이라 불리기도 했다. 이를 검게 물들이는 풍속은 일본에도 있었기 때문에 흑치 지방이 일본이라는 주장도 있었다. 이뿐이 아니다. 더 놀라운 주장도 있다. 대략 이런 식의 주장이다.

중국 광서장족자치구에 보면 '백제허百濟墟'라는 지명이 있지. 아니, 중국 땅에 어째서 '백제의 옛 터'라는 뜻의 마을이 있는 것일까? 여기에 당나라에 끌려간 백제 유민이 있었던 것은 아닐까? 여기에 백제가 식민지를 건설했던 것은 아닐까? 여기에 백제가 식민지를 건설했다면 그것은 검은 이를 가진 종족들의 땅인 흑치 지방이 아니었을까? 아하, 여기가 흑치상지 조상들이 경영했던 곳이구나!

그런데 이렇게 자기 입맛에 맞게 상상하는 것은 역사학이 아니라 했지. 그래, 상상하는 것은 역사학이 아니니까, 찾아가보자! 찾아가보니까 동진 시대 유물을 볼 수 있다. 어, 이거 백제에서도 나오는 유물이야! 감개무량! 이 동네에도 디딜방아가 있어, 백김치를 담그네, 정월대보름이 명절이야! 이런 것들이 증거다!

디딜방아는 중국에서 만들어져서 우리나라로 전파된 것이다. 채소 절임은 어느 곳에서나 찾을 수 있는 음식이다. 보름달을 기리는 풍속은 우리만의 것이 아니다. 중국도 기린다.

이런 내게 좋아 보이는 증거 말고 객관적인 이야기가 필요하다. 순천향대의 박현규 교수는 문헌조사와 현지답사를 병행해 조사했고 그 결과는 이러하다.

백제허의 허墟는 옛 터가 아니라 장터를 뜻하는 단어다. 이 마을은 청나라 때인 1764~1820년 사이에 건립되었다. 그 전에는 사람이 살지 않았던 곳으로 추정된다. 즉 백제 시대와는 아무 연관성도 없는 때 세워진 것이다. 그럼 대체 왜 백제라는 말이 들어 있는 것일까? 이 백제라는 말은 우리나라의 백제를 가리키는 것이 아니라 장족의 말을 음차한 것이다. 『광서장어지명선집』과 『옹녕현지』에는 백제허의 지명이 보습날犁頭口과 닮은 촌락 지형에서 따온 것이라고 나온다. 장족 언어로 '백百'은 '구口=날'이고, '제濟'는 '리두犁頭=보습'라는 뜻이다. 백제百濟는 발음이 같은 '佰濟'나 '百躋'로 표기하기도 한다. 발음을 음차한 것이기 때문에 다른 한자를 사용하기도 하는 것이다.

중국과 우리나라는 같은 한자문화권에 속한다. 때문에 이외에도 같은 지명들을 얼마든지 찾을 수 있다. 같은 지명을 이용해서 터무니없는 주장을 하는 경우도 아주 흔하다. 임진왜란이 중국 땅 항주에서 일어났다고 주장하는 사람도 있다. 이런 엉터리 주장을 가려내는 것은 철저한 조사와 그에 입각한 증거 제시다. 결과를 예단하고 그 결과에 맞는 자료를 찾아내는 것은 역사학이 아니다.

백제 부흥군의 궤멸 이후 저항에 나섰던 백제인들 일부는 고구려로 일부는 왜로 달아났다. 임존성을 끝까지 지키고 있던 지수신은 고구려로 달아났다. 백제부흥군의 지도자인 풍왕도 고구려로 달아났다. 혼란기인지라 이들이 고구려에서 어떤 일을 했는지는 알 수 없으나 당과 맞서 싸우는 데 힘을 보탰을 거라 짐작할 수는 있겠다.

백촌강에서
지다

백제부흥운동의 마지막은 외부에서 온 구원군이었다. 백제는 오랜 기간 왜와 가까운 사이로 지내왔고 백제의 위기를 구원하고자 왜에서도 준비를 계속했다. 그러나 그들의 도착은 너무 늦었고 당나라 수군을 상대하기에는 실력 면에서도 역부족이었다.

백제부흥운동의 주역은 왕실의 일원이었던 복신?~663이 었다. 각지에서 부흥운동이 일어났는데 앞서 말한 흑치상지도 그 중 하나였다. 이외에도 도침, 여자진, 지수신, 사타상여 등 여러 인물들이 있었다.

이 중에서도 도침은 본래 승려로 복신과 함께 부흥운동을 지휘했다. 이들은 동맹 관계에 있던 왜에 구원군을 요청했다. 당시 왜는 사이메이라는 여자 천황이 다스리고 있었고 백제 구원군 파견에 적극적인 자세를 보였다. 그러나 사이메이 천황은 출정 준비를 한참 하고 있던 661년 7월에 갑자기 사망하고 말았다. 이 일로 인해 백제 구원군 편성이 늦어지게 되었던 것 같다. 사이메이 여제의 아들 나카노오에 황자가 실질적인 왜의 통치자였는데, 무슨 이유인지 천황의 지위에 오르질 않은 상태로 실권을 행사하는 기형적인 지배 체제를 구축했다. 한반도에서는 661년 6월에 태종무열왕이 세상을 떠났다. 바다를 사이에 두고 두 지도자가 거의 같은 때에 갑자기 죽은 셈이다. 신라에서는 일선에서 신라군을 지휘하던 태자 법민이 왕위에 올랐다. 그가 신라 제30대 문무왕재위 661~681년이다.

『일본서기』의 기록은 다소 혼란스럽지만 아마도 풍왕은 662년 5월에 5천 명의 호위군과 함께 복신과 도침이 지키고 있는 주류성으로 건너온 것 같다. 『삼국사기』의 기록과 비교하면 『일본서기』의 기록과 1년 차이가 있는데 여기서는 당시 상황을 상세히 전하는 『일본서기』 연대를 따라가 본다.

이무렵 신라는 당나라의 고구려 정벌전 때문에 식량을 평양성으로 보내야 하는 등 백제부흥군만을 상대하기 힘든 때였다. 한편 이것은 백제부흥군에게는 기회였다. 그러나 복신이 도침을 죽이는 일이 생겼다. 내막은 정확하지 않지만 도침이 당나라 장군 유인궤에게 거만하게 군 일화가 나오는 것을 보면 권력 다툼이 벌어져서 복신이 도침을 죽인 것으로 볼 수 있다. 풍왕은 이런 내분을 중재할 능력이 없었다. 그는 실질적인 권한 없이 제사나 주관하는 상징적 존재로 남았다.

신라군이 군량 수송 등으로 힘든 틈에 백제 부흥군은 본거지를 지금의 김제 지역인 피성으로 옮기고자 했다. 식량 확보를 위해서는 남쪽이 유리하다고 판단한 것이다. 풍왕을 따라온 왜 장군 치노타쿠츠는 본거지 이동에 반대했다. 수비에 유리한 주류성을 지키는 것이 낫다고 보았던 것이다. 그의 불안대로 부흥군이 남부로 옮겨오자 신라군의 맹렬한 반격이 시작되었다. 부흥군은 어쩔 수 없이 다시 주류성으로 돌아갔다. 이것이 663년 2월의 일이었다.

백제부흥군이 위기에 빠진 것을 알고 왜에서는 3월에 2만 7천 명의 대군을 파병하였다. 또 이 사실을 고구려에도 통보하였다. 왜에서 대군이 건너온 것은 풍왕에게 힘을 실어주는 일이었다. 본거지를 옮긴 것은 부흥군의 실질적 지도자인 복신의 결정이었을 것이다. 이에 대해서 풍왕을 호위한 왜 장군이 반대한 것도 결국 풍왕의 뜻이었을 가능성이 높다.

사이메이 천황
(594~661)
다카라 황녀는 35대 고교쿠, 37대 사이메이 천황으로
두 번 천황의 자리에 올랐다.
백제에 원군을 보낼 준비를 하다가 숨졌다.

결국 주류성으로 돌아오게 됨으로써 복신의 지도력에는 금이 갔다. 이 상황에서 풍왕에게 힘이 되는 왜의 병력이 들어온 것이다. 복신은 위기감을 느꼈다. 그는 도침을 죽인 것에서 볼 수 있듯이 권력에 대한 집착도 강했고 결단력도 지녔던 인물로 볼 수 있다. 복신은 병이 났다는 핑계를 대고 동굴에 꾸민 방으로 들어가 칩거했다. 아마도 더위를 피한다는 핑계였을 것이다. 그곳으로 풍왕이 문병을 오면 잡아 죽일 계획을 세웠다.

하지만 풍왕도 그런 사실을 눈치챘다. 풍왕은 심복들을 거느리고 복신의 처소를 급습하여 그를 체포했다. 663년 6월이었다. 이

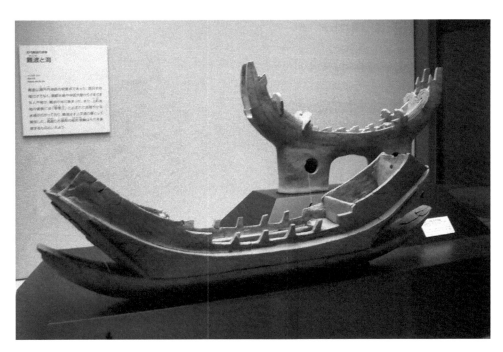

일본 고대배

일본 고대에 사용된 배의 모형. 오사카 박물관에서 촬영했다.

미 복신을 칠 거라는 것을 왜에도 알려놓은 상태였다.

풍왕은 복신의 손바닥에 구멍을 뚫고 가죽 끈으로 묶었다. 풍왕은 사실 복신을 죽일지까지는 결심하지 못한 상황이었다. 주류성 안에는 복신의 부하들이 많이 있었을 것이니 복신을 죽였을 때 반란이 일어나지 않으리라는 확신이 필요했을 것이다. 풍왕이 신하들에게 복신의 죄를 이야기하고 참수형을 내려야 하는지 묻자 달솔 벼슬에 있는 덕집득이 적극 찬성하고 나섰다.

"이 극악한 사람을 방면해서는 안 됩니다."

그는 도침의 부하였을 수도 있다. 아무튼 복신에게 원한을 지녔을 것이다. 복신은 덕집득에게 침을 뱉었다.

"썩은 개! 미친 놈!"

성 내의 인심을 확인한 풍왕은 장사들을 불러 참수형을 집행했다. 백제부흥군의 내분은 곧 신라에 알려졌다. 명장 복신이 죽었다는 데 고무된 신라가 8월 13일에 쳐들어왔다.

이때 왜에서는 1만 명의 구원군을 파견한 상태였다. 풍왕은 주류성을 빠져나가 왜군과 합류하기 위해 백촌강 하구로 갔다. 주류성은 신라군에 의해 곧 포위당했다. 백촌강으로는 당나라 수군도 집결하고 있었다. 이때 강변은 백제의 기병들이 장악하고 있었다. 신라군이 선봉에 서서 백제 기병을 격파했다.

27일 왜 수군과 당나라 수군 사이에 전투가 벌어졌다. 왜 수군은 패배하여 물러났다. 다음 날 풍왕은 선수를 쳐야 한다면서 무리하게 전함을 이끌고 당나라 전함에 도전했다. 당나라 수군은 좌우로 배를 펼쳐서 왜 전함을 포위했다. 왜군은 바람의 방향을 살피지 못한 탓에 배를 돌릴 수가 없었다. 순식간에 전세는 결정되었다. 왜의 배 4백여 척이 불타올랐다. 풍왕은 몸을 빼내 달아났으나 어디로 갔는지는 알 수 없었다. 일설에는 고구려로 달아났다고 한다.

9월 7일 주류성도 함락되었다. 이로써 실질적으로 백제 부흥운동은 끝장이 난 셈이었다. 산발적인 움직임은 끊이지 않았지만 구심점이 될 세력이 없었다. 유일한 대성이었던 임존성도 흑치상지에 의해 함락되었고, 664년 3월 일부 병사들이 사비에 모여 반란을 일으켰으나 김유신이 계략을 세워 무너뜨리고 말았다.

왜는 백제의 부흥에 힘을 보태서 한반도에 영향력을 확대해보고자 했으나 엄청난 인력과 물자만 낭비한 채 나당연합군에 의해 커다란 피해만 입고 말았다.

백촌강 전투 후에 당나라는 왜에 여러 차례 사신을 보냈다. 671년 11월에는 백촌강 전투의 포로 1,400명을 넘겨주기도 했다. 당시 당은 신라와 전쟁 중이었다. 신라의 배후를 왜가 공격하기를 바랐던 것이다. 하지만 이 연합은 성공하지 못했다.

형제싸움이 부른
고구려의 멸망

연개소문이라는 강력한 지도자의 부재와 당나라의 지속적인 공격에 의한
피로도는 결국 고구려를 무너뜨리게 되었다. 연개소문의 아들들이 내분을
일으키면서 고구려는 안팎으로 위기에 처한다. 이런 내분은 따지고 보면
연개소문 때문에 일어날 수밖에 없는 모순이기도 했다.

백제를 평정한 당은 원래 목표였던 고구려 정벌에 나섰
다. 사실 당은 한반도 전체를 수중에 넣을 생각을 하고 있었지만
그러기 위해서도 일단 고구려를 무너뜨려야 했다. 그런데 이 무렵
고구려를 좌지우지하던 연개소문이 사망했다. 연개소문의 사망에
대해 『일본서기』는 664년, 『구당서』는 666년을 이야기하고 있다.
연남생 묘지명에 따르면 665년에 남생은 태막리지라는 최고 관직
에 있었다. 이로 미루어보면 664년이나 665년에는 연개소문이 죽
었던 것이 분명하다. 당이라는 거대한 적과 싸워야 하는 고구려 입
장에서는 커다란 손실이 아닐 수 없었다. 당은 이미 655년부터 매
년 고구려 변경을 침공하여 고구려의 국력을 갉아먹는 지구전을
펼치고 있었다.

연개소문에게는 아들이 셋 있었다. 남생634~379, 남건, 남산
639~702이다. 남생이 장남이다. 남생은 15세에 관직에 나와서 초고
속 승진을 거듭했다. 24세에 장군이 되었고 28세에 막리지에 삼군

대장군이 되었다. 661년 9월 당나라군이 압록강까지 도달하자 연개소문은 삼군대장군 남생을 보내 당나라군을 막도록 했다. 당나라군의 장군은 북방 철륵부 추장 후손인 계필하력?~677이었다.

이때 큰 추위가 와서 압록강이 얼어붙었다. 계필하력은 즉각 도강을 시도했다. 북과 함성을 울리며 당나라군이 몰려오자 남생은 달아나고 말았다. 이 전투에서 고구려군 3만 명이 희생되었다. 남생의 지휘 능력에 문제가 있다는 이야기가 되겠다. 다음 해 봄에는 연개소문이 직접 전투에 나서서 좌효위장군 방효태601~662가 이끄는 군을 궤멸시키고 방효태와 그의 아들 열세 명을 모두 죽였다. 이 전투의 결과를 보아도 아들은 확실히 연개소문의 재능을 이어받지 못했다.

연개소문은 죽을 때 세 아들이 화목하게 지낼 것을 당부했다.

"너희 형제는 고기와 물과 같이 화합하여 작위를 다투는 일은 하지 말라. 만일 그런 일이 있으면 이웃의 웃음거리가 될 것이다."

굳이 이런 유언을 남긴 것은 이 형제들이 화목하지 못했다는 증거일 것이다. 연개소문은 사실상 고구려의 군주나 마찬가지였다. 고구려 국토는 연씨 가문에 의해 장악되어 있었다. 남생은 압록강 일대를, 연정토는 동해안 지역을 차지하고 있었음이 확인된다. 다른 형제와 아들들도 이렇게 지방을 장악하고 있었을 것이다.

666년 남생이 지방 순회를 떠났는데 이때 두 동생이 정권을 장악해버렸다. 누군가가 이들 형제의 의심을 부추기는 공작을 했는

평양 보통문

고구려 최후의 전투가 벌어졌던 평양성의 성문 중 하나로 지금의 평양시에 있다.
조선 시대에 개축되었지만 고려시대 건축양식을 엿볼 수 있다.

데 어쩌면 당나라의 스파이였을지도 모른다. 그자는 먼저 남생이 아우들을 제거하려고 하니 선공을 펼치라고 남건과 남산에게 속삭였다. 처음에 동생들은 이 말을 믿지 않았다.

이때 남생에게도 이간질을 하는 자가 있었다. 두 아우가 남생이 평양으로 돌아오지 못하게 막을 계획이라고 한 것이다. 남생은 밀정을 보내서 두 아우를 정탐하게 했는데 밀정이 붙잡히고 말았다. 이 또한 이간질을 계획한 자가 첩보를 흘려서 붙잡히게 했던 것은 아닐까?

남산과 남건은 남생에게 돌아오라는 왕명을 전했다. 남생은 더욱 의심이 깊어져 돌아갈 수가 없었다. 그는 자기 근거지인 국내성에 머물렀다. 그러자 둘째 남건이 막리지에 올랐다. 남생은 아들 헌

성651~692을 당에 보내 도움을 요청했다. 당고종재위 649~683은 계필하력을 보내 남생을 구원하게 했다. 한때 압록강에서 목숨을 걸고 싸웠던 두 사람이 동지가 되었다.

남생은 당나라로 달아났는데 이때 국내성, 목저성 등 9성 10만여 호가 함께 당에 항복했다. 당나라는 손 한 번 쓰지 않고 고구려의 노른자를 얻은 셈이었다. 고구려의 지배층이 이렇게 분열해버리자 고구려인들의 충성심도 크게 흔들리고 말았다. 연개소문의 동생인 연정토는 신라로 도망쳤다.

666년 가을 남생은 당나라군의 향도를 자청하여 당나라군과 함께 고구려로 쳐들어왔다. 이렇게 되자 싸우지 않고 항복하는 성들도 나타났고 성주를 묶어서 당나라군에 바치고 항복하는 성도 있었다. 1년의 전쟁을 거쳐 압록강 이북은 거의 다 이세적의 손안에 들어가고 말았다. 남건은 압록강을 굳게 지키며 당나라군이 도강하지 못하게 막고 있었다.

668년 2월 부여성이 함락되었다. 부여성이 함락되자 인근 40여 성이 무더기로 항복해버렸다. 남건은 부여성을 구원하기 위해서 5만 군사를 보냈으나 구원에 실패하고 군사도 흩어져버렸다. 이세적은 압록강 이북을 정리하고 군사를 모아 압록강 도하작전을 펼쳤다. 고구려군도 힘껏 방비했으나 결국 뚫리고 말았다. 결전 끝에 패배하자 당나라군은 물밀듯이 밀고 내려와 평양성을 포위했다.

평양성은 한 달간 버텼지만 결국 당나라군을 물리칠 수 없다고 본 남산이 보장왕과 함께 항복하고 말았다. 그래도 남건은 끝까지 항전을 이어갔다. 남건은 종종 성을 나와 싸웠으나 그 때마다 패했다. 이때는 신라군까지 합세한 상황이어서 이길 방도가 없었다.

남건은 중 신성과 군사 일을 상의했는데 신성은 이세적과 내통하고 말았다. 9월에 신성이 평양성의 문을 열었다. 나당연합군이 뛰어 들어와 성 안에 불을 질렀다. 남건은 자결하려고 칼로 목을 찔렀는데 죽지 못했다. 그는 당에 끌려가 유배되었다.

당에 끌려간 사람이 물론 그만이 아니었다. 무려 20여만 명의 고구려인이 끌려갔다. 한 번으로 그치지 않고 669년, 681년 등 여러 차례에 걸쳐 고구려인이 당나라로 끌려갔다. 고구려의 중심지는 황폐해졌고 이 때문에 발해는 기존의 고구려 중심지가 아닌 고구려의 변방에서 건국될 수밖에 없었다.

고구려 유민들도 이런 당의 정책에 저항했다. 670년 검모잠이 거병했다. 검모잠은 고구려 수림성水臨城 출신으로 멸망 당시 벼슬은 대형大兄, 14등급 중 7등급이며 단위부대장격인 말객에 임명될 수 있는 최소 관직이었다. 검모잠은 왕족인 안승을 왕으로 옹립하고 신라에 도움을 요청했다. 고구려를 멸망시킨 한 축인 신라에 도움을 요청한 이유는 이때 신라가 당과 치열한 전쟁에 돌입했기 때문이었다. 신라는 구원군을 파견했다. 하지만 고구려 부흥군도 복신과 풍왕처럼 내분이 발생했다. 안승은 검모잠을 죽이고 신라로 망명했다. 홀로 버티던 안시성도 671년 7월 함락되면서 부흥 세력은 극히 약화되었다. 673년 5월 호로하 전투에서 당나라 장군 이근행?~682에게 패배하면서 고구려 부흥운동은 일단락되고 말았다.

신라에 항복한 안승은 옛 백제 영역에 보덕국을 세우고 국왕의 자리에 올랐다. 신라의 부용국 신세였으나 고구려의 제사를 이으려 애를 썼다. 그러나 이용가치가 사라지자 683년에 안승을 서라벌로 불러들여서 보덕국의 위상을 깨뜨렸다. 684년에 안승의 조카 대문이 반란을 꾀하였으나 신라군이 즉각 제압했다. 이렇게 보덕국도 사라지고 말았다.

문무왕이 설인귀에게 보낸 편지를 보면 신라군도 평양성 전투에 참여했음을 알 수 있다. 남건은 사수에서 나당연합군과 맞섰는데, 신라군이 선봉으로 싸웠으며 신라 정예 기병 5백이 성문을 뚫고 들어가 성을 함락시켰다. 이때 한산주 소감 박경한은 고구려 군주 술탈을 죽였고 흑악현령 선극은 평양성문 전투에서 으뜸가는 공을 세웠다. 이외에도 서당 당주 김둔산, 북거, 구기, 김상경 등이 전투의 공으로 포상을 받았다. 아술 출신의 구율은 사천 전투에서 위험한 다리 아래로 뛰어들어 고구려군을 기습하여 큰 공을 세웠지만 군령을 따르지 않았다 하여 포상에서 제외되었다. 수치스럽게 생각한 구율은 목을 매 자살을 시도했으나 다행히 주변에서 발견하여 만류할 수 있었다.

신라,
당나라에 승리하다

당나라는 계림대도독부를 만들어서 신라를 속주로 삼으려고 했다. 신라는 우선 백제와 고구려 문제를 해결해야 했으므로 이것을 참고 넘긴 뒤 두 나라가 평정된 후에 당에 선제공격을 가했다. 나당전쟁이 시작되었다.

당나라는 663년 3월 신라를 계림대도독부로 만들어버렸다. 백제는 웅진도독부였으므로 백제와 비슷한 형태로 만들어버린 것이었다. 본래 당태종이 평양 이남의 땅은 신라에게 주겠다고 약속했기 때문에 백제는 당연히 신라 몫이었는데 이제 그런 약속은 지키지 않을 것이 분명해졌다. 하지만 신라는 당장 항의를 할 처지가 아니었다.

665년 8월 백제의 부여융과 신라의 문무왕이 취리산에서 회맹을 가졌다. 신라 입장에서는 견디기 어려운 치욕적인 회맹이었다. 당나라는 착실하게 한반도 전역을 손아귀에 넣을 계획을 착착 진행하고 있었다.

668년 고구려가 멸망했으나 당은 당태종의 약속을 실천할 기미가 없었다.

670년 3월 검모잠의 구원 요청을 받아들여 신라는 사찬 설오유에게 1만군을 주어 당나라군과 싸우게 했다. 나당전쟁은 이렇게 시작되었다.

신라군은 곧 이어 백제 전역에 걸친 공세전을 펼쳤다. 신라의 주요 장군들이 모두 참여한 공세의 결과 75성을 빼앗았다. 671년 7월 사비성을 함락시키고 소부리주를 설치했다. 이로써 백제 고토를 모두 손에 넣었다. 당나라 장군 설인귀614~683는 항의의 편지를 문무왕에게 보냈다. 문무왕은 이에 대해 당태종의 약속을 상기시키고 당에게 약속을 지키라 대답했다. 『설인귀답서』로 불리는 이 편지는 명문으로 유명하며, 신라가 어떻게 삼국통일 전쟁을 고난 속에 수행했고 당나라의 대우가 어떻게 부당한지를 하나하나 짚고 있다.

672년 9월에 문무왕은 백제 땅에서 잡은 당나라 포로들을 돌려보내며 사과를 했다. 백제의 영토를 확보한 이상 더는 확전을 바라지 않았던 것이다. 그러나 당은 이렇게 마무리를 할 생각이 없었다.

673년 9월 임진강 유역에서 신라군과 당나라군의 격전이 펼쳐졌다. 이 전투에서는 신라가 승리하였지만 겨울에는 당나라군이 승리를 거두는 등 혼전이 계속 이어졌다.

674년에 당고종은 문무왕의 친동생 김인문629~694을 새 신라국왕으로 임명했다. 675년 2월에 칠중성 전투에서 당나라 장군 유인궤가 이겼다. 문무왕은 당에 사죄문을 올렸다. 당고종은 문무왕의 관직을 다시 회복시켰다. 칠중성 전투 후에 유인궤는 당으로 돌아가고 말갈 출신의 이근행이 전권을 쥐게 되었다.

675년 9월 당나라에서 설인귀가 출정하여 매초성買肖城에서 신라군과 격돌했다. 나당전쟁의 승패가 결정되는 대전투였다.

『신당서』에는 매초성 전투가 이렇게 기록되어 있다.

상원 2년675년 2월에 유인궤가 칠중성에서 그 무리를 쳐부수고 말갈병에게 바다를 건너 남쪽 경계를 공략케 하니 참획이 매우 많았다. 이에 고종이 이근행으로 안동진무대사를 삼아 매초성에 주둔시켰는데 세 번을 싸워서 그 때마다 오랑캐를 패배시켰다. 그러자 법민문무왕이 사신을 보내 사죄를 하는데, 공물의 짐바리가 줄을 이었다. 인문 또한 신라에서 돌아와 왕위를 내놓으므로 고종이 법민의 관작을 다시 회복시켜 주었다. 그러나 신라는 지난날 백제의 땅을 많이 차지하고 드디어는 고려의 남부까지 점령하였다.

이에 따라 『자치통감』 등에도 이근행의 패배는 적혀 있지 않다. 그런데 『삼국사기』 「신라본기」에는 이때 전황이 다르게 적혀 있다.

가을 9월에 설인귀가 숙위학생 풍훈의 아버지 김진주가 본국에서 처형당한 것을 이용하여 풍훈을 이끌어 길잡이鄕導로 삼아 천성을 쳐들어 왔다. 우리의 장군 문훈 등이 맞아 싸워 이겨서 1천4백 명을 목 베고 병선 40척을 빼앗았으며, 설인귀가 포위를 풀고 도망감에 전마 1천 필을 얻었다. 29일에 이근행이 군사 20만 명을 거느리고 매초성에 주둔하였는데, 우리 군사가 공격하여 쫓고 말 30,380필을 얻었으며 그 밖의 병기도 이만큼 되었다. 사신을 당에 보내 토산물을 바쳤다.

우리 측 사료의 9월 기록은 중국 측 사료에는 보이지 않는다.

『신당서』는 매초성 패전을 어디에도 기록하지 않고 있다. 『신당서』 「이근행 열전」에도 누락되어 있다. 아예 한반도 출정 자체를 누락시켜 버렸다. 그가 여러 공을 세운 것은 본기에 나오는데도 「열전」에 빠진 것은 매우 이상한 일이다. 결국 기억에서 지우고 싶은 패전이 있었기 때문이라 볼 수밖에 없다.

매초성의 20만 당군을 무찌르는 데 일등 공신은 신라의 장창당이었다. 장창당은 장창을 사용하는 부대라는 뜻이다. 장창당이 상대하는 병종은 기병이었다. 이근행은 말갈 출신으로 기마에 특화된 장군이었다. 기병은 고대 전투에서 흔히 탱크에 비유된다. 기병의 기동력, 파괴력을 잡아내는 것은 전쟁에서 가장 중요한 일 중 하나였다. 신라의 장창당은 바로 기병의 브레이크 역할을 해낸 것이다.

당군이 20만이었다는 것이 지나친 과장이라는 지적도 있다. 대략 5만 정도의 병력이 있었을 것으로 보는 경우도 있다. 그렇게 보아도 신라군보다는 많았다고 생각하고 있다. 또한 기병이 주력이면 보병의 몇 배나 되는 전투력을 갖게 된다. 매초성 전투 이후에 승기는 신라군이 잡아가기 시작했다.

676년 겨울 기벌포에서 신라군은 설인귀 부대와 혈전을 펼쳤다. 22회를 싸워 승리함으로써 당나라군을 한반도에서 완전히 밀어내는 데 성공했다.

당나라는 669년에 신라의 기술자 구진천을 당으로 데려갔다. 구진천은 쇠뇌를 만드는 전문가였다. 당나라군은 신라의 쇠뇌 기술에 깜짝 놀랐던 것이 분명했다. 장차 신라까지 먹어치울 계획이었기에 신라의 쇠뇌와 동등한 무기를 갖춰야 했던 것이다.

당고종은 구진천에게 쇠뇌를 만들게 했다. 원래 구진천의 쇠뇌는 천 보를 날아간다 해서 천보노라고 불렸다. 그런데 이번에 만든 구진천의 쇠뇌는 30보밖에 나가지 못했다.

"너희 나라에서 만든 쇠뇌는 1천보를 나간다고 했다. 왜 30보밖에 나가지 않는 것이냐?"
"재료가 나빠서 그렇습니다. 신라에서 재료를 가져오면 가능합니다."

하지만 신라에서 가져온 재료로 만든 쇠뇌도 60보밖에 나가지 않았다. 당고종이 질책했다.

"소신도 이유를 모르겠습니다. 아마도 나무가 바다를 건너오면서 습기를 먹은 탓이 아닐까 합니다."

당고종은 그에게 벌을 내리겠다고 협박을 했지만 구진천은 자기 재주를 끝까지 감췄다. 신라가 당과의 전쟁에서 이긴 이유에는 이런 숨은 애국자들이 있었던 것이다.

나당전쟁이 삼국통일전쟁 이후에 바로 일어난 때문에 나당전쟁까지 삼국통일전쟁의 일부로 생각하는 경우가 있다. 하지만 두 전쟁은 성격도 다르고 대상도 다르다. 김춘추는 당태종과 평양 이남의 고구려 영토를 확보하는 약조를 했다. 이 약속은 나당 전쟁 이후에도 지켜지지 않다가 신라 33대 성덕왕(재위: 702~737)에 와서야 이루어졌다. 신라는 백제와 고구려를 정복해야 한다는 목표를 가지고 전쟁에 임했고 그것을 달성한 뒤에 당의 지배 야욕과 싸워 승리했던 것이다.

발해 국호에
숨은 비밀

신라와 당의 전쟁으로 당은 기껏 고구려를 멸망시켰지만 요동 일대를 완벽하게
장악했다고 보기 어려워졌다. 힘의 공백은 억눌린 사람들에게 다시 자유를
갈구하게 만들었다. 고구려의 신민들은 기회를 놓치지 않고 들고 일어났다.

고구려의 유민들은 네 방향으로 흩어졌다. 신라, 말갈, 당, 돌궐이었다. 멸망 후 발해 건국까지 고구려 유민은 지속적으로 신라에 흡수되었으며 고토에 남은 사람들은 발해에 흡수되었다. 흔히 발해만 알지만 고구려의 후계국으로 소고구려국도 있었다. 당은 보장왕을 처음 요동주도독에 임명하고677년 2월 조선왕의 자리에 앉혔다. 681년에 왕을 소환했고, 685년에 보장왕의 손자 보원寶元을 조선군왕에 임명했다. 698년에 보원에게 좌응양위대장군을 내리고 충성국왕으로 요동일대를 다스리게 명했지만 보원이 따르지 않았다.

699년에는 보장왕의 아들 덕무德武를 안동도독에 삼았다. 덕무는 점차 자신의 지배영역을 자신의 나라로 만들었으며 818년에는 당으로 사신도 파견한 듯하다. 이 덕무의 나라가 소고구려국의 시초일 것이다. 소고구려국에 대해서 건국이 이 무렵이 아니라 안사의 난755~763 이후라는 주장도 있다.

이 요동 일대는 고구려가 영유한지 오래된 땅이었으며 무정부

상태에 놓인 옛고구려 땅에서 들어오거나 당에 의해 끌려온 사람들도 꽤 되었을 것이다. 아무튼 당 자체가 통치를 포기한 지역이다. 그렇지만 소고구려국은 다시 역사의 전면에 등장해보지 못한 채 9세기경 발해 선왕재위 818~830에게 병합되었던 것 같다. 사실상 고구려의 제사는 이때 끊겼으리라.

그러나 역시 고구려의 후계국이라면 발해라 하겠다.

발해를 세운 대조영재위 698~719은 속말말갈 출신으로 알려져 있다. 또한 '고려 별종'이라는 말도 있다. 이 때문에 대조영이 고구려인이 아니라는 이야기도 꽤나 있는 것이 사실이다. 대조영은 속말말갈인으로 고구려의 별종인 것으로 보면 별로 이상할 것도 없는데 말이다.

속말말갈이 위치한 곳을 알아보자. 『수서』「말갈전」에는 고구려와 접해 있다고 한다. 그 위치는 지금의 길림시 일대다. 고구려와 접해 있는 정도가 아니라 고구려의 영역이라고 볼 수 있다. 이곳은 본래 부여의 땅이다. 부여는 문자명왕 3년 2월494년에 나라를 들어 고구려에 항복했다. 이들의 정치적 결사체가 해체되었기 때문에 고구려가 이들을 부여말갈이라 불렀던 것으로 생각된다. 『구당서』「지리지」에 따르면 "신주는 속말말갈 오소고부에 두었다. 여주는 신주를 나누어 부유말갈 오소고부에 두었다"라고 나오는데 '부유'란 '부여'와 같은 것이라고 생각된다. 즉 이들은 부여의 후예다. 『책부원구』「외신전」에는 이런 내용이 나온다.

돌지계란 자는 말갈의 거장이다. 수나라 대업605~616 중에 그의 형 만돌과 함께 그 부락을 이끌고 영주에 귀속해 왔다. 만돌이 죽자 그 무리를 대신 총괄, 요서태수를 배알하고 부여후의 봉을 받았다.

돌지계는 속말말갈인이다. 그러므로 속말말갈의 우두머리가 부여후라는 관직을 받은 것이다.

대조영의 아버지는 걸걸중상이라는 이름을 가졌다. 이로 보아서 대조영의 대씨는 후일 발해를 건국한 뒤에 만든 성씨일 가능성이 있다. 걸걸중상은 고구려의 장수로 활약했고 천리장성 축조공사에도 참여한 바가 있다고 한다. 고구려 멸망 후 당나라 영주 지방_{지금의} _{차오양朝陽시}으로 끌려갔다.

696년 5월 영주에서 거란족 이진충과 손만영이 반란을 일으켰다. 영주 도독을 죽이는 등 반란의 규모가 컸다. 이진충은 9월에 죽었으나 손만영은 거란 군대를 이끌고 서쪽으로 진군하여 지금의 북경 인근까지 도달했다. 당은 돌궐과 손을 잡고 손만영의 근거지를 함락시켰다. 이 반란은 697년 6월에 끝장이 나버렸다.

그런데 이 난리통에 당에서 탈출한 무리들이 있었다. 걸걸중상과 걸사비우가 이끄는 무리들이었다. 이들 고구려 후예들은 자신들의 본거지를 향해 동쪽으로 도망쳤다. 당나라의 측천무후_{재위 690~705}는 걸걸중상에게는 진국공震國公, 걸사비우에게는 허국공의 지위를 내리며 회유했다. 하지만 받아들이지 않자 이해고를 시켜 공격했다.

이해고는 거란 출신으로 이진충의 부하였다. 이해고는 먼저 걸사비우의 무리를 격파하고 걸걸중상의 무리를 뒤쫓았다. 이때 걸걸중상은 이미 죽었고 무리는 걸걸중상의 아들 대조영이 이끌고 있었다. 대조영의 무리가 천문령을 넘어갔을 때 이해고가 쫓아 들어갔다가 대패를 했다. 이해고도 간신히 목숨을 건진 참패였다.

대조영은 동모산에서 나라를 세웠다. 나라의 이름은 진국振國 또는 진국震國이라 했다. 진국震國이라면 걸걸중상이 받은 작호와 같은 이름이 된다. 관련이 있을 수도 있겠다.

713년 당중종은 발해군왕이라는 책봉을 내렸다. 이후 발해라 불리게 되었다. 발해는 요동반도 안쪽의 바다 이름이기도 하고 그 옆에 있는 군의 이름이기도 하다. 대체 만주에 세워진 나라와는 아무 관련도 없는데 왜 발해라는 이름이 붙었을까?

그것은 발해 지방에 고씨라는 성씨 가문이 있었기 때문이었다. 고구려 멸망 후 당으로 끌려온 고구려인들도 자신들의 족보를 세탁할 때 발해 고씨 행세를 하곤 했다.

당은 대조영의 나라를 고구려의 후계국으로는 인정할 수 없었다. 고씨는 중국에도 있는 성씨이므로 그 나라가 발해 지역의 씨족으로부터 생겨난 것으로 만들고자 하는 생각에 발해라는 이름을 주었을 가능성이 있다.

역사학자 최진열 박사는 이 연관 관계를 찾기 위해 발해 지역의 성씨를 샅샅이 뒤져서 『발해 국호 연구』라는 책을 낸 바 있다.

신라 말에 최치원이 「사불허북거국상표」(북에 있는 나라가 윗자리에 앉는 것을 불허함에 감사드리는 표)라는 것을 쓴 적이 있다. 여기에 발해 초의 일이 적혀 있다. 대조영이 나라를 세우고 도움을 요청해서 제5품 대아찬 벼슬을 내려주었다는 것이다. 신라의 입장에서 당과 대립하는 나라가 북방에 있는 것이 나쁘지 않았던 것 같다. 신라와 발해의 첫 출발은 이렇게 우호적이었다.

참고 자료

참고 도서

강종훈, 『한국 고대사 사료비판론』(교육과학사, 2017)

고조선연구회·동북아역사재단, 『고조선의 역사를 찾아서-국가·문화·교역』(학
　　연문화사, 2007)

김기섭, 『21세기 한국 고대사』(주류성, 2020)

김성환, 『일제강점기 단군릉수축운동』(경인문화사, 2009)

김한규, 『요동사』(문학과지성사, 2004)

김현구, 『백제는 일본의 기원인가』(창비, 2002)

노태돈, 『단군과 고조선사』(사계절, 2000)

도야마 미쓰오, 이성범 역, 『우리가 몰랐던 왜군의 백제파병 이야기』(제이앤씨,
　　2002)

사마광, 권중달 역, 『자치통감』(삼화, 2019)

송호정, 『처음 읽는 부여사』(사계절, 2015)

송호정, 『한국 고대사 속의 고조선사』(푸른역사, 2003)

신채호, 『조선상고사』(단재신채호기념사업회, 1983)

오영찬, 『낙랑군 연구』(사계절, 2006)

유득공, 정진헌 역, 『발해고』(서해문집, 2006)

이기백, 『한국사신론』(일조각, 1999)

이문영, 『유사역사학 비판』(역사비평사, 2019)

이상훈, 『신라는 어떻게 살아남았는가』(푸른역사, 2015)

이정빈, 『고구려-수 전쟁』(주류성, 2018)

이종욱, 『신라 골품제 연구』(일조각, 1999)

장원섭, 『신라 삼국통일 연구』(학연문화사, 2018)

젊은역사학자모임, 『한국 고대사와 사이비 역사학』(역사비평사, 2017)

중앙문화재연구원, 『낙랑고고학개론』(진인진, 2014)

천관우, 『고조선사 · 삼한사 연구』(일조각, 1989)

최진열, 『발해 국호 연구』(서강대학교출판부, 2015)

충남대학교백제연구소 편, 『백제사상의 전쟁』(서경문화사, 2000)

한국역사연구회, 『한국고대사 산책』(역사비평사, 2017)

현진건, 『단군성적순례』(예문각, 1948)

홍만종, 『증보 해동이적』(경인문화사, 2011)

참고 논문

강인욱, 「고조선의 모피 무역과 명도전」, 『한국고대사연구』 64, 2011.

권오영, 「원삼국시대와 삼국시대」, 제43회 한국고고학대회, 2019.

권오영, 「초기백제 성장과정에 관한 일고찰」, 『한국사론』 15, 1986.

권오중, 「'낙랑사' 시대구분 시론」, 『한국고대사연구』 53, 2009.

김남중, 「기사 전승의 형성과 단군신화에의 편입 과정」, 『한국사학보』 65, 2016.

김선주, 「선덕왕 지기삼사의 형성시기와 배경」, 『한국고대사탐구』 25, 2017.

김태식, 「대가야의 세계와 도설지」, 『진단학보』 81, 1996

김한규, 「기자와 한국」, 『진단학보』 92, 2001

김한규, 「위만조선관계 중국측사료에 대한 재검토」, 『부산여자대학논문집』 8, 1980.

김한식, 「상고사 연구에 관련되는 문헌비판」, 국방대학원 『교수논총』 36, 2004.

박대재, 「준왕남래설에 대한 비판적 검토」, 『선사와 고대』 35, 2011.

박준형, 「기원전 3~2세기 고조선의 중심지와 서계의 변화」, 『사학연구』 108, 2012.

박현규, 「광서 백제허 지명 고찰」, 『중국학논총』 38, 2013.

유인혁, 「호동왕자 서사의 근대적 재현 양상 연구」, 『대중서사연구』 17(2), 2011.

윤상열, 「고구려 왕후 우씨에 대하여」, 『역사와 실학』 32, 2007.

윤용혁, 「무령왕 '출생전승'에 대한 논의」, 『백제문화』 32, 2003.

윤진석, 「'해동증민' 의자왕의 즉위 전 위상 재검토」, 『대구사학』 20, 2015.

윤진석, 「648년 당태종의 '평양이남 백제토지' 발언의 해석과 효력 재검토」, 『한국
　　　　고대사탐구』 34, 2020.

윤진석, 「백제멸망기 '태자' 문제의 재검토」, 『지역과역사』 29, 2011.

이기백, 「평강공주 – 신분의 벽을 넘은 여성 선구자」, 『한국사시민강좌』 30, 2002.

이은경, 「국사 교과서의 단군기원 서술에 대한 일고찰」, 인하대학교 석사논문,
　　　　2002.

이장웅, 「신라 진평왕 시기 백제 관계와 서동 설화」, 『신라사학보』 44, 2018.

장미애, 「무왕의 세력기반으로서 익산의 위상과 의미」, 『한국고대사연구』 60, 2010.

정언식, 「선덕여왕과 성조의 탄생, 첨성대」, 『역사와현실』 74, 2009.

조경철, 「신라의 여왕과 여성성불론」, 『역사와현실』 71, 2009.

주보돈, 「『삼국유사』 「사금갑」조의 이해」, 『신라문화제학술발표논문집』 40, 2019.

주보돈, 「백제 칠지도의 의미」, 『한국고대사연구』 62, 2011.

차옥덕, 「소서노에 대한 기본 자료 검토」, 『동아시아고대학』 5, 2002.

최슬기, 「위만조선과 흉노의 '예구' 교역」, 『선사와고대』 52, 2017.

홍성화, 「석상신궁 칠지도에 대한 일고찰」, 『한일관계사연구』 34, 2009.

황인덕, 「부여 낙화암 전설의 형성과 전개」, 『한국문학논총』 29, 2000.

참고 사이트

한국사데이터베이스, http://db.history.go.kr/

국립중앙박물관 https://www.museum.go.kr/

국립중앙도서관 https://www.nl.go.kr/

조선왕조실록 http://sillok.history.go.kr/search/searchResultList.do

한국고전종합DB https://db.itkc.or.kr/

지도 참조 https://rgm-79.tistory.com/713

사진 출처

국립중앙박물관

18, 19, 25, 35, 36, 38, 47, 53, 58, 70, 88, 93, 118, 128, 146, 156, 188(수렵도), 188(금동향로), 188(기마인물상), 194, 205, 212, 239, 243, 257(칠지도), 261, 268, 273, 279(금관), 280(허리띠), 348, 354, 376, 388, 412

국립민속박물관

31, 42, 151

저자 직접 촬영

57, 73, 77, 123, 283, 301, 304, 344, 361, 371, 404, 411, 422

그 외

22(타이베이 국립고궁박물관), 103(증공량, 정도, 『무경총요』), 134(위키백과), 246(위키백과), 257(이소노카미 신궁, 위키백과), 386(문화재청), 421(위키백과), 427(©Thomas M. Rösner)

하룻밤에 읽는
한국 고대사

초판 1쇄 발행	2021년 2월 5일
초판 2쇄 발행	2021년 3월 5일
지은이	이문영
펴낸이	최용범
편집	박호진, 윤소진
디자인	김태호
마케팅	김학래
관리	강은선
인쇄	(주)다온피앤피
펴낸곳	페이퍼로드 paperroad
출판등록	제10-2427호(2002년 8월 7일)
주소	서울시 동작구 보라매로5가길 7 1322호
이메일	book@paperroad.net
페이스북	www.facebook.com/paperroadbook
전화	(02)326-0328
팩스	(02)335-0334
ISBN	979-11-90475-39-6 (03910)